新世纪网络教育系列教材

组织行为学

叶麒麟 李莉◎编著

清华大学出版社

北京

内 容 简 介

本书从个体、群体和组织 3 个层面来介绍组织行为学的基本知识。其中,个体层面包括个体行为的心理因素、激励行为以及个体决策行为等内容;群体层面包括群体与团队、群体沟通与群体冲突以及领导行为等内容;组织层面包括组织设计与组织文化及组织变革与组织发展等内容。

本书适合作为全日制以及各类业余形式(如函授教育、网络教育、广播电视教育等)的本科生教材,也适合作为组织行为学科研爱好者的参考书。

本书封面贴有清华大学出版社防伪标签,无标签者不得销售。

版权所有,侵权必究。侵权举报电话:010-62782989　13701121933

图书在版编目(CIP)数据

组织行为学/叶麒麟,李莉编著.--北京:清华大学出版社,2013
新世纪网络教育系列教材
ISBN 978-7-302-32908-4

Ⅰ.①组… Ⅱ.①叶… ②李… Ⅲ.①组织行为学-网络教育-教材 Ⅳ.①C936

中国版本图书馆 CIP 数据核字(2013)第 136286 号

责任编辑:田在儒
封面设计:李　丹
责任校对:刘　静
责任印制:宋　林

出版发行:清华大学出版社
　　　　网　　　　址:http://www.tup.com.cn,http://www.wqbook.com
　　　　地　　　　址:北京清华大学学研大厦 A 座　　　邮　　编:100084
　　　　社 总 机:010-62770175　　　　　　　　　　邮　　购:010-62786544
　　　　投稿与读者服务:010-62776969,c-service@tup.tsinghua.edu.cn
　　　　质 量 反 馈:010-62772015,zhiliang@tup.tsinghua.edu.cn
印 装 者:北京鑫海金澳胶印有限公司
经　　销:全国新华书店
开　　本:185mm×260mm　　　印　张:15　　　字　数:293 千字
版　　次:2013 年 8 月第 1 版　　　　　　　印　次:2013 年 8 月第 1 次印刷
印　　数:1~3000
定　　价:33.00 元

产品编号:053960-01

序

PREFACE

21世纪是一个变革的时代,以多媒体计算机和互联网为主要标志的电子信息通信技术正在引发一场教育界的深刻革命。高等教育正在从精英教育走向大众化、普及化,学校也由封闭走向开放,成为构建面向全民终身学习的学习型社会的中坚力量。

华南师范大学于2002年经教育部批准,成为现代远程教育试点高校。该校是"全国教师教育网络联盟计划"核心成员单位,全国高校现代远程教育协作组成员单位,并被教育部推荐为"国培计划"教师远程培训机构。经过近十年的探索与实践,华南师范大学网络教育学院在高等学历教育、非学历培训、校园开放教育等领域均取得了丰硕成果,并充分彰显"教师教育"、"实验研究"、"教育帮扶"、"区域辐射"四大特色。"华师在线"也已成为国内网络教育品牌之一。

在长期的远程教育实践和研究中,华南师范大学网络教育学院不仅着力于新技术、新媒体的教育应用,而且不断地对传统媒体进行改良和创新。对远程教育印刷教材的执着追求、深入研究和大胆创新就是代表。近年来,我们针对网络教育面向成人的特点,充分发挥印刷教材作为远程学习主要内容载体和联系其他教学媒体纽带的作用,以霍姆伯格有指导的教学会谈理论为指导,设计、开发了具有鲜明远程教育特色的,适合成人学习者使用的《网络学习方法——教你做成功的网络学习者》等教材,收到了学员和专家的广泛好评。

为进一步推广远程教育印刷教材的编写经验,使更多的学员从中受益,我们与清华大学出版社合作,组织专家编写了本套"新世纪网络教育系列教材"。该系列教材选题丰富、体例新颖,非常适合自学,是网络学习的有效补充。

丛书大胆创新,突出"远程特色",以学生为中心、目标为导向、案例为载体,强调针对性、交互性和实用性。与其说这是系列教材,我更倾向于说这是系列"学"材,通过改变传统意义上的"教"与"学"的关系,让学生与"学"材交流、对话,掌握知识,是本丛书的最大特点。丛书在语言风格上,力求生动活泼、通俗易懂;在编写体例上,力求体系清晰、结构严谨;在内容组织上,力求循序渐进、难易适度,满足不同程度学习者的学习需求。

系列教材的编写、出版，汇聚了众多知名专家的广博智慧，更离不开出版社的大力支持。清华大学出版社柴文强副编审为本套丛书的出版作出了巨大贡献，在此特别感谢！

许晓艺

于华南师范大学教师新村

新世纪网络教育系列教材编委会

主　任：黄丽雅　许晓艺

委　员：陈兆平　张妙华　潘战生　乔东林

　　　　　武丽志　陈小兰　涂珍梅

"组织行为学"课程是工商管理、经济管理和人力资源专业等管理类专业的基础理论课。尽管组织、管理心理、行为等都不是陌生的概念,但如果从系统的角度且以全局的思维去考虑,同时针对复杂多变的组织内外情况,且为了使观察问题、分析问题与解决问题角度更加全面与深入,则还需要自觉地运用组织行为学的相关理论去分析解决组织面临的实际问题,从而真正改变思维模式与行为模式。这必然要求我们要熟悉该学科的相应的基本概念、理论基础和相关知识。

人们为何越来越重视组织行为学?当我们作为社会成员存在于这个世界上的时候,最重要的不是我们的个体属性,而是我们的组织属性。组织行为学的研究对象就是组织中人的行为与心理。市场经济的一个重要特征是充满竞争,现代的一个显著特点是"以人为中心"的管理。而竞争归根结底是人的竞争,是人的素质的竞争,换句话说是人的心理活动和行为的竞争。在当今高速发展的社会中,任何一个管理者如果不能有效地发挥组织的效能,了解个体及群体的心理和行为,融合团队和组织的力量,都很难取得成功。组织行为学内容博大且涵盖了组织中的各个层次与方面,无论在广度还是深度上均超过了管理专业中的其他课程。本学科是从管理实践中建立又在管理过程中发展,与管理操作关系密切,其理论基础涉及心理学、社会学、政治学、文化学、伦理学等诸多学科,具有不可替代的重要性。所以,无论从实践角度,还是从理论角度,组织行为学都是一门非常重要、非常关键的学科。

目前国内已经公开出版的有关组织行为学的书林林总总,均具综合性、系统性和实践性,但也都存在体例庞大、内容纷陈、条目繁多、概念重叠、案例西化以及背景陌生的特点,这势必给学习者造成阅读理解的难度。由此,我们借鉴国外该学科先进的管理理念和知识,并切合中国文化和中国背景,编写了这样一本适合本土化教与学的书,以期对希望提高管理水平和组织的有效性的学习者有所帮助。

本书着眼于通俗简明地介绍组织行为学的基本内容,并不单一追求对概念和理论问题全面严谨地分析和论证,而是强调理论运用与能力训练,并采用重点突出与一般概述相结合,对学科重点问题力求讲解清楚,对概述部分点到为止,从而为学习者进一步研习运用夯实基础;重在指明思路,使读者对学科概念与要点、全貌与展望有一明确的认识,并力求使学习者在方法论上有初步的领悟与自觉,进而固化为正确的思维习惯与行为习惯;在系统介绍学科理论的基础上注意汲取最新研究成果,案例遴选以国内诸强企业和业界的最新资料为主,案例评述提示均非终极答案,意在引发思考提升思维;体例紧凑,力求做到系统开放性和简明实用性兼备,特色鲜明而富有时代感。

为更好地体现简明实用的原则,本书尤其突出了结构完整、内容充实、要点突出、方便教学等特点,以专题呈现——思考活动——扩展阅读——专题小结的方式来组织内容,例证更多维更丰富、体例更新颖更活泼,便于课堂教学形式多样化,更好地增强师生互动性。

必须指出的是,仅靠本书陈述对于深入研究组织行为学是不够的,为此各专题均提供了扩展阅读篇目,以备需要者进一步追索。同样,仅靠本书训练对于相应能力的提高也是有限的,读者可以依照本书介绍的思路与程序,加大实践的强度,持续训练,并自觉地改变思维模式与行为模式,提升自我,运用所学理论去分析解决组织面临的实际问题。

本书编写过程中,借鉴了很多书籍、报刊及网站资料,限于篇幅未在文内一一注明,仅在书后"参考文献"一并列出。在此对案例的原作和相关资料的作者深表感谢,不周之处,恭请海涵。而且由于作者水平和编写体例与字数等限制,编者在全书的架构、内容的取舍上,表述的精准等方面难免顾此失彼,书中肯定存在一些不足之处,欢迎读者批评指正。

编　者

2013 年 6 月

目 录

CONTENTS

第一章

组织行为学导论

任何社会都是一个有组织的社会,尤其是在现代社会中,经济社会的迅速发展,致使组织获得了蓬勃发展,组织的行为活动越来越得到人们的重视。而作为一门学科,组织行为学也渐渐成为人们学习和研究的重点。因此,学习和掌握组织行为学的学科基础理论知识,对于把握现实中的组织行为至关重要。

本章首先阐述组织的定义、特点、类型以及作用。然后,阐述组织行为的特征、层次。再者,阐述组织行为学的定义、学科理论基础以及发展概况。最后,介绍组织行为学的研究原则、研究过程和研究方法。

学完本章,你将能够

1. 掌握组织的定义、特点、类型和作用;

2. 理解组织行为的特征、层次;

3. 阐述组织行为学的定义和学科理论基础;

4. 了解组织行为学的发展概况;

5. 掌握组织行为学的研究原则、研究过程和研究方法。

专题导读

什么是组织？ 如何来理解组织？ 或许大家心中都存在着这样的疑虑，别急，接下来我们就一同来了解一下组织的定义、特点、类型以及作用。

链接

http://wiki. mbalib. com/wiki/组织

专题一　组织

一、组织的定义

现代社会到处都是组织，几乎每个人都是在组织里边工作和生活的。公司、社团、学校、医院、各级政府部门等都被看做组织。总之，组织已被视为人类社会生活中最常见、最普遍的现象。

"组织"（Organization）一词，来源于"器官"（Organ）。其最初含义在于自成系统的具有特定功能的细胞结构。后来被引进社会管理中，专指人类群体。但是，对于组织的概念，许多人根据自己的理解从不同角度进行定义。其中，比较有代表性的大致有以下 3 种。

（一）动词和名词之分

在日常生活中，人们经常将"组织"当作动词用，例如组织群众、组织班会等。此时，组织是指有目的、有系统地把人们集合在一起的活动。作为动词的"组织"，被视为管理的一种职能，例如，法国学者亨利·法约尔在《工业管理与一般管理》一书中认为，"管理就是实行计划、组织、指挥、协调和控制"。

书名"组织行为学"中的"组织"是个名词。作为名词，组织被许多组织行为学学者视为人们按照一定宗旨和目标建立起来的集合体。例如，美国学者托马斯·孟尼和艾兰·雷利在《迈向工业》一书中认为，"组织是为达成共同目的的人所组合的形式"。

（二）广义和狭义之分

作为名词的"组织"也有广义和狭义之分。

在广义上，组织是指许多要素按照一定方式相互联系起来的一个系统。此时，组织和系统是同等程度的概念。这不仅包括公司、医院等人类群体组织，也包括蚂蚁、蜜蜂等普通动物群体组织，还包括皮下组织、肌肉组织等生物体。在人类社会中组织是指人们按照一定宗旨和目标建立起来的集合体，如公司、工会、政府等。狭义的"组织"专门就人类群体而言,运用于社会管理之中。组织不仅是社会的细胞、社会的基本单元,而且可以说是社会的基础。组织行为学中的"组织"就是狭义的组织。

（三）静态和动态之分

对于组织行为学中的"组织",有一些人从静态结构层面来理解。他们认为组织即社会集团,是一套人与人、人与工作的关系的系统。他们主要剖析社会各种组织的结构,专门对组织内部职责权限的配置以及组织内部各层级之间的关系等问题进行研究。这种观点的代表人物托马斯·孟尼和艾兰·雷利在《迈向工业》一书中认为,"组织是为达成共同目的的人所组合的形式"。另外,马克斯·韦伯则从分工合理、权责明确的角度来理解组织,提出了科层制组织理论。

另一些人则从动态视角来理解组织。他们认为组织是一个动态系统,是一个不断处于发展运动的系统。这种观点的代表人物哈罗德·J.李维特在《管理心理学》一书中认为,"组织并不只是一群人的集合,或人与机器的配合。它是一群人交互作用的结果,它是工作任务、组织结构、仪器设备及人力等因素构成的体系,它会随着时间变迁而变迁"。

综合以上对组织的不同理解,可以认为组织就是在特定社会环境下,人们为达到共同目标,按照一定规则所建立起来的相互分工协作的完整有机体。

二、组织的特点

（一）组织是具有特定的目标与承担特定功能的群体

组织之所以存在是因为它承担了一定的社会功能,而承担一定的社会功能就会衍生出设定这一功能的目标。所以,每个组织都有与之所承担的社会功能相对应的组织目标。例如,行政机构的目标是高效、公平、公正地提供公共服务;医院的目标是救死扶伤,为社会成员的健康提供优质的服务;企业的目标是盈利。另外,一个人不可能构成一个组织,组织必须是一个群体,是由两个或两个以上的人构成的。

（二）组织是按照一定的原则建构的群体

组织是由两个或两个以上的人构成的,如果不对组织成员进行有效地组织,那么组织成员将如一盘散沙,各行其是。因此,组织必须按照一定的原则建构,这样组织成员才能集聚起来,通过分工协作,既发挥组织成员的所长,也发挥组织的整体力量,实现"$1+1>2$"效应。例如,军队按照集权原则组织起来从而实现高战斗力,研究所依照相对分权的原则充分发挥研究人员的聪明才智。

提示

这里的"组织"是一个名词,是一个狭义的概念。它既有静态的一面,也有动态的一面。

（三）组织是相互分工协作有序的系统

组织根据工作要求设计岗位,再通过授权将人员安排在适当的岗位上,从而实现组织成员的分工。同时,为了避免分工产生的关系上的矛盾和工作上的脱节,组织建立了规章制度,通过明确组织成员的职责和上下左右的相互关系,使组织协调运作,从而实现组织的协作和有序。所以,组织是一个相互分工协作有序的系统。正如著名的组织学理论巴纳德所言,"组织是将两个或多个人的力量和活动加以有意识地合作和协调的系统"。

（四）组织具有一定的边界

一定的边界指的是每个组织与其他组织都是有所不同的,可能表现在组织的规模、目标、承担的社会功能等方面,也可能表现在组织成员的精神面貌、工作作风、行为习惯等方面。

（五）组织是一个有生命力的有机体

组织经历着成长、发展、衰落和消亡的过程,组织管理效能以及所面临的环境压力的大小对组织的生存和发展具有重大的影响。

三、组织的类型

不同的组织由不同的人员、不同的目标和不同的资源构成,规模和活动范围也存在很大差异。因此,为了更好地研究组织行为学的规律,有必要对组织进行分类。常见的有以下 4 种分类。

1. 根据组织的社会功能

可将组织分为经济生产组织、政治目标组织、整合组织和模式维持组织。经济生产组织是从事物质生产和服务的组织,最为典型的是公司。政治目标组织是追求实现社会的良好运转而能够对权力做出分配的组织,主要为政府部门。整合组织是调解冲突,指导人们向某种固定目标发展的组织,如法院、政党。模式维持组织指的是维持固定的形式,确保社会发展的组织,如学校、社团、教会等。

2. 根据组织的目标

可将组织分为互益组织、工商组织、公共组织。互益组织目标为实现全体组织共同利益,如工会、俱乐部、教会。工商组织目标为获取更多的经济利益,如工商企业、银行。公共组织的目标为维护、实现和发展社会全体公众的利益,如行政机关、学校、医院。

3. 根据组织控制组织成员的方式

可将组织分为强制组织、功利组织、规范组织。强制组织依靠高压、威胁甚至是暴力手段控制组织成员,如军队。功利组织通过金钱等物质的诱惑控制组织成员,如企业。规范组织则用信仰、伦理道德形成的规范权力控制组织成员,如教会组织。

4. 根据第一受益人的类别

可将组织分为互利协会、商业存在、服务组织和公益组织。互利协会的受益人为所有的组织成员,如工会、政党。商业存在的受益人是所有者,如工厂、企业、公司。服务组织的受益人是客户,如医院、福利机构。公益组织的受益人是社会所有成员,如行政机构、军事机构。

四、组织的作用

组织的存在是因为它承担着一定的社会功能,所以这里可以从组织所承担的社会功能角度看组织的作用。组织的主要作用如下。

（一）整合作用

组织实现特定目标需要一定的物质资源,所以组织能将社会中的人力资源、财力资源、物力资源、信息资源等有效地进行动员和组合,使得一些零散的资源通过组织的分工协作体系形成一个合力,从而发挥了这些资源的整体优势。例如,医院通过购买设备、选任医生、招聘管理人员、建立信息系统等对社会中的医疗资源进行了有效整合。

（二）服务作用

服务作用是组织作用最为直观的体现。组织承担着一定的社会功能,即为全社会或社会中的特定群体提供服务。例如,行政机关为全社会提供公共服务,学校为社会成员提供教育服务。如果一个组织已经难以发挥服务作用,那么它迟早将被替代或淘汰。如早期的人民公社,在市场经济的浪潮下人民公社表现出了不适应性,难以有效发挥服务作用,最终被取缔。

（三）管理作用

组织对组织活动进行规划和决策,使它朝着组织目标的方向发展;也对组织中的各种内部要素进行指挥、协调和控制,化解其中的冲突,减少内耗,使其内部要素有条不紊、有序地运作;同时也对组织面临的外部环境挑战作出定期评估、及时预测和有效应对,以实现组织与组织环境的良好互动。这些都体现了组织的管理作用。

（四）激励作用

组织的激励作用表现在对外和对内两方面。对外而言,组织之间,尤其是承担着相同或相似社会功能的组织,它们会对人力、物质等资源展开竞争,这样就会激励组织本身在结构、服务和管理上的不断创新和优化。对内而言,为实现组织的高效运作,组织会建立相关的奖惩机制对组织中的成员进行激励。同时,组织成员在组织中也会受到"他人在场效应"、"相互攀比效应"、"相互感染效应"等心理影响受到激励。

思考活动

1. 你是如何理解组织概念的?

2. 在你身边有哪些组织? 你能对它们进行归类吗?

3. 组织的特点是什么?

4. 组织的作用如何?

扩展阅读1

组织结构知多少

直线式是一种最早也是最简单的组织形式。它的特点是企业各级行政单位从上到下实行垂直领导,下属部门只接受一个上级的指令,各级主管负责人对所属单位的一切问题负责。直线式组织结构的优点是结构比较简单、责任分明、命令统一。它的缺点是要求行政负责人通晓多种知识和技能,亲自处理各种业务。这在业务比较复杂、企业规模比较大的情况下,把所有管理职能都集中到最高主管一人身上,显然是难以胜任的。

职能式是各级行政单位除主管负责人外,还相应的设立一些职能机构。例如,在厂长下面设立职能机构和人员,协助厂长从事职能管理工作。这种结构要求行政主管把相应的管理职责和权力交给相关的职能机构,各职能机构就有权在自己业务范围内向下级行政单位发号施令。因此,下级行政负责人除了接受上级行政主管人指挥外,还必须接受上级各职能机构的领导。它的优点是能适应现代化工业企业生产技术比较复杂,管理工作比较精细;能充分发挥职能机构的专业管理作用,减轻直线领导人员的工作负担。但缺点也很明显,它妨碍了必要的集中领导和统一指挥,形成了多头领导,不利于建立和健全各级行政负责人和职能科室的责任制,在中间管理层往往会出现"有功大家抢,有过大家推"的现象。

直线职能式是在直线式和职能式的基础上,取长补短,吸取这两种形式的优点而建立起来的。这种组织结构形式是把企业管理机构和人员分为两类:一类是直线领导机构和人员,按命令统一原则对各级组织行使指挥权;另一类是职能机构和人员,按专业化原则,从事组织的各项职能管理工作。直线领导机构和人员在自己的职责范围内有一定的决定权和对所属下级的指挥权,并对自己部门的工作负全部责任;而职能机构和人员,则是直线指挥人员的参谋,不能对直接部门发号施令,只能进行业务指导。它的优点是既保证了企业管理体系的集中统一,又可以在各级行政负责人的领导下,充分发挥各专业管理机构的作用。其缺点是职能部门之间的协作和配合性较差。

资料来源:http://www.docin.com/p-281273800.html

专题小结

组织就是在特定社会环境下,人们为了达到共同目标,按照一定规则所建立起来的相互分工协作的完整有机体。

组织的特点包括具有特定的目标与承担特定功能的群体,按照一定的原则建构的群体,相互分工协作有序的系统,具有一定的边界以及有生命力的有机体。

对组织的分类较为典型的有 4 种,分别是根据组织的社会功能、根据组织的目标、根据组织控制组织成员的方式和根据第一受益人的类别。

从组织所承担的社会功能角度看组织的作用,组织具有整合作用、服务作用、管理作用和激励作用。

 **专题二**

组织行为与组织行为学

一、组织行为

随着社会分工的深化,社会联系的日益增加,各类组织不断涌现,组织的活动深深地影响着人们的生活。因此,研究组织的行为对于增进组织活动的有效性,提高人们的生活具有重要意义。组织行为是组织内部要素之间以及组织与外部环境之间在相互作用中形成的行为。

(一)组织行为的特征

1. 目标性

组织行为具有明确而又具体的目标性。因为所有的组织都具有特定的组织目标,而组织的行为都将围绕着这一目标展开。例如,企业的目标是生产社会成员所需要的产品,那么企业组织的行为都将围绕着产品展开销、供、产一系列的行为;学校的目标是培养社会需要的人才,那么学校组织的行为就会围绕着学生展开一系列的教育活动。

专题导读

在了解组织之后,我们要开始了解本书的研究对象——组织行为及形成的组织行为学的相关知识。那么,组织行为有哪些特征、哪些层次?组织行为学又包括哪些内容呢?带着这些疑问,进入专题二的学习。

链接

http://wiki.mbalib.com/wiki/组织行为学

2．秩序性

组织是围绕着特定目标而构建的分工协作有序的系统,组织中有特定的秩序,因此组织行为也具有显著的秩序性。组织行为的秩序性表现为以下两方面。一方面,组织成员是依照一定的原则进行分工的,各司其职,那么他们的行为就会遵照分工而开展。例如,国务院的组成机构有外交部、发展和改革委、教育部、科技部、监察部等,所在部门都只拥有对应的职责,且只展开对应的行为。另一方面,组织中建立了一系列的规章制度,确保了组织行为的有序展开。

3．高效率性

组织不同于初级的社会群体,它是人类为了追求高效率而创造出来的工具,正如组织发挥着整合的作用。在传统的组织理论观念中,组织是理性的,组织中的人也是理性的,是非人格化的,因此组织行为也被强调是理性的,且应具有高效率性。当然,随着组织理论和组织实践的不断发展,组织行为已经朝着既强调高效率又注重以人为本的方向统一发展。

（二）组织行为的层次

组织行为是复杂的,因为组织中既有个人,也有群体,所以组织行为有 3 个不同的层次,包括个体行为、群体行为和组织行为。

1．个体行为

个体行为是个人在内在心理和外在环境驱使下作出的行为。个体行为是构成组织行为的最基本单位,是组织行为学研究的基础和出发点。组织中的个体行为主要包括个体的激励行为和决策行为等。

2．群体行为

群体行为是组织中群体成员整体表现出来的行为,它不是个体行为的简单相加,而是群体人际行为和工作行为的综合表现。例如,组织中群体的人际互动行为(包括沟通、冲突、领导),群体压力形成的从众行为,群体的"搭便车"行为等。

3．组织行为

组织行为是在个体行为和群体行为的基础上产生的。当然,它也不是个体行为和群体行为的简单相加,而是作为组织成员整体表现出来的行为。例如,组织的结构设计、组织文化、组织变革以及组织发展等。

二、组织行为学

（一）组织行为学的定义

组织行为学是行为科学的一个分支,而关于组织行为学的定义,国

"搭便车"行为指的是不需要支付成本却可以享受到利益的行为。常见于群体行为中。

内外学者分别从不同的角度给出了不同的定义。

罗宾斯在所著《组织行为学》中将组织行为学定义为"组织行为学是一个研究领域,它研究个体、群体以及结构对组织内部行为的影响规律,以便应用这些知识来提高组织的效能"。

张德等人在《组织行为学》中将组织行为学定义为"组织行为学是研究组织中人的心理和行为表现及规律,以提高管理人员预测、引导和控制人的行为的能力,从而实现组织既定目标的科学"。

杨锡山等在《西方组织行为学》中将组织行为学定义为"系统研究组织环境中所有成员的行为,它以成员个人、群体、整个组织及其与外部环境的相互作用所形成的行为作为研究对象"。

徐联仓等在《组织行为学》中将组织行为学定义为"依据实证科学的分析方法,综合运用心理学、社会学、文化人类学、政治学等学科中的有关知识,系统地研究各种组织中人的心理和行为的科学"。

卢盛忠等在《组织行为学:理论与实践》中将组织行为学定义为"综合运用各种与人的行为有关的知识,研究各类工作组织中人的工作行为规律的学科"。

从上面所举的定义中可以看出,尽管组织行为学的定义各种各样,但有几个方面是可以统一的。首先,组织行为学的研究对象是组织中人的心理和行为表现,包括个人、群体和组织3个层次。其次,组织行为学的研究学科基础涵盖范围很广,它综合了心理学、社会学、文化人类学等多学科知识。最后,组织行为学的研究目的是为了预测、引导和控制行为,最终提高组织效能。综合考虑,可对组织行为学下如下定义:组织行为学是综合运用心理学、社会学等多学科知识,系统地研究组织中人(个人、群体和组织)的心理和行为表现,以实现预测、引导、控制人的行为,从而提高组织效能的学科。

(二) 组织行为学的学科体系

组织行为包括3个层次,即个体的行为、群体的行为、组织的行为。综合这3个层次和心理学、社会学、文化人类学等多学科理论基础,组织行为学的学科体系可包括以下10章。

第一章为组织行为学导论。其中分别对组织、组织行为、组织行为学的相关内容进行了介绍。例如,组织的定义、分类、作用,组织行为的含义、层次,组织行为学的含义等。

第二章为个体行为的心理因素。个体的心理因素包括个体的能力、人格和学习,以及个体的价值观、工作压力、社会知觉等。

第三章为激励行为。其中概括介绍了几种常见理论及具体运用,它包括内容型激励理论、过程型激励理论、行为改造型激励理论和综合激励理论。

第四章为个体决策行为。其中介绍了个体决策的基本因素、个体决策的过程模型以及个体决策产生的偏差问题。

第五章为群体与团队。其中涉及了群体的概念和类型,群体的规模、结构以及群体决策。另外,专门论述了一种特殊的群体,即团队。

第六章为群体沟通。其中内容包括群体沟通的含义、功能、过程、方向以及有效的群体沟通问题。

第七章为群体冲突。其中介绍了群体冲突的含义、来源、类型、作用、过程以及对群体冲突进行管理的基本策略。

第八章为领导行为。其中分析了领导的功能,介绍了几种领导理论,阐述了对领导行为的评估和监控,并探讨了领导行为有效性的提升问题。

第九章为组织设计与组织文化。其中涉及了组织结构及其设计、组织文化等内容。

第十章为组织变革与组织发展。其中包括组织变革的含义、动因、类型、阻力和方法,组织发展的过程、技术和趋势,以及对组织变革发展的评估与制度化问题。

(三)组织行为学的学科理论基础

组织行为学是一门综合性的应用学科,它的形成和发展得益于众多学科的支持。总体而言,组织行为学的学科理论基础有心理学、社会学、社会心理学、人类学和其他学科。

1. 心理学

心理学是研究人类心理现象规律的科学。心理现象规律包括两部分,即心理活动的规律和心理特征的规律。一般而言,心理活动是内在的,行为是外显的。要研究组织中外显行为的规律性,必须要将心理学作为理论基础,因为心理活动和心理特征是人们产生行为的重要原因和内在动力。

心理学又分为个体心理学和社会心理学。个体心理学集中于分析个人的活动和特征,社会心理学将人作为社会人分析,研究其行为特征和规律。个人和社会人的行为规律正好与组织行为学个人行为、群体行为和组织行为 3 个层次的研究对象相对应,因此组织行为学的研究要以心理学的知识为基础。

心理学中的人格理论、学习理论、激励理论、动机理论等理论已经运用到了组织行为学中个人行为、群体行为的研究中。

2. 社会学

社会学将社会看作一个整体,研究社会现象各方面的关系及其发展变化的规律性,社会学注重以整体观开展研究。组织中的人与社会关系存在紧密联系,个人、群体、组织互相依存,并且与环境产生互动,所以组织行为学的研究要从组织所处的整个社会关系着手,这样才能全面地认识和把握组织行为的规律。从组织行为学的角度看,心理学是从个体层面支持组织行为学的研究,而社会学则是从整体层面支持组织行为学的研究。

社会学在组织行为学的运用主要体现在群体行为层次,如群体的动力、群体的结构、群体的冲突、群体的沟通、权威、非正式组织、团队建设等,在其他方面如个体与环境的互动等方面也提供了有价值的支撑。

3. 社会心理学

社会心理学是研究个体和群体的社会心理现象的心理学分支。个体社会心理学是指受他人和群体制约的个人的思想、感情和行为,如人际知觉、人际吸引、社会促进等。群体社会心理现象是指群体本身特有的心理特征,如群体凝聚力、社会心理气氛、群体决策等。组织行为学以个人、群体的心理过程规律为基础,进而研究个人、群体和组织的行为,因此,组织行为学的研究需要社会心理学的相应知识。

社会心理学在组织行为学中关注的领域主要为组织的变革,即研究组织如何实施变革以及如何减少变革的阻力。另外,在组织个人态度的测量、行为的理解与改变、沟通模式、建立信任等方面,社会心理学也有所涉及。

4. 人类学

顾名思义,人类学就是研究人类本质的科学,是对人类及其活动进行研究,因而是组织行为学的重要学科理论基础之一。人类学分为体质人类学、文化人类学、考古学,其中文化人类学与组织行为关系最为密切。文化人类学又称为社会人类学,过去主要研究原始社会及其文化,如今延伸到了现代社会及其文化方面。

人类的行为中文化性行为多于生物性行为。因为人类在不断地通过社会化的学习过程中,使其行为超越本能性的范围,从而在文化环境中逐步形成了价值观、规范、风俗、习惯、民族性等特征。人类学中对文化和环境的研究有助于组织行为学更好地把握不同组织之间组织文化的差异,组织成员价值观、态度形成机理及差异。

5. 其他学科

组织行为学的学科理论基础还包括政治学、伦理学、生物学、生理学,这些学科的知识和研究方法也为组织行为学的研究作出了重要贡献。

政治学是研究在政治环境中个体和群体的行为,它对组织行为学的贡献体现在组织冲突的结果、组织权威的形成、组织权力的分配以及个人对权力的操纵等领域。伦理学是关于道德的科学,也称为道德学或道德哲学。组织中对个人行为的管理不仅依赖于组织所构建的规章制度,还依赖于道德的建设,即利用道德约束和规范组织中的行为。吸纳伦理学的相关知识有利于组织行为学中组织伦理规律的探寻,而组织行为学关于人体生物节奏的规律对个体行为的影响,体力、智力、情绪规律对个体行为的影响等这些方面的探寻和把握则来源于生物学和生理学的研究成果。

(四)组织行为学的学科性质

1. 综合性

组织行为学的学科性质之一为综合性,具体表现为组织行为学跨多门学科,它的学科理论基础包括了心理学、社会学、社会心理学、人类学、政治学、生物学、生理学等多学科。组织行为学是在综合运用这些学科的知识下,分析、解释和预测组织的行为,是在这些多学科的交叉、渗透和融合下形成的学科体系。

组织行为学作为一门由多种原有学科互相交叉重叠中生长起来的新兴学科,既有原有多种学科的特点,又有原有学科所不具备的新特点。

2. 层次性

组织行为学不但具有多学科的交叉综合性,而且还具有多层次性。多层次性表现在组织行为学综合研究了个人、群体、组织行为的发展规律。组织行为学研究个人的行为,这是组织行为学研究的基础和起点。个人行为是组织中最基本的细胞,而要研究整个组织行为必须从研究个人行为开始。群体行为是组织行为学研究的第二个层次,它包括了群体的形成、群体的结构、群体沟通、群体冲突等领域。组织行为是组织行为学研究的第三个层次,组织有自己的边界,且各个组织都不同,各有特征,所以组织行为的研究包括组织的结构、组织与环境的关系、组织文化、组织变革等。

3. 两重性

组织行为学又是一门具有两重性的学科。它既具有与组织中人的行为生物性特征相联系的反映人的行为一般规律的属性,即自然属性,又具有反映人的社会活动规律的社会属性,即社会倾向性。

组织行为学的两重性产生的根据源于以下两点。第一,多学科的学科理论基础带来的两重性。组织行为学的学科理论基础中既有普通心理学、生物学、心理学等自然科学,又有社会学、社会心理学、政治学等社会科学,所以作为综合它们学科知识的组织行为学也就带有了这些特性。第二,研究对象人本身的两重性。组织中的人既是生产力的要素之一,也是生产关系的主体。组织中的人既是生物性的人,也是社会性的人。所以,组织行为学也就带有两重性。

4. 实用性

组织行为学是一门实用性的学科。组织行为学在心理学、社会学、社会心理学、生物学等多学科的基础上，综合运用这些知识分析组织中的个人、群体和组织的行为规律，在掌握这些规律后对组织行为作出解释和预测，并探究如何管理组织行为的艺术和方法。这些对组织而言，都紧密联系了组织管理人员的实际工作，并对他们的管理能力的提升、工作绩效的改善以及组织效能的提高均能发挥重要的作用。所以，组织行为学是一门实用性的学科。

扩展阅读2

你知道积极组织行为学吗

积极组织行为学是组织行为学科在21世纪才兴起的新的研究领域，它由鲁森斯于2002年正式提出，其主要强调对人类心理优势的开发与管理。与传统组织行为学将研究领域的重点放在解决管理者和员工的机能失调、冲突、工作压力等问题上所不同的是，积极组织行为学将研究重点放在如何采取积极的方法和怎样发挥员工优势以提高组织的绩效水平上。其研究范畴包括信心、自我效能、希望、乐观、主观幸福感、情绪、智力等，具备积极性、独立性、可测量性、可开发性、有助于提高工作绩效等基本特征。

资料来源：曾晖，赵黎明.组织行为学发展的新领域——积极组织行为学[J].北京工商大学学报（社会科学版），2007(3)：84-90

📚 专题小结

组织行为是组织内部要素之间以及组织与外部环境之间在相互作用中形成的行为。组织行为具有目标性、秩序性、高效率性3个特征。

组织行为是复杂的，因为组织中既有个人，也有群体，所以组织行为有3个不同的层次，包括个体行为、群体行为和组织行为。

组织行为学是综合运用心理学、社会学等多学科知识，系统地研究组织中人（个人、群体和组织）的心理和行为表现，以实现预测、引导、控制人的行为，从而提高组织效能的学科。

组织行为学的学科体系包括组织行为学导论、个体行为的心理因素、激励行为、个体决策行为、群体与团队、群体沟通、群体冲突、领导行为、组织设计与组织文化、组织变革与组织发展10章内容。

组织行为学的学科理论基础囊括了心理学、社会学、社会心理学、人类学、政治学、伦理学等其他学科。

组织行为学具有综合性、层次性、两重性和实用性4个学科性质。

思考活动

1. 组织行为包括哪些层次？

2. 组织行为学的学科体系内容是什么？

3. 组织行为学的学科性质是什么？

4. 组织行为学的学科体系中是如何体现学科理论基础的？

专题导读

任何一门学科都有一个产生和发展的历史过程，而了解它的历史过程能够帮助我们更好地认识和学习这门学科。组织行为学是伴随着管理学的发展和心理学、社会学等学科在其中的具体运用而产生和发展的，管理学经历了古典管理、行为科学和现代管理三个阶段，这也是组织行为学的产生、成熟和发展的时期。下面就让本专题带你一起打开组织行为学的历史画卷。

链接

http://wiki.mbalib.com/wiki/组织行为学

专题三
组织行为学的发展概况

一、组织行为学的产生

19世纪末期，科学技术得到了迅速发展，一方面社会物质财富迅速增加，生产规模和企业规模不断扩大；另一方面，竞争也日益加剧，劳资关系日益紧张，工人缺乏劳动积极性。因此，迫切地需要管理现代化大工业的方法和技术。以泰勒、法约尔和韦伯为代表的古典管理理论适应了这一需要，同时也造就了组织行为学的产生。

（一）泰勒的科学管理理论

弗雷德里克·温斯洛·泰勒出生于美国宾夕法尼亚甲门城的一个律师家庭中，幼年就非常喜欢科学研究和实验。泰勒年轻的时候学习刻苦，并以优异的成绩考上了著名的哈佛大学，但后来因为得了眼疾，不得已而辍学。1880年，泰勒进入费城一家米德维尔钢铁厂做技工，也是在这里，泰勒开始进行实验，系统研究和分析工人的操作方法和所花的时间，在此基础上研究创立了科学管理理论，被誉为"科学管理之父"。

泰勒的科学管理理论强调用讲究效率、技术、方法的科学管理代替凭个人方式和凭经验办事的管理。泰勒在他的经典著作《科学管理原理》和《科学管理》中具体阐述了科学管理理论的内容，其中包括以下一些方面。

科学管理的中心问题是提高劳动生产率。泰勒指出提高工人生产率的潜力是很大的。在他设置的一个实验中，泰勒发现工人每天搬运生铁的数量是能够从12.5吨增加到47.5吨，但由于当时一方面工人多劳不能不得，且对资本家不满，往往在工作中采用"磨洋工"的形式；另一方面资本家对工人一天应该做的工作量心中也无数，所以生产量一直无法得到提高。于是，泰勒通过选择合适的工人，记录下他们的每一项工作和工序的时间以及必要的休息时间，在得出完成工作的总时间下定出了"合理的日工作量"，这就是之后所谓的"工作定额"原理。

要为工作挑选第一流的工人。泰勒指出人具有不同的禀赋和才能，只要工作对人合适，都能成为第一流的工人。要认真研究每个工人的品质、性格和工作成绩,对他们进行相应的培训,使他们成为第一流的工人。第一流的工人是以"能在不损害其健康的情况下维持很长年限的速度,能使他更愉快而健壮的速度"为标准的。

工人要掌握标准化的操作方法,使用标准化的工具、机器和材料,作业环境也要标准化。之前工人的操作方法和使用的工具都是基于经验确定的,泰勒认为这是缺乏科学依据的。他提出必须要用科学的方法对工人的操作方法、使用的工具、劳动时间和休息时间进行搭配,形成一种最好的方法。

要实行刺激性的工资报酬制度和职能工厂制。泰勒认为鼓励工人努力工作很重要,因此除了制定定额标准外,还应该对工人实施"差别计件制"的刺激性付酬制度。另外,为了使工厂有效履行职能,必须把管理工作细分,使工厂只承担一种管理职能。

(二)法约尔的一般管理理论

法约尔于 1841 年出生在法国的一个资产阶级家庭里。法约尔的整个职业生涯都是在康门塔里的福尔香包采矿冶金公司。1888 年,该公司面临破产,也在这时,法约尔被任命为公司总经理,于是法约尔运用新的组织和管理思想对该公司进行整顿和改革,把原本处于破产边缘的公司整顿得欣欣向荣。法约尔的成名作是《工业管理与一般管理》。

法约尔的一般管理理论包括三方面的内容。第一,他将管理的职能分为 5 个要素,分别为计划、组织、指挥、协调和控制。第二,法约尔提出了管理的 14 条原则,即劳动分工、权力和责任、纪律、统一指挥、统一领导、个人利益服从整体利益、人员的报酬、集中、等级系列、秩序、公平、人员的稳定、首创精神、人员的团结。同时,在等级系列原则中,他还提出了著名的"法约尔跳板"。"法约尔跳板"指的是下级跨过权力执行路线而直接联系。例如,A 的上级是 B,C 的上级是 D,B 和 D 的上一级是 E,依照权力执行路线。如果 A 要与 D 联系,则他必须先向 B 报告,B 再向 E 报告,E 再下达给 D,D 再下达给 C,最后完成联系。这样的信息传递无疑面临信息失真和传递慢的问题,所以法约尔提出"法约尔跳板",也就是在 A 和 C 的上级都知情且同意的情况下,A 和 C 可以直接联系。第三,进行管理教育和建立管理理论的必要性。法约尔认为管理能力是可以通过教育获得的,所以应该加强管理教育。另外,应该尽快建立一种管理理论。

(三)韦伯的官僚制理论

马克斯·韦伯于 1864 年出生在德国图林根的埃尔福一个富有的家庭。韦伯终身从事学术研究,他的研究贡献不仅体现在组织理论方面,还体现在对宗教行为、经济行为、社会行为、政治行为的研究上。在组织理论上,韦伯最大的贡献就是提出了官僚制理论。他的代表作为《社会组织与经济组织理论》。

韦伯指出,任何组织都必须有某种形式的统治权威作为基础,从而实现组织目标。那么,根据组织行使统治权威的不同,可以将组织分为 3 类。第一类是神秘化组织或魅力型组织,该组织的权威基础是领导者个人的人格魅力。第二类是传统型组织,该组织的权威基础是先例和习惯。世袭制和封建制就是传统型组织,领袖的权威是通过世袭或过去管理者继承的。第三类是合理化—合法化组织,该组织的权威基础是组织内部的各种规则。被领导者对权威的服从是出于对组织规则的服从。在这 3 种组织形式中,韦伯认为只有合理化—合法化组织才是最符合理性化、最有效率的,因为神秘化组织会出现"人存政举,人亡政息"的现象,而传统型组织会出现领导人能力不足的情况。

韦伯也由此提出了理想型的组织形式——官僚制,官僚制具有以下特征:合理的分工、层级节制的权力体系、依照规章办事的运作机制、形式正规的决策文书、组织管理的非人格化、适应工作需要的专业培训机制、合理合法的人事行政制度。它的优势体现在严密性、合理性、稳定性、普适性。

综上所述,古典管理理论的 3 个代表人物的理论中均涉及了组织行为的问题。其中,泰勒侧重于底层工作人员的操作行为分析、工作控制和组织构造行为的原则。法约尔则将注意力放在高层领导行为上,如计划、组织、指挥、协调和控制行为的研究。与前两位不同,韦伯则集中于组织的结构、成员的控制以及管理行为和权威的关系。

提示

非人格化指的是公务活动与私人生活截然分开,工作中不掺杂个人情感、偏好等。

二、组织行为学的成熟

以泰勒、法约尔、韦伯为代表的古典管理理论关注于管理的科学化、理性和高效率,而忽略了人的因素及其在管理的作用。在 20 世纪 20 年代,以古典管理理论为指导的管理实践中出现了问题,因此研究者们开始了新的管理理论的探索。另外,随着心理学在工业等领域的不断运用,它的理论也开始涉及了组织和组织的行为中。

(一)霍桑实验对组织行为的研究

霍桑实验是美国哈佛大学教授梅奥在西方电器公司的霍桑工厂中开展的关于工作条件与工作效率之间关系的一个实验。这个实验包括了照明实验、福利实验、谈话实验、群体实验等几个方面。

在实验中,无论工作条件(照明、温度、休息时间等)如何地改善或者取消改善,实验组和非实验组的工作产量都在不断提高,取消改善产量也没有降低。于是,梅奥与工人进行了大规模的谈话,原来工人们产量的提高是因为在实验里没有工头的监督,使得他们工作更自由,在实验里他们感受到了被尊重,工人与研究人员建立了良好的关系。由此,梅奥得出结论,即生产中不应该忽视人的因素,人的生产效率不仅受到物理、生理的因素的影响,还受到社会环境、社会心理因素的影响。该实验后,组织行为的研究开始关注人的因素。梅奥也在该实验后提出了人群关系理论。

(二)行为科学对组织行为的研究

当人群关系理论产生后,再加上系统论、控制论的出现,研究者逐渐开始多学科地对人的行为进行探究,行为科学由此产生。行为科学对组织行为学的研究主要集中在以下几个理论。

1. 需要理论

行为科学认为人的行为是由动机引起的,而动机又是由人的需要和外界的刺激产生的。马斯洛的需要层次理论为需要理论中的代表,此理论是他于1943年在《人类激励理论》中提出的。马斯洛指出人是有需要的动物,人的需要影响到人的行为。人的需要是有层次的,按照重要程度和发生顺序呈梯形状由低级向高级发展。人的需要从低级到高级排列为生理需要、安全需要、社会需要、自尊需要和自我实现的需要。当低级需要得到满足后,高一级的需要才会出现。

2. 激励理论

激励理论从20世纪30年代开始出现,它也是组织行为学的重要研究部分。激励理论大致有几类:内容型激励理论、过程型激励理论、综合型激励理论,是针对激励的原因和激励因素进行研究的理论,主要有赫茨伯格的双因素理论、麦克利兰的成就需要理论、奥尔德弗的ERG理论等。过程型激励理论是重点研究激励的心理过程,主要有弗鲁姆的期望理论、亚当斯的公平理论、斯金纳的强化理论等。综合型理论既关注激励的因素,又关注激励过程,主要有布朗的VIE理论、豪斯的激励力量理论、卢因的场动力论。

3. 群体行为理论

群体行为理论主要是研究组织中人与人、群体与群体之间的关系。其中,场域理论对组织行为学的影响较大。

场域理论(Field Theory)是拓扑心理学创始人库尔特·勒温提出的,它是用来解释行为是如何产生的一个重要理论。在场域理论中,勒温提出了一个行为公式。

$$B=F(P \cdot E)$$

式中:B——behavior,行为;P——personal,个人;E——environment,环境;F——function,函数。

该公式表明,行为的产生不仅受人本身的内部力场的影响,即还受到人所处的环境的影响,取决于人本身的内部力场和环境的相互作用。为了囊括人和环境这两个概念,勒温提出了"生活空间"这一概念。生活空间是指在一定时间内决定人行为和心理活动的所有事实。

在组织行为学的成熟时期,其实践和理论都得到了全面的提高,研究的行为面越来越广。

三、组织行为学的发展

组织行为学的发展时期,正是管理学实践和理论进入现代化水平的时期。在这一时期,生产规模不断扩大,高新技术大量运用,生产的社会化程度也日益提高。为了进一步提高管理的科学化和现代化,系统科学、运筹学、数学模型等学科知识开始运用在管理学中。同时,学习型组织、组织流程再造等组织理论也逐步出现,这些发展都为组织行为学的研究提供了新的内容和新的方法。因此,这个时期组织行为学进入了一个新的阶段,比较典型的是组织系统论、组织权变理论和组织文化的研究。

(一)组织系统论

组织系统论的出现改变了传统从单一角度看待组织行为的现象,而综合性地研究组织中的各种行为。组织系统论的代表人物有卡斯特、罗森茨韦克。他们在 1970 年出版的《组织与管理——系统方法与权变方法》一书中,从系统角度综合分析了组织行为。

组织系统论认为,组织是一个系统,由目标与价值分系统、社会心理分系统、组织结构分系统、工艺技术分系统和组织管理分系统 5 个分系统组成,5 个分系统相互依存和联系着。同时,组织系统又存在于环境这个超系统中,并与环境系统发生着相互作用,且处在一种开放和动态的过程中。组织中的各种行为就是在这些系统以及系统的相互作用中产生和发展的。

(二)组织权变理论

组织权变理论是在经验主义学派基础上发展起来的管理理论,且由美国尼布拉加斯大学教授卢桑斯提出。较之古典管理理论、行为科学理论等传统理论,组织权变理论在组织行为学上强调以下 4 点。第一,适用于一切组织的管理方法是不存在的。第二,组织管理中,不断变化的形势要求不断创造新的方法。第三,在分析和处理组织管理问题时,要用灵活变通的观点。第四,不存在一样的组织模式和绝对完美的方法。

组织权变理论还提出,任何一个组织的模式类型和变异都会受内部目标和外部环境变化的影响,此时应依照权变的观点对组织及组织行为模式进行设计。任何组织系统都是处在动态革新中的,组织的发展过程呈现"适应—稳定—适应"的周期性规律。

从组织权变理论的一些观点中可以得出,权变观点进入管理领域,对组织行为学的发展起到了重要的作用。遵循权变的观点,组织行为学就能全面地看待行为,并在复杂的环境中寻找主要变量,且能根据变量的因果关系以及特定的情境分析、解释和预测行为。同时,也是在权变观点的引导下,组织行为学兼收并蓄其他理论,从而形成了综合性的知识体系。之后的近十余年,关于领导行为、激励行为、组织设计等研究也都是在权变观点指导下进行的。

(三)组织文化的研究

组织文化的研究兴起有其一定的必然性。第二次世界大战后,日本经济奇迹般地迅速崛起。因此,一些美国学者对日本企业进行了深入的分析。他们发现日本企业成功的关键有两个,其一是善于吸收外国先进的技术和管理手段;其二是注重文化因素和对员工共同的价值观的培养。这一研究发现使管理理论产生了突破,也使组织行为学的研究更深一步。

组织文化的研究给管理理论和组织行为学带来的两大突破表现在观念人和生活组织两个假定的确立上。古典管理理论将人假定为经济人,行为科学则将人假定为社会人,而组织文化的研究对人的假定更加深刻,它将人假定为观念人。组织文化的研究认为虽然人在本能上有很多需要,也希望自己的需要能够不断得到满足,但是人更需要的是有自己的信仰和价值观。因为,人一生中在不断地从周围环境中学习行为模式、规范、社会的期待,并把它们内化,而这些内化成为的信仰和价值观是他们行动的起点和指南,所以组织应该帮助员工树立正确的价值观和信仰。生活组织的假定强调不能单纯地从经济角度认识和分析企业,还应该从社会的角度看待企业的职能。企业作为管理组织,具有经济性和社会性双重属性和使命。这就要求企业组织不但要在经济上生产出产品,获取利润,更要在社会意义上承担社会责任,即除了为员工提供就业机会和物质报酬外,还应该帮助员工建立共同的价值观、行为规范等。

在组织行为学的发展阶段,组织系统论为组织行为学提供了一种全方位看待组织行为的观念框架,从而防止了认识上的片面和单一。组织权变论则提供了认识组织行为的全面和辩证认识观,从而防止了组织行为研究中的教条和僵化。而组织文化的研究则将组织行为的研究带入了更深刻的层次。

综上,组织行为学的发展历经了产生、成熟和发展 3 个时期。伴随着管理理论和实践的不断深入以及其他学科在管理中的运用,组织行为学无论在研究内容还是在研究方法上都在不断完善和创新之中。

思考活动

1. 组织行为学经历了哪些发展阶段?

2. 简要介绍韦伯的官僚制理论。

3. 简要介绍组织权变理论。

4. 当了解完组织行为学的发展概况后,你发现了管理理论对组织行为学发展的作用了吗?

扩展阅读3

霍桑实验

霍桑实验共分为以下4个实验。

实验一 照明实验

这项实验在霍桑工厂共进行了两年半时间,实验是在被挑选出来的两组绕线工人中间进行的。一组是"实验组",一组是"参照组"。在实验过程中,"实验组"不断地增加照明的强度,从24烛光、46烛光、76烛光逐渐递增,而"参照组"的照明度始终保持不变。

研究者起初打算考察照明和产量之间的关系,从而找出一种理想的照明度,即在这种照明度下工作,能使工人的生产效率达到最高标准。但实验的结果出乎研究者的意料之外,两组的产量都在不断提高。后来,他们又采取了相反的措施,逐渐降低"实验组"的照明强度,还把两名实验组的女工安排在单独的房间里劳动,并使照明度一再降低,从10烛光、3烛光一直降到0.06烛光,此时照明度已经达到和月光差不多的程度,这时候,也只有在这时候,产量才开始下降。

研究者的结论是工作场所的灯光照明只是影响生产的一种因素,而且是一种不太重要的因素。除照明之外,一定还有其他什么因素影响产量。

由于研究者找不到原因而感到迷惑不解,许多人都不干了。只有该公司的检查部主任朋诺克(C. Pennock)当时推测,产量的增加可能是由于工人被实验鼓起的工作热情所影响。后来,朋诺克于1927年冬天在一次哈佛大学教授梅奥主持的人事经理报告会上,把自己的想法告诉了他,并当场邀请梅奥参加霍桑实验。梅奥接受了邀请,并组织了一批哈佛的教授会同西方电器公司的人员成立了一个新的研究小组。于是,开始了第二阶段的研究。

实验二 继电器装配实验

为了能够更好地控制影响工作绩效的因素,梅奥选出了6名女工,让她们在单独的房间里从事装配继电器的工作,并告诉女工可以保持平常的工作节奏,因为实验的目的不是为了提高产量,而是要研究各种工作条件,以找出最适宜的工作环境。在此期间,研究者在实验场所指定了一名观察者。观察者的任务主要是创造与工人的友好气氛,以确保她们合作,此外他还做一些管理工作,每天与女工们非正式地交谈,以消除她们对实验可能抱有的疑虑。这样使得与女工之间的谈话更加自由,彼此关系比过去更为亲近了。

在实验过程中,不断地增加福利措施,例如缩短工作日、延长休息时间、免费供应茶点等,具体过程如下。

(1) 研究人员将小组的计时工作改为计件工作,生产量上升。

(2) 安排女工有两次休息时间,每次 5 分钟,生产量上升。

(3) 将两次休息时间,每次延长 10 分钟,生产量依然上升。

(4) 研究人员将女工上午的休息时间延长到 15 分钟,免费供应点心,生产量再度增加。

(5) 让女工提前半小时下班,生产量上升得更快。

(6) 让女工提前 1 小时下班,生产量无改变。

(7) 女工做 1 小时超时工作,生产量仍上升。

(8) 每组工作时间从 48 小时减至 40 小时,生产量照旧维持高标准。

随着生产效率的提高,研究者起初以为是这些福利措施刺激了工人生产的积极性。在最后一次实验中,研究人员恢复了这些工人的原来待遇,即女工做计时工作,没有休息时间,没有点心供应,每周工作 48 小时。结果,生产量达到前所未有的高度,上升 30%。这就证明物质条件的改变并不是提高产量的唯一原因。经过对这些结果的可能原因的分析,研究者认定,管理方法的改变可能是改变工人态度和提高产量的主要原因。

实验三　大规模的访谈实验

在两年多的时间里,梅奥等人组织了大规模的态度调查,其中职工中谈话人数达两万次以上。在访问过程中,访问者起初提出的问题,大都是一些"直接问题",例如工厂的督导工作及工作环境等。虽然访问者事先声明,将严格保守秘密,请工人放心,可是受访者在回答问题时仍遮遮掩掩,存有戒心,怕厂方知道,使自己受到报复。所以,谈话总是陈腔客套,无关痛痒。后来,改用了"非直接问题",让受访者自行选择适当的话题,这时职工在谈话中反而无所顾忌了。结果在这次大规模的访问中,搜集了有关工人态度的大量资料。经过研究分析,了解到工人的工作绩效、职位和地位既取决于个人,又取决于群体成员。这个结果体现出人际关系是影响绩效的一个主要因素。同时,这次大规模的实验,还收到一个意想不到的效果,那就是在这次谈话实验以后,工厂的产量出现了大幅度的提高。经研究者分析认为,这是由于工人长期以来对工厂的各项管理制度和管理方法有许多不满,但无处发泄,而在这次实验中,工人无话不谈,从而发泄了心中的怨气,并由此而感到高兴,因而使产量大幅度上升。

实验四　继电器绕线机组的工作室实验

这项实验又称群体实验。实验者为了系统地观察在群体中人们之间的相互影响,而在车间里挑选了 14 名男工,其中包括 9 名绕线工、3名焊接工、2名检验员,并让他们在一个专门的单独房间里工作。

实验开始,研究者向工人说明:他们可以尽量卖力工作,报酬实行个人计件工资制。研究者原以为,这套奖励办法会使工人努力工作,从而提高产量。但结果是产量只保持在中等水平,而且每个工人的日产量都差不多。根据"时间—动作"分析的理论,公司经过计算向他们提出的标准定额是每天完成7312个焊接点,但工人每天只完成6000~6600个焊接点就不干了,即使离下班还有一段时间,他们也自行停工。研究者经过深入观察,了解到工人自动限制产量的理由是如果他们过分地努力,就可能造成其他同伴的失业,或者公司会接着制定出更高的生产定额。

与此同时,研究者为了了解他们之间的能力差别,还对实验组的每个人做了灵敏测验和智力测验。他们发现3名生产最慢的绕线工在灵敏测验上得分都高于3名最快的绕线工,其中1名生产最慢的工人在智力测验上得分排行第一,灵敏测验排行第三。测验的结果和实际产量之间的这种关系使研究者联想到群体对这些工人的重要性。1名工人可以因为提高他的产量而得到小组"工资基金"总额的较大份额,而且也减少了失业的可能性,但这些物质上的报酬却会招来群体的非难和惩罚。因此,每天只要完成群体认可的工作量大家就可以相安无事。

研究者通过观察发现,工人们之间有时会相互交换自己的工作,彼此间相互帮忙,虽然这是有违公司规定的事,但是这种行为却大大增进了他们的友谊,然而有时却也促进了他们彼此间的怨恨,谁喜欢谁,不喜欢谁,都可以因此表现出来。诸如此类的事情,使研究人员发现他们中间有着两个派系,即小群体,一个称为A派,一个称为B派。研究者在对他们的观察中获得了以下几点结论。

(1)他们之间的派系,并非是因工作不同而形成的,例如A派包括3绕线工,同时还有1名焊接工和1名检验员。

(2)派系的形成多少受到工作位置的影响,例如A派的几位工人均在工作室的前端,而B派的几位工人均在工作室的后端。

(3)实验组的成员中也有人不属于任何派系。例如,其中1名检验员一向受到其他成员的排斥。原因是他曾向检验科抱怨说工作室的工人们都在偷懒,这件事后来被大家知道了,大家都与他保持一定距离。另外,还有1名绕线工,他老喜欢在B派中出风头,他虽然想加入B派,但B派却因此没有完全接纳他。

(4)每个派系都认为自己比别派好,并有一套它们自己的行为规范。

研究者在观察他们各自履行自己所订立的行为规范时发现，有的规范与限制产量有关，有的则涉及个人的品德，而就其规范对个人的影响来说，主要有以下几点。

① 谁也不能干得太多或太少，以免影响大家。

② 谁也不准向管理当局告密，做有害于同伴的事。

③ 任何人都不得远离大家，孤芳自赏；也不得打官腔，找麻烦。

④ 任何人不得在大家中间唠唠叨叨或自吹自擂，自以为是，一心想领导大家。

这些规范主要是通过挖苦、嘲笑以及排斥于社会活动之外等一些社会制裁方法实施的。如果有谁违反这些规范，就会受到群体的制裁。小组中最受欢迎的人就是那些严格遵守群体规范的人；而受厌恶的人，则是违背群体规范，私下向工长告密的人。

研究者认为，这种自然形成的非正式群体，其职能对内在于控制其成员的行为，对外则为保护其成员，使之不受来自管理阶层的干预，同时这种非正式群体，一般都存在着自然形成的领袖人物。

资料来源：http://bbs.openedu.com.cn/showtopic-1433071.aspx

 ## 专题小结

组织行为学经历了产生、成熟和发展 3 个时期。

泰勒的科学管理理论将管理从凭个人方式和凭经验办事的管理中脱离出来，转而运用讲究效率、技术、方法的科学管理。法约尔的一般管理理论探讨职能问题，为管理确定了职能以及原则。韦伯的官僚制理论集中于组织结构的研究，并提出了官僚制这一组织形式。

霍桑实验的研究发现使组织行为学的研究开始关注人的因素，梅奥由此提出人群关系理论。行为科学对组织行为学的研究主要有需要理论、激励理论、群体行为理论。

组织系统论、组织权变理论和组织文化的研究把组织行为学的研究带入发展时期。组织系统论改变了传统从单一角度看待组织行为的现象，并提供了一种全方位看待组织行为的观念框架。组织权变论提供了用来认识组织行为的全面和辩证认识观，从而防止了组织行为研究中的教条和僵化。组织文化的研究中观念人和生活组织的两个假定将组织行为的研究带入了更深刻的层次。

专题导读

通过前 3 个专题的学习，相信你已经对组织行为学有大概的认识了吧。下面，就再来了解一下组织行为学的研究，包括组织行为学的研究原则、研究过程和研究方法。本专题的学习可能会比较枯燥，但是它关系到今后我们在开展组织行为学研究时的一些规范要求，所以请继续耐心地学习。

链接

http://wiki.mbalib.com/wiki/组织行为学

专题四 组织行为学的研究

一、组织行为学的研究原则和过程

（一）研究原则

1. 客观性原则

客观性原则是一切科学研究所必须遵循的一项基本原则，也是组织行为学的研究应该遵循的基本原则。组织行为学是研究个人、群体、组织 3 个层次行为的一门学科，其中个人、群体、组织的行为不仅受到个体心理因素的影响，还受到外界环境的刺激影响，因而无论是心理因素、外界环境本身，还是它们之间的相互作用都具有复杂性。因此，组织行为学的研究要求要遵循客观性原则，即在研究过程中，必须以严谨和科学的态度对研究对象、研究发现、研究结论反复进行检验，才能够最终得出研究结论，而不能凭空想象或在研究中掺杂主观因素。

2. 发展性原则

马克思强调要用发展的眼光看待一切事物，对组织行为学的研究也是如此，因此组织行为学的研究应该要遵循发展性原则。现实中，客观事物总是在不断发展和变化的，组织中的行为也是在不断变化的。组织行为的产生都有一定的依据，而任一依据的变化都将改变行为，所以行为并不是一成不变的，这就要求我们在对组织行为开展研究时，不能用静止、孤立的观点看问题，而要注意组织行为的发展变化。同时，不仅要看到组织行为当前的现状，还应该探究产生该行为的历史依据以及该组织行为今后的状态。

3. 联系性原则

客观事物都不是孤立存在的，这要求组织行为学的研究秉承联系性原则。组织的行为与人的心理现象、外界外景之间是相互影响、相互制约的。组织的行为不可能禁锢在个人圈圄中，它必然受到外界环境的刺激和影响。所以，在组织行为的研究中，不仅要考虑引起组织行为的原因、条件，也要考虑与之相联系的其他因素的影响，从而从它们的联系中探讨组织行为。

（二）研究过程

从系统论角度看,组织行为的研究过程分为 4 个阶段,分别是观察和实验阶段、系统分析阶段、预测阶段、检验阶段(图 1-1)。

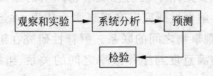

图 1-1 组织行为研究过程

1. 观察和实验阶段

组织行为研究的第一步是观察和实验,这一阶段主要工作是收集和整理有关组织中个人、群体、组织的行为以及环境的现状和变化情况,且将其如实地记录下来,并按照一定的标准对收集到的各种数据资料进行归纳综合。

2. 系统分析阶段

组织行为研究的第二步是系统分析。这一阶段主要工作是基于观察实验所得的数据材料,并以一定的理论为指导,从而对组织中个人、群体、组织的行为和环境情况产生的原因以及相互关系、作用机理等进行演绎分析。

3. 预测阶段

组织行为研究的第三步是预测。这一阶段主要工作是根据已有的分析,对组织中的个人、群体、组织的行为和环境,以及它们之间的相互作用作出预测。

4. 检验阶段

组织行为研究的第四步是检验。这一阶段主要工作是运用一些系统和综合性的检验方法对分析的结果、预测的内容进行检验,以确定这些结论的正确性。

二、组织行为学的研究方法

（一）按研究目的分类

1. 描述性研究

描述性研究是了解客观事物状况、特征从而作出客观、准确的描述所进行的方法。描述性研究一般适用于组织行为研究的第一阶段,且不涉及组织行为因素之间的关系探究。组织行为学中采用描述性研究的有员工基本情况调查、员工态度调查、员工对组织的满意度调查等。描述性研究没有明确的假设，且直接从观察入手，当然在开展观察前会做出一个简单的初步假设，从而避免观察过于盲目和无计划性。

2. 解释性研究

解释性研究主要是用于说明客观事物产生的原因并回答客观事物"为什么"的问题。解释性研究以客观事实为依据，并运用科学的理论和假设逻辑，阐述客观事物之间的联系。解释性研究在组织行为的运用中有研究组织员工的满意度与工作效率之间的关系、组织文化、组织冲突等方面的产生原因。

3. 预测性研究

预测性研究则是对客观事物的发展趋势和后果作出预测，并在此基础上提出应对的对策，它适用于研究过程的第三阶段。其中，组织中的管理人员所做的员工行为预测、组织绩效预测、组织目标完成情况的预测都属于预测性研究。

（二）按研究方法的具体策略分类

1. 观察法

观察法是观察者借助于感官和各种测量仪器直接对被观察者进行观察的一种方法。观察法分为参与观察法和非参与观察法，它们区别的依据是观察者是作为局外人还是局内人。观察法有以下特点：观察的对象一般处于自然状态下；观察有预定的研究目标和观察程序；要对观察所得作文字记录。观察法的优点是简便易行，且获得的资料比较真实，但是它对观察者的要求很高，观察者不仅要具有敏锐的观察能力，还要有较强的记忆力及快速记录能力，同时观察所得材料难进行定量化操作。

2. 调查法

调查法是通过对调查对象发放问卷或者交谈获得数据材料的方法。调查法分为问卷调查法和访谈法。

问卷调查法需要调查者事先根据调查目的、调查对象特点等因素作出一份问卷，然后将其交由调查对象填写，再进行回收。它是收集数据资料较为常用的一种方法。问卷调查法得到的信息一般是数据形式的，且能结构化，所以问卷调查法的优点是材料结构化、方便作统计且对事物与事物之间的关系作统计分析。它的缺点是获取的信息不深入。

访谈法是调查者通过与被调查者面对面交流从而了解被调查者的心理和行为的方法。访谈法有结构式访谈和非结构式访谈两种形式。要使访谈有效，访谈则必须有明确的目的，且访谈对象与研究目的相关性强，同时访谈者必须具有一定的谈话能力将访谈处于和谐的氛围中，且能启发、引导和控制整个访谈过程。所以，一般访谈都事先要求列出访谈提纲。访谈法的优点是能获得较为深层次的内容,缺点是成本高、对访谈人员的要求高。

3. 实验法

实验法是根据一定的研究目的和假设,人为地控制因素,从而能够在一种"纯化"状态下探究客观事物的现象和原因。运用实验法可将行为事件与环境之间的关系明确化,且可以反复验证。实验法有 3 种形式,即实验室实验法、现场实验法、自然实验法。例如,要研究不同的奖励制度对员工的激励程度,就可以采用实验法。实验法的优点是便于寻求因果关系、可控性强,但是实验法的成本较大,适用范围也有限(因为它对实验条件的要求高),且实验结果容易受实验员的影响。

4. 测验法

测验法是采用标准化的心理测验量或精密的测量仪器测量被研究者的有关行为特征和心理品质的方法。它是心理学研究中的主要方法,这里将其引进组织行为的研究中,并运用能将个体行为量化的主要工具,从而确定组织行为的特征和表现。组织行为中的测验可以有智力测验、成就测验、人格测验、个性测验、能力测验等。使用测验法能为组织中员工的选拔、升迁、辞退提供科学的依据。

5. 文献法

文献法是指通过查阅文献资料,包括统计年鉴、报纸杂志、论文等,并对这些材料进行分析、综合、归纳,从而得出结论的一种方法。由于文献法相对其他方法收集资料较为容易,同时有助于研究者事先对研究内容有一个大致的认识,所以它常常成为其他研究方法开展前的前奏曲,并用于指导其他研究方法的目的、对象、调查地点等的选择。例如,要研究员工满意度与工作绩效之间的关系,就可以对已有关于这一主题的文献材料进行系统地阅读和分析,从而总结出满意度和工作绩效之间的关系。

扩展阅读4

社会调查之问卷设计

问卷的基本结构包括封面语、指导语、问题和答案、编码。封面语总是印在问卷表的最前面,其作用是向被调查者介绍和说明调查者的身份、调查内容、调查目的和意义等,从而消除被调查者的疑虑,且取得他们的合作。指导语,相当于填表说明。问题和答案部分,从形式上看,问题可分成开放式和封闭式两类。开放式问题是不为回答者提供具体答案,且由回答者自由填答的问题。它的优点是回答者可以充分表达自己的意见、不受限制、资料生动;而其缺点是要求回答者具有一定的知识水平和文字表达能力,且回答者

思考活动

1. 组织行为学研究的原则是什么?

2. 组织行为学研究的过程是什么?

3. 组织行为学有哪些研究方法?

4. 你能否试着对你所熟悉的组织作一分析吗?

回答问题所花时间、精力较多,资料只能定性分析,无法定量分析。封闭式问题是在提出问题的同时,还给出若干答案供回答者挑选。例如,你对改革的态度是_____?①热切盼望改革;②是否改革无所谓;③不希望改革,还是保持现状好;④不希望改革,最好有回到改革以前状况。封闭式问题的优点是填写方便、花时少、对文字能力没有过高要求、适合定量分析;而其缺点是资料缺乏生动性。从内容上看,问题可分成关于行为、态度、个人背景资料3类。行为或事实类,如你是否准备申请入党?态度、意见、看法类,如你认为在现实生活中,哪些人事实上最容易获得很高收入?背景资料类,如年龄、性别、收入、学历等。编码部分有时候在问卷中可以省略。

专题小结

组织行为学的研究要遵循客观性原则、发展性原则和联系性原则。

组织行为学的研究过程包括 4 个阶段,分别是观察和实验阶段、系统分析阶段、预测阶段、检验阶段。

组织行为学的研究方法按研究目的可分为描述性研究、解释性研究和预测性研究。按研究方法的具体策略可分为观察法、调查法、实验法、测验法和文献法,各种策略都有优缺点,在具体使用中可组合使用。

思考与练习

一、选择题

1. 根据组织所承担的社会功能不同,组织可分为( )。

    A. 政治目标组织　　　　　　B. 模式维持组织

    C. 整合组织　　　　　　　　D. 经济生产组织

2. 根据组织的目标不同,组织可分为( )。

    A. 工商组织　　　　　　　　B. 规范组织

    C. 公共组织　　　　　　　　D. 互益组织

3. 组织具有( )。

    A. 激励作用　　　　　　　　B. 管理作用

    C. 服务作用　　　　　　　　D. 指挥作用

4. 以下( )项不是组织的特点。

    A. 组织是具有特定目标与承担特定功能的群体

    B. 组织是按照一定的原则建构的

    C. 组织与环境具有互动性

    D. 组织具有一定的边界

5. 法国学者亨利·法约尔在其《工业管理与一般管理》一书中指出:

"管理就是实行计划、组织、指挥、协调和控制。"这里的组织是从（　　　）角度进行定义的。

    A. 名词   B. 动词   C. 静态   D. 动态

二、填空题

1. 组织的作用为_____、_____、_____、_____。

2. 组织行为学的研究原则为_____、_____、_____。

3. 组织行为具有_____、_____、_____ 3 个特征。

4. 组织行为学具有_____、_____、_____、_____ 4 个学科性质。

5. 组织行为的 3 个层次为_____、_____、_____。

三、问答题

1. 什么是组织？关于组织的定义有哪几种说法？

2. 组织行为学的研究方法主要有哪些？

3. 经济生产组织、政治目标组织、整合组织和模式维持组织有何种区别？

4. 简述泰勒的科学管理理论的内容。

5. 谈谈组织行为学发展时期的 3 个代表理论及其贡献。

推荐书目与文章列表

[1] （美）斯蒂芬·P.罗宾斯.组织行为学[M].孙建敏等译.北京：中国人民大学出版社,1997.

[2] 张德.组织行为学[M].北京：高等教育出版社,2003.

[3] 陈兴淋.组织行为学[M].北京：清华大学出版社,2006.

[4] 凤笑天.社会学研究方法[M].北京：中国人民大学出版社,2009.

[5] 竺乾威等.组织行为学[M].上海：复旦大学出版社,2002.

[6] 张建东,陆江兵.公共组织学[M].北京：高等教育出版社,2003.

[7] 陈国权.组织行为学[M].北京：清华大学出版社,2006.

[8] 贾书章.组织行为学[M].武汉：武汉理工大学出版社,2006.

[9] 苏东水.管理心理学[M].上海：复旦大学出版社,2002.

[10] 丁煌.西方行政学说史[M].武汉：武汉大学出版社,2004.

[11] （美）泰勒.科学管理原理[M].马风才译.北京：中国社会科学出版社,1984.

[12] （法）法约尔.工业管理与一般管理[M].周安华等译.北京：中国社会科学出版社,1982.

[13] 张康之.组织分类以及任务型组织的研究[J].河南社会科学,2007(1)：123-124.

[14] 曾晖,赵黎明.组织行为学发展的新领域——积极组织行为学[J].北京工商大学学报(社会科学版),2007(3)：84-90.

[15] 李霞.组织文化的影响：心理资本的中介作用[J].华南师范大学学报(社会科学版),2011(6)：120-126.

第二章

个体行为的心理因素

对于行为的研究，一般要从个体行为的分析开始。因为，个体是群体和组织的细胞，个体的行为是群体的行为以及组织的行为的基础。而要研究个体的行为，必须要对人有明确的认识，清楚人的需要、动机与行为之间的心理因果关系，对人的价值观、知觉、态度、个性、意志、感情等心理因素进行详细的考察，它们是形成人个体行为的具体心理要素、原因和内在动力。

本章首先阐述呈现个体非倾向性心理特征的能力、人格以及学习。其次，阐述了呈现个体倾向性心理特征的价值观和态度。再次，阐述个体在受到某种刺激时所产生的情绪和工作压力。最后，阐述个体心理活动过程——知觉。

 学完本章，你将能够

1. 了解个体行为的相关心理因素；

2. 掌握能力、价值观、压力、态度、知觉、社会知觉等的含义、类型及其影响因素；

3. 能够分析造成个体行为障碍的原因，并找到解决的办法。

专题导读

能力与我们个体行为之间存在什么样的关系？影响能力大小的因素有哪些？能力大小是天生的还是后天形成的，我们能否改变自己的能力大小？或许大家心中都存在着这样的疑虑，别急，接下来我们给大家一一作答。

链接

http://www.psyheart.org/
中国心理分析在线

专题一

能力、人格和学习

一、能力

每个人的能力有长短之分，这是无法争辩的事实。但是，能力的差异未必就意味着孰优孰劣。了解能力的差异，是为了"人尽其才，才能尽全力"。

（一）能力的概念

能力是指人成功地完成某种活动所必需的个性心理特征。它是人们成功地完成某种活动所具备的前提。

能力与人们的行动有直接的关系，并且直接影响人们活动的效果。虽然，能力是一种个性心理特征，但并不是所有的人的个体心理特征都可以被叫作能力。只有那些直接影响活动的效果，且成为完成某种活动所具有的基本心理特征，才能被称作能力。

要完成某一项活动，仅靠一种能力是不够的，其需要多种能力综合作用，才能取得成功。例如，一个人为了完成学习任务，仅仅依赖记忆力是不够的，因为好多东西不是单凭记忆力就能成功的，同时还必须具有观察力、分析能力、理解力等。

人的能力是复杂而又多样的。按照通常的分类方法，能力可以分为一般能力和特殊能力、优势能力和非优势能力。

1. 一般能力与特殊能力

一般能力是指从事活动都要具备的能力，例如观察力、记忆里、想象力等；特殊能力是指从事某项专业活动所具备的能力，例如从事某项活动所具备的绘画与测算能力。

一般能力与特殊能力之间是辩证、统一的关系。一方面，人们从事某项专业活动可以使某一种能力得到特别发展，这样就逐渐形成了特殊能力。例如，某个人是国家乒乓球队的队员，在长期的训练当中，他的观察能力和反应能力得到了特别发展，从而形成特殊能力。另一方面，在特殊能力得到发展的同时，一般能力也在这一过程中得到提升。例如，乒乓球队队员在提高观察反应能力的过程中,分析能力也得到了提高。总之,一般能力是在个体活动的基础上发展起来的,而特殊能力又是在一般能力充分发展的基础上获得的。

2. 优势能力与非优势能力

人具有多种能力,而各种能力的发展又是不均衡的。在这个过程中,有些能力强些就形成了优势能力,而有些能力弱些就形成了非优势能力。例如,著名军事家诸葛亮善于指挥,而不善于骑射;我国著名数学家陈景润在数学方面表现出卓越的才能,然而却不善于交际。优势才能在一个人的工作中具有重要作用,所谓"物尽其用,人尽其才",就是告诉我们要积极发挥自身的优势能力。

(二) 能力的差异

人的能力有大有小,它的大小是客观存在的。无论社会发展到什么样的程度,科技如何先进,人的能力的差异还是存在的。他们的差异主要表现在以下几个方面。

(1) 认识能力的差异。能力包括观察力、思维能力、记忆力、想象力以及语言表达能力等。对于同样一种能力,每个人都会存在差别的。例如,有些人的记忆能力强,有些人分析能力强;在记忆东西的时候,有些人记得快,记得也牢,有些人则记得不那么快。

(2) 能力类型方面的差异。每个人都会在某一种能力上有优势。例如,有些人记忆力强、观察能力强。而有些人则概括能力强、善于思考。

(3) 能力发展水平的差异。多数人具有一般的能力,能够顺利完成活动,并且在这个过程中能够取得一定的成绩。而一些人则才华横溢,能够创造性地完成工作。当然,也有少数人由于先天和后天的原因,不具备某方面的能力,致使能力低下。

(4) 能力发展的年龄差异。人的能力的发展也有早晚之分,有些人的能力发展得比较早,而有些人能力发展得比较晚。例如,著名数学家高斯,在其 9 岁时就显示了非凡的科学才华;然而我国著名画家齐白石,40 岁才展示出绘画方面的才能。

(三) 影响能力发展的因素

影响一个人能力发展的因素有很多,其中遗传、知识和技能、教育以及勤奋等因素对人的能力的影响最大。

1. 遗传因素

遗传因素是天生具有的某些特征,包括神经系统、运动器官以及感觉器官。它是一个人能力发展的自然因素和前提,离开这个前提,人的能力的发展就无从谈起。遗传因素是客观存在的。它对人的能力无论在水平还是在方向上都会产生很大影响。例如,一个人天生聋哑,他的音乐欣赏能力就会受到限制。

当然,遗传因素只是能力发展的基础,并不是能力发展的本身。遗传因素只是提供了发展某种能力的可能性,而这种能力能否成为现实的能力,还需要在社会的现实中逐步得到提高。

2. 知识和技能

知识是人脑中的经验系统,它以思想内容的形式为人所掌握,而技能是具体的操作技术,它以行为方式的形式为人所掌握。人能力的发展和知识技能的掌握是相互联系又互相制约的关系。一方面,知识的掌握是人们能力形成的理论基础,而人对技能的掌握是能力形成过程中的实践基础。人的能力是在掌握理论和实践的基础上实现的。另一方面,人们已经形成的能力又制约着掌握新知识和技能的快慢、深浅、难易和巩固的程度。当然,由于生活实践的多样性、复杂性,能力的发展与知识、技能的掌握并不是完全一致的。

3. 教育

教育是人们掌握知识和技能的良好途径,它不仅在人的智力方面起到良好作用,也在人们能力的培养方面起到很好作用。

4. 勤奋

勤奋是人行为过程中一种优良的个性品质表现。勤奋是人的能力发展的主观因素。遗传因素和外部环境对能力的发展固然有影响,但个人的主观努力,才是能力获得较快、较大发展的决定性因素。世界上许多伟大的政治家、科学家、发明家、艺术家所获得的伟大成就和所表现出来的卓越才能,都是经过长期努力、坚持不懈、百折不挠奋斗的结果。没有主观的勤奋努力,能力的发展是无从谈起的。

二、人格

在现实生活中,我们经常可以看到这样的现象:有些人安静被动,有些人积极进取,有些人冲动鲁莽,有些人执着专注。这些现象指的是人格问题。接下来,我们将简要介绍一下人格方面的知识。

（一）人格的含义

人格是指人类心理特征的整合、统一体,是一个相对稳定的结构组织,并在不同时间、不同地域下影响着人的内隐和外显的心理特征和行为模式。西方语言中"人格"一词(例如法文的 Personnalité、英文的 Personality),多源自拉丁文的 Persona,即"面具",暗示了"人格"的社会功能。人格更是体现了一个人与众不同的特点。万千世界,自然有不同的人格元素组合成了一个个人格迥异的个体。

链接

http://lixing.jiangshi.org/course/中华讲师网人格培训在线课程

一般而言,人格具有如下特点。

(1) 独特性。俗话说,"人心不同,各如其面"。这句话说明了人格是千差万别的,这就是人格的独特性。不同的遗传、教育以及不同的生存环境,形成了各自独特的心理特点。

(2) 功能性。人格决定了一个人的生活方式,甚至是命运。例如,当面对挫折和失败时,坚强者能奋发图强,而懦弱者则一蹶不振。这就是人格的功能性表现。

(3) 稳定性。偶然发生的心理特征不能被称为人格。例如,内向者在大多数场合下,都表现出沉默寡言的特点。正所谓"江山易改,本性难移",稳定性是人格的特点之一。

(4) 统合性。人格是由多种元素构成的一个有机整体,其具有内在的一致性,且受自我意识的调控。人格的统合性是心理健康的重要指标。若一个人的人格结构在各方面和谐一致,就说明其人格是健康的;否则,就是不健康的。

人格的稳定性并不意味着它在人的一生中是一成不变的,它可能会随着环境的改变和人的成熟,或多或少地发生变化。

(二)人格的影响因素

人格既不是完全由先天遗传决定的,也不是由后天环境塑造的,而是这两方面共同作用的结果,并在具体情境中生成各种变式。

(1) 遗传。遗传并不是直接决定人的人格,而是以潜在的方式间接影响人的人格。由于人格在很长一段时间内受到遗传的影响,并且在长期的成长过程中逐渐形成的,因此个体的人格是相当稳定的。通常人格的改变需要经过若干年时间,而且比较缓慢。

(2) 环境。有许多环境因素对人格起着塑造作用,这些因素包括教养方式、教育背景、生活方式、生活环境、社会生活基础、人际关系以及个人体验等。在这些因素中,文化因素尤为重要,因为不同的文化有不同的伦理原则以及价值观,这些在很大程度上制约着人的态度体系和行为方式。

(3) 情境。人格是相对稳定的,但这并不是说它是以刻板不变的方式保持相对不变,而是指在不同的情境中随条件的改变采取不同的态度与行为反应方式,从而维系人格的本质特征。在不同的情境中,人格的表现会有很大的差异。

(三)精神分析和人本主义对人格的看法

人格的核心思想是一个人思想中的各种事件,即内心事件,而这些事件产生行为的动机。通常情况下,人们会意识到这种动机,然而某些动机也会产生在非意识层面。心理动力学理论的本质就是在于对这些行为产生的内在来源以及这些内在驱动力之间冲突的关注。弗洛伊德关于人格的假设的数据主要来自临床观察和在治疗中对个人进行深入的案例研究。在弗洛伊德理论中,人格的差异在于人们对基本驱动力方式的差异。为了揭示这种差异,弗洛伊德描绘了人格的两种不同部分——本我和超我。在弗洛伊德看来,人格的本我、自我和超我3个部分之间的和谐,就是健康人格的前提。

人本主义从个人意识经验、成长潜能整合的角度理解人格,其核心是强调自我实现的驱动力。自我实现是指个体不断努力开发自身的才智与能力,从而实现个体潜能的趋向。

三、学习

俗话说,"活到老,学到老"。人们在一生中无时无刻不在进行着学习活动。例如,儿童学走路,学生在学校学习各种知识技能等。那究竟什么是学习?接下来,让我们一同来理解。

(一)学习的含义

学习的含义是什么?不同的研究者有着不同的理解。有人认为,学习是行为的改变,是在刺激与反应之间建立联系;有人则认为,学习是对客观事物之间关系的认知,是在刺激与刺激之间建立联系。在这里,可以认为学习是通过刺激所发生的行为改变。也就是说,行为改变是结果,行为发生改变了,学习也就结束了。例如,一个学打字的人,刚开始的时候,由于对键盘的不熟悉,手指与键盘之间还未建立一种巩固的联系。当打字的人通过不断的学习、锻炼,手指与键盘之间逐渐协调,两者之间便形成了新的行为模式。这种行为模式的形成,就标志着行为的改变。

一个人从出生到老,不断学习知识,不断掌握技能,这些都是在不断获得各种新的行为模式。那这些新的行为模式形成的必要条件是什么呢?简单地说,就是要通过听觉、视觉、触摸觉、思维等不断与外界发生联系。在不断互动中,自己的行为才能得到改变,才能从不懂到懂,从不会到会。

(二)学习的理论

一切学习理论都把人的行为作为学习的基本元素。这里介绍3种学习理论:经典条件反射理论、操作性条件反射理论、社会学习理论。

1. 经典条件反射理论

早期的学习理论家主要集中研究条件反射行为,他们认为通过学习获得的行为是对某一点刺激的反应。苏联的生理学家和心理学家伊凡·巴甫洛夫,就是这种理论的主要代表人物。他通过刺激反应实验,来衡量动物对刺激的反应。

2．操作性条件反射理论

传统学习是由刺激引起的无意识反应。相反，操作学习理论则是人为的影响环境而作出的反应。操作性条件反射理论是由美国心理学家斯金纳提出的，他强调个人在学习中的作用。他认为，个人是根据所处的环境来学习的。对于个人来说，环境是需要获得或者正在避免的正的或者负的强化的来源。因此，人们可以有意识地发出一定的行为，以便从环境得到预期效果。

操作性条件反射理论在组织行为中得到广泛的应用。从理论上说，雇员行为的目的是为了从环境（组织、社会等）中得到奖励。例如，一个人每天上午进入办公室（发生环境刺激），他可以用不同的行为方式影响他的同事或者上司的反应。若他迟到了，上司会批评他，这也可能会引起其他员工的注意。

3．社会学习理论

社会学习理论是由美国心理学家阿尔伯特·班杜拉（Albert Bandura）于 1977 年提出的。它着眼于观察学习和自我调节在引发人的行为中的作用，且重视人的行为和环境的相互作用。班杜拉认为社会学习理论是探讨个人的情感、行为与环境因素三者及其交互作用对人类行为的影响。按照班杜拉的观点，以往的学习理论家都忽视了社会变量对人类行为的制约作用。他们通常是用物理的方法对动物进行实验，并以此来建构他们的理论体系，这对于研究生活于社会之中的人的行为来说，似乎不具有科学的说服力。由于人总是生活在一定的社会条件下，所以班杜拉主张要在自然的社会情境中而不是在实验室里研究人的行为。社会学习理论的学习模式如图 2-1 所示。

图 2-1　社会学习理论的学习模式

扩展阅读1

九型人格

九型人格（Enneagram of Personality，或 Enneagram），也称作九柱性格学，是一种性格标签型分类，基本上把人的性格分成 9 类。阐明九型人格相关的图案被称为九形图、九宫图、九柱图、九芒星等。

九型人格并非一个正统的人格心理学理论。在当代，它只是在商业文化下，常用于了解职场文化的一种测试，从而给予人格一个片面标签化的定义。

关于九型人格的起源有很多说法。其中一说指公元 1920 年，乔治·古吉夫首先将九型人格学说传入西方，并用它来阐释人类

思考活动

1. 什么是能力？

2. 能力表现的差异有哪些？

3. 学习理论有哪几种？

4. 简要介绍精神分析和人本分析对人格的看法。

的 9 种特质。而真正将这套学说发扬光大的是艾瑞卡学的创办人奥斯卡·伊察索,他宣称九型人格学说是他在 20 世纪 50 年代旅行于阿富汗时,由伊斯兰教的苏菲派里所学的。

伊察索将人类的 9 种情欲放进九型人格学说中,并将这套学说拿来作为人类心理训练的教材。艾瑞卡学院首先在智利的艾瑞卡市成立,之后美国的艾瑞卡学院也在 1970 年成立。许多知名的心理学家、精神病学家都曾追随伊察索学习九型人格学。其中知名的精神病学家克劳狄亚纳朗荷,在智利学习后,便将这门知识传入美国加州,并开设起一系列的作坊探索人的性格形态。近年,由美国加州斯坦福大学的海伦·帕尔默发扬光大。

另一种说法是,在公元前 2500 多年已经有九型人格的学说。在两河流域地区,一些部落的长老用这套学说教化族民,让他们能和谐相处。这套学说后来被伊斯兰教的苏菲派保留下来,到了 20 世纪初才被一些灵修者带到欧洲和美洲。

性格形态学英文叫 Enneagram of Personality。"Ennea"是希腊文,是"九"的意思;"Gram"就是图形;"Enneagram"原意就是一个有 9 个方位的图形。在性格形态学里,那 9 个方位就代表 9 种人格了。9 种人格类型如下。

(1) 第一型完美主义者(The Reformer)：完美者、改进型、捍卫原则型、秩序大使。

(2) 第二型助人者(The Helper)：成就他人者、助人型、博爱型、爱心大使。

(3) 第三型成就者(The Achiever)：成就者、实践型、实干型。

(4) 第四型艺术型(The Individualist)：浪漫者、艺术型、自我型。

(5) 第五型智慧型(The Investigator)：观察者、思考型、理智型。

(6) 第六型忠诚型(The Loyalist)：寻求安全者、谨慎型、忠诚型。

(7) 第七型快乐主义型(The Enthusiast)：创造可能者、活跃型、享乐型。

(8) 第八型领袖型(The Challenger)：挑战者、权威型、领袖型。

(9) 第九型和平型(The Peacemaker)：维持和谐者、和谐型、平淡型。

资料来源：http://zh.wikipedia.org/wiki/九型人格

 专题小结

能力是指人成功地完成某种活动所必需的个性心理特征。它有一般能力和特殊能力之分，还有优势能力和非优势能力之分。每个个体在认识能力、能力类型、能力发展水平以及能力发展的年龄等方面存在差异。而遗传、知识和技能、教育以及勤奋等是影响人的能力的主要因素。

人格是指人类心理特征的整合、统一体，是一个相对稳定的结构组织，并在不同时间、不同地域下影响着人的内隐和外显的心理特征和行为模式。它具有独特性、功能性、稳定性以及统合性等特点。而遗传、环境和情境是人格的主要影响因素。

学习是通过刺激所发生的行为改变。经典条件反射理论、操作性条件反射理论、社会学习理论是解释学习过程的 3 种理论。

精神分析和人本分析是人格分析的两种方法。

专题二

价值观与态度

一、价值观

每个人都生活在特定的社会环境中，对现实中的一切事物都会作出好与坏、可接受与不可接受之类的评价，这就是价值观问题。

（一）价值观的含义

价值观是人们对客观事物在满足需要方面的有用性、重要性、有效性的总评价和总看法。每个人认为最有意义、最有价值的东西就是对自己最有用的东西；反之则是最没用的。

价值观一旦形成，就同社会文化价值观一样，也是相对稳定的。但是，价值观并非一成不变。当人处于某种环境条件下，其行为就必须符合新的情境要求，从而不得不做出相应的改变。价值观影响个体的行为、群体的行为乃至整个组织的行为，进而影响组织的效率和效能。

专题导读

上一节介绍了能力、人格以及学习对个体行为的影响。除此之外，还存在着价值观与态度等其他因素对个体的行为产生的影响。接下来，我们一同来学习一下价值观与态度方面的知识。

链接

http://www.psyheart.org/
中国心理分析在线

（二）价值观的分类

价值观的形成,是由世界观和人生观决定的。因此,不同的个体、群体、组织的价值观是不同的,而不同的行为学家对价值有着不同的分类。所以,目前学界还未有一个统一的分类方法。

美国行为组织学家斯普兰格是最早对人的价值观进行归类的学者之一。他将人的价值观分为如下 6 种。

（1）理性价值观。以知识、真理为中心,强调通过理性判断的方式发现真理。

（2）唯美的价值观。以形式、和谐为中心,强调审美,强调对美的追求。

（3）政治性价值观。以权力、地位为中心,强调权力的获取和影响力。

（4）社会性价值观。以群体、他人为中心,强调人与人之间友好、博爱。

（5）经济价值观。以有效、实惠为中心,强调功利性和务实性,追求经济利益。

（6）宗教性价值观。以信仰、教义为中心,强调经验的一致性及对宇宙和自身的了解。

而组织行为学家格雷夫斯在对企业组织各类人员进行大量调查的基础上,把价值观分为如下 7 个等级。

（1）反应型。这种类型的人并未意识到自己和周围的人是作为人类而存在的,他们只是照着自己基本的生理需要作出反应,而不顾其他任何条件。这种人类似于婴儿,因而非常少见。

（2）部落型。这种类型的人依赖成性,且服从于传统习惯和权势。

（3）自我中心型。这种类型的人信仰冷酷的个人主义、自私和好挑衅。他们为了取得自己期望的报酬,愿做任何工作,愿意尊敬要求严格的上司。

（4）顺从型。这种类型的人对模棱两可的意见不能容忍,且难于接受不同的价值观,并希望别人接受他们的价值观。

（5）玩弄权术型。这种类型的人非常现实,他们常常积极争取地位和社会影响,并通过摆弄别人、篡改事实,以达到个人目的。

（6）社交中心型。这种类型的人把受人喜爱和与人善处看得比自己的发展还重要。这种人往往受功利主义者和坚持己见者的排斥。

（7）存在主义型。这种类型的人能高度容忍模糊不清的意见和不同的观点,并对僵化的体制、权力滥用、空挂职位等,敢于直言不讳。

（三）价值观对人的行为的影响

从组织行为学的角度来看,价值观会影响员工的当前以及将来行为,所以对价值观的了解极其重要。今日的价值观及其变化会塑造组织的未来,因为价值观可以影响个人所选择的决策和解决问题的看法;影响人与人之间的关系;影响一个人作出行动的标准;影响一个人对个人目标和组织目标的选择;影响个人对组织成功与成就的看法。

总之,价值观对个体行为的影响是多方面的,而个体又是组织的细胞。因此,一方面,管理者在制定规章制度、组织目标的过程中,组织领导者必须考虑到各种人员和群体的价值观。只有在平衡各方面价值观的基础上才能选择出合理的组织目标。另一方面,在组织管理中,管理者要致力于组织文化建设,并根据组织的任务、使命,树立明确的组织价值观,努力使组织的所有成员赞许,从而提高组织的凝聚力。

二、态度

我们常常会听到一句名言,"态度决定一切"。这句名言指出了态度的重要性。那什么是态度呢? 让我们一同来学习关于态度方面的知识。

(一)态度的含义与构成

态度是指个体对外界的一种较为持久而又一致的内在心理和行为倾向。人们在认识客观事物过程中,或者在工作交往中,总是对人或事产生不同的反应,作出各种评价,如赞成或反对,亲近或疏远,接近或排斥等。这种对客观对象所表现出来的积极、肯定,或者消极、否定的心理准备状态,它一旦表现得比较持久稳定,就会成为态度了。

作为一种心理和行为倾向,态度有如下 3 种成分。

(1)认知。它是指人对事物的评价、看法或者是带有评价性的意见。

(2)情感。它是指人在认知的基础上,对事物所表现出来的好恶,并带有一定感情色彩的情绪特征。

(3)意向。它是指人对事物的行为准备状态。

(二)态度的性质与功能

与其他类型的心理活动相比,态度具有如下的性质。

(1)社会性。与本能不同,态度不是天生的,而是通过后天的学习获得的。

(2)对象性。态度是对外界的人或事的一种心理和行为倾向,因而具有对象性。当然,态度的对象可能是具体的,也可能是抽象的。

(3)协调性。态度由认知、情感和意向 3 种成分组成,而这 3 种成分是互相协调一致的,且不会自相矛盾。

(4)稳定性。人们对外界人或事的某种态度一旦形成,就具有相当的连贯性、持续性和稳定性。

提示

态度的稳定程度不如价值观。

态度的功能主要体现在它对人产生的影响。态度不仅会影响一个人对事物所持的价值观念、好恶判断，也会影响一个人对生活的看法，还会影响一个人未来的择业。态度的功能具体表现在以下几个方面。

（1）态度对认知和判断的影响。我们知道，认知和判断会对态度起影响作用。然而，态度一旦形成，也会对人们的认知和判断产生作用，其中既包括积极的作用，也包括消极的作用。

（2）态度对行为效果的影响。一个人如果以积极乐观的心态去工作的话，就有可能提高工作效率。反之，则会降低工作效率。

（3）态度对忍耐力的影响。忍耐力是指人从事某种活动遇到挫折时所具有的耐受、承担力。它与一个人的态度有密切的关系。积极的态度有利于提高人们的忍耐力，战胜挫折。而消极的心态则会消减人们的忍耐力。

（4）态度对相容性的影响。相容性是指个体在社会交往过程中与他人或者组织的融合程度。一个人对他人、对组织的态度，会影响他与群体融合的程度。同理，团体成员个体之间态度的好坏，也会对整个团体产生影响。

（5）态度对工作效率的影响。态度对工作效率的影响是复杂的。一般情况下，积极的工作态度有利于提高工作效率。然而，经过人们后来的发现，工作效率的高低与态度之间并不是一一对应的关系，它们中间还是存在很多的变量。

（三）态度的形成因素

态度的形成与每一个人的社会化过程有着很大的关系。人从出生到去世，会遇到很多人，也会受到社会等多种因素的影响。因此，人的态度并不是先天形成的，而是在后期与别人的不断交往过程中和在社会化的过程中形成的。影响一个人态度形成的因素主要包括以下几个方面。

（1）欲望。凡是能满足个人欲望或者能达成个人目标的，都能产生积极的态度。反之，则是消极的态度。

（2）知识。态度中的认知因素与一个人的知识有很大的关系，一个人如若具有某方面的知识，且对某事物的认知越全面，那么他就会对该事物产生不同的看法，从而影响他的态度。

（3）群体意识。个人的态度往往会受到群体的影响。因为人是群体的动物，人生活在群体当中，所以人必定会受到群体的各种无形的压力，会形成与群体性格相匹配的态度。

（4）个体经验。个体的经验往往与一个人态度的形成有着紧密的联系。很多态度都是通过经验的积累而形成的。

（四）态度的改变

所谓态度的改变就是指人们已经形成的对态度对象（事件、事物和人)的态度发生一定的改变。态度的改变既可以表现为由"喜欢"到"非常喜欢"的程度变化,也可以表现为由"憎恶"到"喜爱"的方向性变化,当然也可以意味着新的态度的形成。

人的态度究竟是在什么情况下发生改变的? 它依赖于哪些外部和内部条件? 其过程如何? 弄清楚这些问题不仅有助于我们更深刻地理解人们的社会态度何以突然发生改变或者维持原状,还能使我们把握和运用其中的规律,从而采取某些更有效的手段去改变人们的态度,或者协助人们抵制态度的改变。态度改变最著名的模式就是霍夫兰与贾尼斯提出的"劝说情境模式"。他们认为任何一种态度的改变都是因为一个人的态度与外部存在着差异造成的,他们运用该模式揭示了引起一个人态度发生的诸种变量。这些变量主要包括 4 个部分:外部刺激、目标靶、中介过程、结果。

(1) 外部刺激。它涉及以下 3 类因素。

① 传达者——持有不同见解并力图使别人接受这种见解,以改变别人态度的人或群体,如劝说者、广告商、宣传机构等。传达者本身也包含着一些变量,如专长性和可靠性这两个可信性的主要变量,此外还有喜爱性和吸引性等变量。

② 沟通——传达者的信息内容及传达方式的合理性。这里包含许多变量,如信息源和目标靶原立场观点的差异度、是否唤起恐惧、新颖性等。

③ 情境——对沟通和参与活动者有附带影响的周围环境。如有无强化作用、预先警告、分心等。

(2) 目标靶。目标靶就是传达者要通过说服使其接受沟通信息并期望其改变态度的人或听众。人是具有反作用于信息的能动者,他本身具有许多因素或变量影响着信息的接受,因此同一种劝说信息可以在不同人身上产生不同的效果。这些因素有对原有态度的信奉程度,对劝说是否有防御能力即有无经过预防注射,以及人格中的种种变量,如自尊心、智力等。

(3) 中介过程。中介过程是指目标靶在外部劝说刺激和内部因素交互作用下的态度变化过程的心理机制。它主要有以下 4 种形式。

① 信息学习。一个人如果学习了信息,变化也将随之而来,那么要去改变或维持别人的态度,关键问题就要依据对方的需要和可接受性,去增加或减少其学习。例如,一个有经验的沟通者,其劝说常常很有效,那是因为他了解他所讲的是人们需要记住的东西,同样他也避而不讲那些复杂而综合的信息,因为这些信息对于人们来说难学,故没有什么效果。当然,使听者知道沟通者所提倡的见解非常必要,因而沟通者要做到言简意赅。

② 感情迁移。它是指在两种有联系的事物之间有可能发生感情或评价的迁移现象。这种现象在广告宣传上最常见，例如广告商为了使顾客对某种商品（化妆品、电器等）持积极态度，通常不是单纯地告诉人们它有哪些优点、效力，而往往在它们的旁边安置一个漂亮的女士或英俊的男子，或者天真活泼的孩子；在背景中点缀着逗人喜爱的花草、宠物，甚至明星和著名运动员支持性的签名等。这无非是使一切美丽、有声誉和受欢迎的事物和所宣传的商品构成联系，并把由前者引起的积极感情转移到商品上，使人们对本无多大好感的商品产生兴趣和喜爱的感情，从而增加人们去购买的可能性。

③ 相符机制。它是在态度改变过程中经常起作用的一种现象。例如，当我们准备投票赞成某人做人民代表时，那是因为我们听说他有不少先进事迹，因而产生信任和钦慕之情，而后来忽然听到他发表一些过激的而为我们所不能接受的改革建议（如大幅度提高学费、一律实行商品房制度等），这样在我们头脑中就会产生某种信念和新信息之间的不相符，甚至感到很不舒服。为了恢复协调，我们必须在对两种事物的态度上去改变其中的一种，或者改变对候选人的态度，不投他的票，或者同意其改革主张。不相符促使人去进行二选一的态度改变。因此，相符机制是驱使人去改变态度的一种内部动力。

④ 反驳。当人们面对与自己不同的态度或劝说时，就会有意无意地去寻找对方某些立论的不合理之处，同时也会引出若干证据来支撑自己的见解。只要在思维辨析上或者通过口头上的辩论，驳倒对方的一些论点，那么双方的差异所造成的压力就可以减少。但是劝说者（宣传者）往往对事实的描述、论据的收集、情报的掌握上比大多数临时接收信息者更有准备，因此真正驳倒他们是很困难的。于是，人们也会采取其他办法或甚至转为改变态度。

（4）结果。结果不外乎两种：一是目标靶改变了态度，如你劝其戒酒，他就戒酒了；二是目标靶采取各种方法抵制改变，如抵制劝说。

♫ 思考活动

1. 什么是价值观？举例说明价值观的作用。

2. 简要介绍斯普兰格的价值观分类。

3. 什么是态度？态度的结构如何？

4. 举例说明改变员工态度的方法。

扩展阅读2

态 度 调 查

对于员工态度的了解，有助于管理者预测员工的行为。但是，管理者如何了解员工的态度呢？最流行的办法就是使用态度调查（Attitude Surveys）。定期使用态度调查能够提醒管理层注意潜在的问题，并及早掌握员工的意图，以便及时采取措施防患于未然。

一般而言，通过制作一个态度调查表来进行态度调查。在表中，一般会给被调查对象列出一系列的陈述或问题。理论上，题目的设计应该要有针对性，做到量体裁衣，以获得所希望得到的具体信息。汇总问卷中各题目的得分,可以得到个体的态度总分。而在个体分数基础上可以得到工作群体,乃至整个组织的态度平均分数。表 2-1 所示是态度调查示范表。

表 2-1 态度调查示范表

请根据下面列出的分数等级评估每一项陈述。

5. 非常同意

4. 同意

3. 不确定

2. 不同意

1. 非常不同意

陈述	评分
1. 这家公司是个非常不错的工作场所	
2. 在这里只要我努力就能成功	
3. 与其他公司相比,这里的薪酬水平很有优势	
4. 在这里员工的晋升决策很公平	
5. 我知道公司提供了各种各样的福利待遇	
6. 这份工作能够使我人尽其才	
7. 我的工作很有挑战性但并非无法承受	
8. 上司对我十分信任	
9. 我可以很坦率地告诉上司自己的想法	
10. 我知道上司对我的期望是什么	

资料来源:孙健敏,李原.组织行为学[M].上海:复旦大学出版社,2009

 专题小结

价值观是人们对客观事物在满足需要方面的有用性、重要性、有效性的总评价和总看法。价值观有不同的分类方法。价值观可以影响个人所选择的决策和解决问题的看法;影响人与人之间的关系;影响一个人作出行动的标准;影响一个人对个人目标和组织目标的选择;影响个人对组织成功与成就的看法。

态度是指个体对外界的一种较为持久而又一致的内在心理和行为倾向。它包括认知、情感、意向 3 种成分。态度具有社会性、对象性、协调性和稳定性等性质。态度的功能主要体现在它对认知和判断、行为效果、忍耐力、相容性以及工作效率方面的影响上。

欲望、知识、个体经验和群体意识是态度形成的因素。霍夫兰与贾尼斯提出的"劝说情境模式"是态度改变最著名的模式。他们认为,外部刺激、目标靶、中介过程、结果是引起态度改变的 4 个变量。

情感与工作压力

专题导读

在组织行为中，情感与工作压力是两个日益受到关注的问题。了解工作压力的本质，了解情感波动的规律，以及知道如何避免工作压力和情感波动对身心造成的不良影响，这些都是作为管理者必须要掌握的。接下来，让我们做个简要介绍。

链接

http://www. psyheart. org/中国心理分析在线

一、情感

俗语说，"人非草木，孰能无情"。这句俗语说明了我们的生活中充满着情感。不管一个人处在什么环境中，都会有情感。组织中的人，也会有情感，而且这情感会影响到整个组织的运作和发展。接下来，让我们揭示情感的奥秘。

（一）情感的含义

人们通过知觉、思维等反映客观事物，这是心理活动的认识过程。而伴随着认识过程，人们会产生喜、怒、哀、乐等心理体验，这些心理体验就是情感。

情感是人对一定事物是否符合其需要所产生的态度体验。这种体验是人与事物之间一种关系反应。例如，工作顺利，心情就愉快；遇到挫折，心情就痛苦；被侮辱，就会感到痛苦。情感具有以下 3 种特征。

（1）社会性特征。情感的社会性是指人的情感总是在社会中形成和发展的。

（2）内心体验和外部反应特征。情感的内心体验是指情感产生时的内心感受，这种感受往往表现出两极对立的状态。例如，高兴与悲痛、爱与恨、喜欢与厌恶等。情感的外部反应是指人的情感的发生总是通过某种外部特征表现出来。例如，愤怒了，就会脸红；高兴时，面带微笑。然而，在有些情况下，人的外部特征与内心情感的表现往往不一致。例如，有些人内心波涛汹涌，却故作镇定等。

（3）社会实践特征。情感是在人们社会实践活动的过程中实现的。时间活动的深度、强度都会对人们的情感产生重要影响。一般情况下，事物或者活动如若能够满足人的需要，那么人们的情感往往会表现出积极的态度。反之，则是消极的态度。

（二）情感的形态

根据情感发生的速度、强度、持续性及其对人的影响程度，情感可以分为 4 种基本的形态：心境、热情、激情和应激。

（1）心境是一种微弱而持久的情感状态。例如，郁郁寡欢、沉稳恬静均属于心境的表现。在心境产生之后，其会对人的语言、行为方式产生重要的影响。积极的心境使人的心情愉快，办事效率高；而消极的心态则会使人的心情郁闷，影响工作效率。

（2）热情是一种强烈、稳定而又深刻的情感状态。热情也有积极与消极之分。两者之分主要看其所指向对象的社会意义。例如，积极为人民服务，关心爱护他们，就属于积极热情。相反，热衷于拉关系、走后门等歪风邪气，就属于消极的热情。

（3）激情是一种迅猛地爆发出来而又时间短暂的感情状态。如狂喜、暴怒、绝望等。激情也有消极与积极之分。例如，作战之前，将军们对战士的战前激励，促使战士们满腔的仇恨，上战场去奋勇杀敌，那么这种激情是积极的形态。然而，脾气暴躁、不考虑后果给社会和其他人带来危害的激情，则属于消极激情。

（4）应激是出乎意料的紧张情况而引起的情感状态。例如，面对地震、洪涝等地质灾害的时候，有些人会急中生智，而有些人则会呆若木鸡。

（三）情感对组织行为的影响

在组织活动中，情感因素对组织的影响很大，因此掌握情感因素的主要规律和特点，是凝聚组织力量、提高工作效率的重要办法。领导者要善于通过情感号召、情感联络以及情感感化等方法来影响组织的行为。情感号召指的是组织者要善于运用最激动人心的宣传语言、宣传标语来激励员工努力完成任务。例如，"环境是我家，美化靠大家"，"为了您和家人的健康，请谨慎驾驶"等。情感联络是指领导者要与员工保持经常性的情感交流，从而增加领导者与员工之间的感情。例如，领导与员工一起就餐，当员工出现困难时，领导就要帮助员工渡过难关。情感感化要求领导者帮助落后的人，使其思想得到提升。例如，经常找员工谈话，帮助其在思想上得到进步。在组织工作中，组织者要注意发挥情感因素，善于调动员工的积极情感因素。并利用情感因素，培养员工对工作的认同与热爱。因为只有员工内心对组织有一种认同与热爱，才会提高工作的积极性，改善与顾客的关系，同时促使员工之间的团结，改进组织的绩效。

在组织中，善于发挥情感的积极作用的同时，也要防范情感的消极作用。在组织中，情感因素在个人以及群体中的不良影响，会干扰个人的价值判断，甚至会偏离组织的规范，这也是社会产生不良习气的重要原因。例如，有些人在工作中过多地掺杂了个人的情感，任人唯亲，最终造成人心涣散，窒息了人们创造的积极性。

二、工作压力

随着就业竞争变激烈、生活节奏加快、工作任务加重以及工作与家庭之间冲突的日益明显，工作压力正成为颇受个体和组织关注的一个问题。这就需要我们了解什么是工作压力，以及如何来调适压力。

（一）工作压力的含义

压力是一种动态情境。在这种情境中，个体要面对与自己所期望的目标相关的机会、限制及要求，并且这种动态情境所产生的结果被认为是重要而又不确定的。工作压力就是工作情境刺激与个体反应相互作用的结果。工作压力对人们既有积极作用，也有消极作用。某些人在新出现的工作情境中表现得异常兴奋、雄心勃勃。而另一些人则感到惧怕、不安。

对工作压力的进一步理解不仅可以帮助我们更进一步理解压力的本质，而且也可以帮助我们进一步运用和克服压力。我们可以从以下 3 个方面来进一步理解工作压力。

1. 工作压力的不可避免性

工作压力在日常生活中是不可避免的。大多数人生活中都存在着压力，而且生活的方方面面都存在着压力。例如，行驶在高速路上的车抛锚了；演讲过程中麦克风突然没声音了；等等。

2. 个体对工作压力的反应

个体对工作压力的反应主要体现在以下几个方面。

（1）情感上。人们面对压力会表现出焦虑、快乐或者兴奋、激动等反应。

（2）直觉上。人们会审视客观世界环境，并对来自外界的批评敏感，从而造成注意力很难集中。

（3）行为上。人们会表现出食欲扩大，或者胃口不好、失眠。

（4）生理上。处于工作压力的人会表现出呼吸急促、肌肉紧张、内分泌失调等症状。

总之，人们必须辩证地看待工作压力。一定程度的工作压力会对人们的工作产生积极作用。然而，如果长期处于较大的工作压力之下，就会给人们的身心健康带来很大的危害。因此，长期处于工作压力之下的人，要善于转变压力。

3. 工作压力的产生因素

引起人们工作压力的因素有很多。主要有 3 类原因：环境因素、组织因素和个人因素。

潜在的压力情境转化为现实压力，需要具备两个关键条件：活动结果的不确定性；活动结果对个体的重要性。

（1）环境因素。当就业条件恶化的时候，人们的工作保障降低，而竞争导致公司生存环境的恶化，最后员工抵挡不住竞争，纷纷失业，劳工组织迫使政府采取措施。

（2）组织因素。组织的任务要求是与你工作有关的潜在压力源。在组织中，个人能力与组织的要求之间不匹配，人与人之间的职权不清等都可能成为工作压力的来源。

（3）个人因素。员工的个人生活往往会对日常工作产生显著的影响。若个人生活正常，他的情绪往往是正常的，且在工作中也很有积极性。若个人生活不正常，则日常生活的情绪会影响工作，例如在工作中，往往会表现出焦躁、不安，易发脾气等，从而影响到工作效率。

（二）工作压力的后果

工作压力的后果主要表现在其对人们的心理、生理及行为方面的影响。

1. 心理方面

工作压力对人们的心理产生影响是潜在的，主要表现在焦虑、情绪低落等方面。长期处于失败状态下的人，更易产生悲观以及敌视的态度，甚至会产生厌世等念头。

2. 生理方面

工作压力对人的身体健康会产生不良影响。工作压力不仅使人们的身体经常感到不适，而且大的工作压力也往往是某些大疾病的重要根源之一。

3. 行为方面

工作压力的行为症状包括工作效率变化、缺勤、离职、言语加快等。一般而言，压力与绩效之间是"倒U形"的关系（图2-2）。因此，压力不能过小，也不能过大，应采取有效的对策防止压力过大。

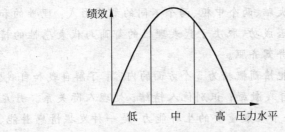

图 2-2　压力与绩效的关系

（三）工作压力的调适

员工适当的工作压力有助于工作效率提高，也能激发员工的工作热情。然而，工作压力过高或时间过长，就会对人的身心健康产生不良的影响。因此,应该采取有效措施对工作压力进行调适。一般而言,工作压力的调适主要有两种方式:个人调适和组织调适。

1. 个人调适

(1)加强体育锻炼,放松心情。

(2)学会祈祷和反思,让自己静下来。

(3)学会控制饮食。

(4)开放自己,向朋友述说自己的压力。

(5)学会向专家求助,进行专业化的治疗。

(6)学会克制自己的行为,进行适当的调整。

2. 组织调适

组织有责任鼓励员工应对工作压力,从而使他们解除紧张情绪,提高工作效率。

(1)健康计划。通过组织一些活动,让员工出去活动,放松心情。

(2)工作再设计。工作再设计表现为工作扩大化与工作丰富化。组织应该让员工尝试不同的工作,从而使枯燥的工作变得有趣。

(3)减少角色冲突。角色冲突和角色模糊是造成工作压力的重要根源之一。从组织学的角度来看,管理者要为职员设置明确的、特定的、具有挑战性的工作目标,并且为目标完成的程度提供及时的信息反馈。而且,良好的组织气氛有助于促成成员的归属感和整体感。

思考活动

1. 什么是情感? 情感如何影响行为?

2. 工作压力对人的身心健康有什么影响?

3. 你认为组织可以采取哪些措施来减轻员工的压力?

扩展阅读3

情商的研究

1995年美国哈佛大学心理学教授丹尼尔·戈尔曼发表了《情感智力》一书。书中首次采用了与"智商"(Intelligence Quotient, IQ)相对的"情商"(Emotional Quotient, EQ)术语。丹尼尔教授认为人有两个大脑、两个中枢、两个不同的智慧形式:理性的和感性的。人生能否成功,取决于代表理性的智商与代表感性的情商两者是否能够并驾齐驱。

丹尼尔把情商概括为5个方面的内容:了解自我和自我觉知;管理自我;自我激励;识别他人情绪;处理人际关系。丹尼尔认为,情商是一个人最重要的生存能力,是一种发掘情感潜能、运用情感能力影响生活的各个层面和人生未来的关键性的品质要素。

智商与情商虽然不同,但并不冲突,每个人都是这两者的综合体。两者相互制约,共同影响人的一生。心理学的研究提出了以下的人的成功公式。

成功=智商(20%)+情商(80%)

该公式说明：成功的人生，20％由智商决定，而80％则由情商决定。

资料来源：组织行为学编写组.新编组织行为学［M］.北京：中央广播电视大学出版社，2006：89-90.

专题小结

情感是人对一定事物是否符合其需要所产生的态度体验。它具有社会性、内心体验和外部反应、社会实践等特征。情感的形态主要包括心境、热情、激情和应激。情感因素对组织的影响很大，因此掌握情感因素的主要规律和特点，是凝聚组织力量，提高工作效率的重要办法。领导者要善于通过情感号召、情感联络以及情感感化等方法来影响组织的行为。

压力是一种动态情境。在这种情境中，个体要面对与自己所期望的目标相关的机会、限制及要求，并且这种动态情境所产生的结果被认为是重要而又不确定的。工作压力就是工作情境刺激与个体反应相互作用的结果。在现代社会中快节奏的生活、充满竞争的环境使人们的工作压力越来越大。工作压力的产生会对人们的身心健康产生很大影响。压力强度与工作绩效之间并不是线性关系，而是呈"倒U形"曲线关系。如何缓解员工的压力，提高工作的效率，是每位管理者必须要慎重考虑的问题。

专题四

知 觉

专题导读

人脑对客观事物的一切认知都是通过知觉开始的，而且一切较高级的心理活动都要有知觉的参与。因此，有必要介绍知觉方面的知识。

一、知觉的定义、特征及影响因素

在组织生活中，常常会有人面对相同的事件却产生不同的看法和评价。这一现象涉及知觉问题。接下来，我们对知觉做一介绍。

（一）知觉的定义

从心理学的角度来说，知觉与感觉不同。知觉是各种感觉的结合，它来自感觉，但已不同于感觉。感觉只反映事物的个别属性，知觉却认

链接

http://www.　psyheart.org/中国心理分析在线

识了事物的整体；感觉是单一感觉器官的活动的结果，知觉却是各种感觉协同活动的结果；感觉不依赖于个人的知识和经验，知觉却受个人知识经验的影响，例如对于同一物体，不同的人对它的感觉是相同的，但对它的知觉就会有差别，知识经验越丰富的人对物体的知觉越完善、越全面。因此，知觉是一系列组织并解释外界客体和事件的产生的感觉信息的加工过程。对同一事物的各种感觉的结合，就形成了对这一物体的整体的认识，也就是形成了对这一物体的知觉。因此，知觉就是直接作用于感觉器官的客观物体在人脑中的整体反映。

（二）知觉的特征

（1）整体性。知觉的对象都是由不同属性的许多部分组成的，人们在知觉它时却能依据以往经验组成一个整体，知觉的这一特性就是知觉的整体性（或完整性）。例如，一株绿树上开有红花，绿叶是一部分刺激，红花也是一部分刺激，而如果将红花绿叶合起来，在心理上所得的美感知觉，就超过了红与绿两种物理属性之和。

（2）恒常性。在不同的角度、不同的距离、不同明暗度的情境之下，观察某一熟知物体时，虽然该物体的物理特征（大小、形状、亮度、颜色等）会有所不同，但我们对物体特征所获得的知觉经验，却倾向于保持其原样不变的心理作用。像这种外在刺激因环境影响使其特征改变，但在知觉经验上却维持不变的心理倾向，就是知觉的恒常性。例如，从不同距离看同一个人，由于距离的改变，投射到视网膜上的视像大小有差别，但我们总是认为大小没有改变，仍然依其实际大小来知觉他。又如，一张红纸，一半有阳光照射，一半没有阳光照射，其颜色的明度、饱和度大不相同，但我们仍知觉为一张红纸。

（3）理解性。人在感知某一事物时，总是依据以往经验力图解释它究竟是什么，这就是知觉的理解性。人的知觉是一个积极主动的过程，知觉的理解性正是这种积极主动的表现。人们的知识经验不同、需要不同、期望不同，从而对同一知觉对象的理解也不同。例如，一张检验报告，病人除了知觉一系列的符号和数字之外，却不知道什么意思，而医生看到它，不仅了解这些符号和数字的意义，而且可以作出准确的判断。

（4）组织性。在感觉材料转化为心理性的知觉经验的过程，显然是要对这些资料进行一番主观的选择处理，这种主观的选择处理过程是有组织性的、系统的、合乎逻辑的，而不是紊乱的。因此，在心理学中，称此种由感觉转化到知觉的选择处理过程为知觉组织。

（三）知觉的影响因素

人的知觉受到多种因素的影响，概括起来主要包括以下几种。

（1）知觉对象本身的特征。如大小、强度等。

（2）知觉对象和背景的差异。在同一时间，人们清晰感知的客观事物，就是"知觉对象"，而被模糊感知的事物则是"知觉对象的背景"。

（3）知觉对象的联系性。人们会把物理性质相似的事物联系在一起，而把性质不相似的分开识别；知觉可能因为空间上的接近，而被看成是有联系的；知觉对象也可能因为时间上的接近，而被认为是关联的。

（4）需要与动机。人们往往根据自己的需要来理解事物。

（5）兴趣。例如，不同职业的人对同一事物的兴奋点不同。

（6）个性心理特征。个体的气质、能力、性格会影响其感知的选择性。

（7）经验和知识。一个人过去的经验会减弱或加强他对事物的兴趣。例如，"见怪不怪"，"谣言止于智者"。

二、社会知觉

知觉的对象是多种多样的。其中，有一类知觉对象，对于组织行为学的意义更为重大。这类知觉对象，就是人类。接下来，让我们了解一下社会生活中的知觉。

（一）社会知觉的定义

美国心理学家布鲁纳于 1947 年最先提出了社会知觉这一概念。人的知觉主要包括两种，即对人的知觉和对物的知觉。对物的知觉，就是要观察物的表象和特征，从而在大脑中产生一种对物的总体印象。但是，对人的知觉与对物的知觉有所不同，对人的知觉不仅是观察人的外部表现，而且需要通过分析，了解人的内心认知。这是对人的知觉与对物的知觉的根本差别。

简单而言，**社会知觉就是对人的知觉，就是对人和社会群体的知觉，就是对社会对象的知觉**。组织行为学特别重视对人的知觉的研究，因为它跟人的行为密切相关。

（二）社会知觉的分类

社会知觉就是对人的知觉，而我们在知觉人的过程中，可以从不同的角度进行知觉，所以就产生了不同的知觉类型。

1. 对他人表情的知觉

（1）面部表情。人是富有表情的动物。人的表情往往能反馈其身心状态。在诸种表情中，面部表情是一种重要的社会刺激物，它既有先天因素，也有后天习惯的部分。相同的面部表情表达相同的情绪状态，因为全人类有较高的一致性。而面部表情以面部肌肉变化为标记。其中，目光接触是面部表情的一个重要方面。"眼睛是心灵之窗"，目光可以传达许多重要信息,而通过这些信息可知觉到他人的情绪、态度、意向等。几乎人的全部体验尽在目光之中。

(2) 身段表情。即姿势和体态,它可显示个体的情绪状态。其中,双手姿势是较为敏感的。

(3) 言语表情。它不是指说话的内容,而是指说话时的音量、语调、节奏等特征。人们通过言语表情判断他人的情绪状态,其准确性往往与通过面部表情的判断一样。

2. 对他人人格的知觉

这是指个体对他人的看法和印象。个体将他人许多有意义的特征进行比较、概括与综合,形成一种总的印象。但这些特征的重要性不一样,有些处于知觉中心,有些则处于知觉的边缘。许多研究发现,是热情还是冷漠,在对他人人格知觉中,处于中心位置,因而是中心特征;而是文雅还是粗鲁,则被认为是边缘特征。

研究表明,根据外表判断人格特征往往是不可靠的。通过行为观察、分析生活史以及使用人格量表进行测查等手段对他人人格的知觉可较为全面和准确。

3. 对人际关系的知觉

其包括自他关系认知(即自己与他人的关系)和他他关系认知(即他人与他人的关系)。

4. 对行为原因的知觉

其包括对自己行为原因的认知和对他人行为原因的认知。这个就叫做归因。

(三)知觉准确性的影响因素

在现实生活中,人们的知觉往往不准确,不符合实际情况,甚至产生错觉。知觉的偏差会影响人们的认识,误导人们的行为,给工作造成损失。因此,必须研究影响知觉偏差的因素。知识偏差的因素大致可归纳为3种:知觉者自身因素,知觉对象的特征,知觉的情境因素。

1. 知觉者自身因素

知觉者自身因素的不同会导致知觉个体认识的偏差。其中包括以下几个方面。

(1) 兴趣爱好。人在兴趣爱好方面的知觉是不同的,通常人们最感兴趣的事情是最容易把握的。

(2) 需要和动机。人们的需要和动机会影响个体的知觉。例如,能够满足个体需要的事物往往最容易被感觉到;反之则不易被感觉到。

(3) 知识和经验。个体所具有的知识和经验,也会对个体认识的差异产生影响。例如,"外行看热闹,内行看门道",说的就是这个道理。

（4）个性特征。个性也是影响个体选择的重要因素，不同气质类型的人在知觉的深度与广度上存在着明显的差异。另外，个人的价值观、身体素质以及自身条件也会影响个人的知觉选择。

2. 知觉对象的特征

知觉对象的特征是影响知觉的重要原因。

（1）人们在知觉事物时，会根据对象的特征进行组合，这些组合会遵循以下规律。

① 接近律。人们倾向于把在空间上与时间上接近的对象，都归为同一类。

② 相似律。具有相似性的对象被知觉为一组。

③ 闭锁律。人们能够把相互分离又具有一定联系的知觉对象综合起来，且形成一个整体。

④ 连续律。具有时空连续性的对象容易被联系为一个整体。

（2）知觉对象的颜色、大小、形状、声音高低等因素会影响人们的知觉。例如，红色、白色给我们明亮的感觉；动态事物比静态事物更能吸引我们的注意力。

3. 知觉的情境因素

知觉的情境因素能够通过影响人的感受性而改变知觉的效果。所谓感受性就是人们的感受灵敏度，即对外界刺激的反应。它主要表现在以下几个方面。

（1）适应。外界对知觉主体的连续刺激，从而引起主体感受的变化，这种现象就叫做适应。

（2）对比。同一器官接受不同的刺激，从而使感受发生变化的现象，就叫做对比。

（3）敏感性。在某些环境下，感受性暂时提高的现象称为敏感性。

（4）感受性降低。人的生物因素以及药物的作用会降低人们的感受性。例如，由于心理因素，我们经常会产生时间的错觉现象。

（四）社会知觉的效应

在社会知觉领域中，人是知觉主体，而影响人们知觉因素的有很多，例如人的价值观、态度、道德品质等都会影响知觉的准确性。社会知觉发生偏差时有多种反应效果。下面就介绍几种反应效果。

（1）首因效应与近因效应。首因效应指的是人们在对他人总体印象的形成过程中，最初获得的信息比后来获得的信息影响更大的现象。近因效应指在总体印象形成过程中，新近获得的信息比原来获得的信息影响更大的现象。首因效应一般在陌生人的知觉中起重要作用，近因效应则在熟悉的人之间起重要作用。

（2）晕轮效应。晕轮效应又称"光环效应"，是指人们对他人的认知判断首先是根据个人的好恶得出的,然后再从这个判断推论出认知对象的其他品质的现象。如果认知对象被标明是"好"的,他就会被"好"的光圈笼罩着,并被赋予一切好的品质;如果认知对象被标明是"坏"的,他就会被"坏"的光圈笼罩着,他所有的品质都会被认为是坏的。简单地说,就是由一点作出对一个人整体的判断。

（3）社会刻板效应。这是指人们对社会上某一类事物的比较固定的看法,它也是一种概括而笼统的看法。当人们采用这些较为固定的看法去识别一个具体的人,并对他进行判断、推测和概括的时候,就有可能出现偏差,这就是社会刻板效应。

（五）归因理论

归因是指将观察到的行为归咎于某种原因的过程。归因理论研究的基本问题包括以下几方面。

（1）人们心理活动发生的因果关系。其包括内部原因与外部原因、直接原因和间接原因的分析。

（2）社会推论问题。根据人们的行为及其结果,来对行为者稳定的心理特征、素质和个性差异作出合理的推论。

（3）行为的期望与预测。根据过去的典型行为及其结果,来推断在某种条件下将会产生什么样的行为。

归因对于激发个体的行为动机,以及在提高工作积极性方面具有重要的作用。不同的归因对行为者的持续性行为产生不同的影响。例如,若行为者把失败归因于自身的不努力,则以后可能会更加努力,不会产生消极行为;若失败者把失败归因于自身的智力差,那么可能会在以后的工作中丧失信心;若把失败归因于生病或者其他的突发事件,那么这不会影响其信心。

总之,把行为的结果进行不同的归因,会产生不同的行为结果。若把失败归因于不努力、粗心等原因,则在以后的工作中就会更加努力工作,提高工作的积极性。若把失败的归因于智力、能力等,则会降低人们工作的积极性。因此,作为管理者应该善于扬长避短。失败的原因有很多,组织领导者应该把失败的原因归因于外部环境,而不能归因于成员本身,同时应该鼓励成员积极行动,使成员能够克服工作中存在的困难,并坚持不懈地努力工作,争取成功。

三、印象管理

现实生活中,每个人都非常注意自己在他人面前的形象。这是因为理解他人对自己的知觉,并以此为依据创造出积极的有利于我们的形象,而这将有助于我们成功地与人交往。这就涉及印象管理问题。

提示

　　并非所有的刻板印象都是不好的。有证据指出,某些特质的确在一些社会团体的成员身上较容易找到,而在另一些社会团体的成员身上不易找到。

（一）印象管理的定义

人是群居动物,都会存在着与他人之间的交往和联系。在与他人交往和联系的过程中,也都希望从他人那里获得肯定、认可以及自尊感,从而最终获得对自己有利的社会评价和报偿。而为了做到这一点,前提和关键就在于,在别人心目中树立起一个良好的印象,并使别人对自己产生好感。因此,现实生活中,我们会发现求职者在面试之前,都会精心选择自己的着装和斟酌自己的语言表达,以展现自己的最佳形象。人们这种试图控制自己在别人心目中印象的过程和现象,就被称为印象管理。

印象管理作为社会生活与工作生活中的基本组成部分,本身并无好坏之分。印象管理是好还是坏,是道德还是不道德,实际上取决于人们为何运用和如何运用它。应该说,印象管理是人际关系的润滑剂,它有助于人际交往的发生与维持。

（二）印象管理的动机

印象管理的动机是指人们欲操纵和控制自己在他人心目中的印象的意愿程度。个体印象管理的动机水平将取决于以下三方面因素。

(1) 印象与个人目标的相关性。愈是与个人目标密切相关的印象,个体进行印象管理的动机就愈强烈。例如,在组织生活中,个体的工作能力和工作方式的印象,与个体的目标就有着密切的关系。

(2) 目标的价值。愈是有价值的目标,个体进行印象管理的动机就愈强烈。例如,对个体来说,提升是非常有价值的目标,而上级和同事对自己工作能力和工作方式的印象,则直接影响到个体的提升。因此,个体会非常在意使上级和同事形成有关自己工作能力与工作方式的好印象。

(3) 一个人期望留给他人的印象与他认为自己已经留给他人的印象之间的差异。这种差异越大,个体的印象管理的动机就越强。例如,某人希望上级赏识自己的能力,下级认可自己的工作方式,当认为上级过去已形成有关自己能力的不良印象,或者下级已形成有关自己工作方式的不良印象时,个体改变这种印象,对自我印象进行管理的愿望就会更强烈。

（三）印象管理的策略

在人际交往中,人们常用如下两类印象管理的策略。

(1) 降级防御策略。当个体试图使自己为某一个消极事件承担最小责任或想摆脱麻烦时,就可以使用这种策略。这类策略具体包括以下三方面。

① 解释。个体试图作出解释或为自己的行为辩护。例如,自己身体不适,或感觉不好,或者有其他更重要的事情要做,因而影响了事情任务的完成等。

② 道歉。当找不到合理的解释时,就为这一个消极事件向上司道歉。这样的道歉不仅可以让人感到他的确有悔恨之意,而且也会让人觉得这样的事情以后不会再发生了。例如,确实是上班迟到了,或者的确没有按时完成任务,这时若先解释原因,往往会引起对方的反感。而若能先表示歉意,再作出适当的解释,这样就更容易让人接受,而不至于影响自我的形象。

③ 置身事外。当个体与进展不顺利的某事不直接相关时,他们可以私下告知上司自己与某事无直接关系。使用这种方法,常常能使自己少受不好的事情的牵连。例如,当小组工作进展不顺利时,若自己与这件事关系不大,就可以私下告诉上司,自己曾经反对这一计划,但被否决了。

(2) 促进提升策略。当个体试图使自己对某一积极结果的责任最大化,或者想让自己看起来比实际更出色时,常常会使用这类策略。这类策略具体包括以下四方面。

① 争取名分。当人们认为自己应该为所作出的积极成果得到应有的认可时,通常会采用这种策略。例如,通过正式的渠道让人了解自己的贡献,或者通过非正式的渠道告诉关键人物自己所取得的成果。

② 宣扬。当个体已受到赞扬,但还想让别人了解自己比原先所认为的做得更多、影响更大时,常常会采用这种策略。例如,自己在小组工作上的改革,不仅使小组现在的业绩提高了,而且还将使小组的竞争力增强。

③ 揭示困难。让人们了解自己尽管存在个人或组织方面的困难与障碍,但还是取得了积极的成果,这样就会使人对自己有更好的评价。例如,告诉别人自己现在所取得的成绩是在克服全球金融风暴影响的情况下取得的,别人会更加高估当前所取得的成绩。

④ 联合。确保在适当的时间被看见与适当的人在一起,以让人们了解自己与成功项目的密切关系。例如,当上级来视察时,组长总是与组员在一起讨论问题,这常常会使上级觉得,小组所取得的成绩与组长关系密切。

就组织的管理者而言,他需要通过他人来完成工作。因此,管理者能否在下属心目中树立一个良好的印象并让下属产生好感,使其愿意与他并肩作战,并为他付出努力,是一个管理者能否成功的前提和关键。管理者可以通过积极关注员工、展示自己的实力、平等对待、相互学习、以身作则以及注意非言语沟通等,来进行具体的印象管理。

扩展阅读4

皮格马利翁效应

"皮格马利翁效应"术语,出自希腊神话故事。该故事说的是,雕刻家皮格马利翁曾经倾注心血雕成了一个象牙美女塑像。作品完成后,他自己爱上了她,朝思暮想希望与她在一起。结果,他的诚心感动了天神,神灵就赋予雕像以生命,让有情人终成眷属。

皮格马利翁效应的观念早已有之,但是正式的研究则是从1966年美国心理学家罗森塔尔和雅各布森所做的一项经典研究开始的。他们以小学儿童为研究对象,试图了解教师对于儿童的不同期望对学生智力和发展的影响。他们选择了旧金山的一所学校,并在学年开始时先在全校实施一项智力测验。他们从每班学生中,以随机抽样的方式选出20%的儿童,作为实验组。研究者告诉老师和校长,这些儿童的智力在班上是"最优秀"的,并会在未来几年里学业成绩突飞猛进。18个月后,研究者回到学校再次实施同样的智力测验。结果发现:那些随机抽取的实验组儿童的智商普遍有所提高,学习成绩进步最大,得到老师的赞赏也最多。

为何会出现皮格马利翁效应呢?研究发现,教师一方的心理活动有助于这种效应的出现,他们对这群"最优秀"的和"最具潜力"的学生特殊照顾,对他们积极鼓励、悉心培养。学生一方的心理活动也有助于这种效应的出现,他们从老师对自己的爱护中,增强了自信,激发了学习动机。

资料来源:http://baike.baidu.com/view/278753.htm

专题小结

知觉就是直接作用于感觉器官的客观物体在人脑中的整体反映。知觉具有整体性、恒常性、理解性以及组织性等特性。

社会知觉就是对人的知觉,就是对人和社会群体的知觉,就是对社会对象的知觉。社会知觉可以分为对他人表情、他人人格、人际关系以及行为原因4类。知觉对象、知觉者和情境都会影响到人们的社会知觉过程。社会知觉中的效应主要有首因效应、近因效应、晕轮效应以及社会刻板效应等。

归因是指将观察到的行为归咎于某种原因的过程。把行为的结果进行不同的归因,会产生不同的行为结果。

人们这种试图控制自己在别人心目中印象的过程和现象,被称为印象管理。印象管理的动机是指人们欲操纵和控制自己在他人心目中的

思考活动

1. 说明社会知觉的定义、类型及其对组织行为研究的意义。

2. 举例说明影响知觉准确性的因素。

3. 一名员工在分配给他的工作任务完成得不好。请解释该员工的管理者会使用什么样的归因过程对员工的工作绩效进行判断。

4. 你是如何评价印象管理的?

印象的意愿程度,它取决于印象与个人目标的相关性、目标的价值以及一个人期望留给他人的印象与他认为自己已经留给他人的印象之间的差异 3 个因素。印象管理的策略包括降级防御和促进提升两类。管理者需要通过他人来完成工作。因此,管理者能否在下属心目中树立一个良好的印象并让下属产生好感,使其愿意与他并肩作战,并为他付出努力,是一个管理者能否成功的前提和关键。

思考与练习

一、选择题

1. 气质类型中多血质的主要行为特征是( )。

　　A. 缓慢稳重　　　　　　　　B. 小心迟疑

　　C. 精力充沛　　　　　　　　D. 胆量较大

2. 在组织行为学中,把个人顺利完成某种活动所必备的心理特征称为( )。

　　A. 气质　　　　　　　　　　B. 性格

　　C. 个性　　　　　　　　　　D. 能力

3. 不同层次领导者所需能力结构是有差异的。对于高层领导者而言,最重要的能力是( )。

　　A. 技术能力　　　　　　　　B. 交际能力

　　C. 行政管理能力　　　　　　D. 沟通能力

4. 态度是指个体对待一类人和社会事物所持的评价和行为倾向,它不具有的成分是( )。

　　A. 认知　　　　　　　　　　B. 情感

　　C. 意向　　　　　　　　　　D. 性格

5. "一白遮百丑"是犯了哪种知觉错误?( )

　　A. 第一印象　　　　　　　　B. 晕轮效应

　　C. 定型　　　　　　　　　　D. 投射

二、填空题

1. 组织最基本的构成要素是_____。

2. 运用归因论原理来增强人们的_____。

3. 具有高水平专长,善于在活动中进行创造性思维,引发灵感,活动成果突出而优异的人属于_____。

4. 印象管理的策略类型包括_____和_____。

5. 态度的特性有态度的社会性、态度的对象性、态度的协调性和_____。

三、问答题

1. 简述主要的学习理论。

2. 举例说明影响社会知觉的因素有哪些。

3. 试述工作压力的症状。

4. 什么是归因理论？它在解释组织行为方面有什么意义？

5. 什么是情感？请结合自己的实际谈谈情感对组织行为的影响。

推荐书目与文章列表

[1] (美)奥伯利·丹尼尔斯. 正面强化的神奇力量[M]. 高卓,张葆华译. 北京：新华出版社,2002.

[2] (美)保罗·罗森菲尔德等. 组织中的印象管理[M]. 李原译. 北京：清华大学出版社,2002.

[3] 彭聃龄. 普通心理学[M]. 北京：北京师范大学出版社,2001.

[4] 高尚仁. 心理学新论[M]. 北京：北京师范大学出版社,1998.

[5] 陈红雷,周帆. 工作价值观结构研究的进展和趋势[J]. 心理科学进展,2003(6)：700-703.

[6] 石林. 工作压力的研究现状与方向[J]. 心理科学,2003(3)：494-497.

[7] 田兴燕,郑全全. 人格情绪导向模式[J]. 应用心理学,2002(2)：3-7.

[8] 张志学,张文慧. 认知需要与战略决策过程之间的关系[J]. 心理科学,2004(2)：358-360.

第三章

激励行为

在掌握了个体行为的相关心理要素之后，我们就可以对个体行为进行有效的管理。在组织行为学中，对个体行为的管理，其目标在于激发人的工作积极性，提高工作效率。而为了实现这个目标，每个人都需要激励，而且不仅需要自我激励，也需要得到同事、领导和组织方面的激励。因此，对激励行为的研究成为组织行为学的重要内容。

本章首先阐述激励行为的定义、必要性、过程以及机制。然后，介绍一些相关的激励行为理论。最后，分析激励行为理论的应用。

 学完本章，你将能够

1. 掌握激励行为的定义、必要性、过程以及机制；

2. 了解过程型激励、内容型激励以及行为改造型激励等激励行为理论；

3. 学会运用激励行为理论。

专题导读

什么是激励行为？为何要采取激励行为？如何采取激励行为？或许大家都急着想知道答案。那么，接下来我们就一同了解激励行为的定义、必要性、过程以及机制。

链接

http://www.jili100.com/html/docs/激励文库

专题一
激励行为概述

一、激励行为的定义

关于激励行为的定义，自 20 世纪中期以来，国内外许多学者纷纷作出自己的界定。在国外，主要有如下几种代表性的界定。

1964 年，阿特金森认为，激励行为就是此时此刻对行动的方向和持续性的影响。

1964 年，弗罗姆认为，激励行为是一个过程，这个过程主宰着人们在多种活动的备选形式中作出选择。

1982 年，米切尔认为，激励行为是一种典型的个体形象，是一种意向，是多元的、有目的的行为。

1997 年，罗宾斯认为，激励行为是为了通过努力实现组织的目的，而这种目的是以满足个体的需要为条件的。

在国内，也有一些学者对激励行为进行界定。

张德认为，激励行为是满足职工各种需要的条件，激发员工的动机，使之产生实现组织目标的特定行为过程。

顾琴轩认为，激励行为在于代表行动的方向、范围和持续期，个人的激励程度表明实现其特定行为的积极性的大小。

从上述的各种界定可以看出，激励行为指的是行为的一种导向和持续，它是在解释人们为什么选择一种行动，而且即使在行动中面对各种困难时，也会持续这种行动。基于此，我们可以将激励行为界定为通过激发人的动机，使人有股朝着所期望目标前进的动力的行为过程。

二、激励行为的必要性

为何我们要采取激励行为呢？换言之，激励行为的必要性体现在哪里？这问题其实指的是激励行为的作用问题。激励行为主要有如下几个重要作用。

（一）调动人的积极性和创造性

个人工作行为的目的在于满足自己的各种需要。通过激励行为，可以激发人的需求欲望，从而激励个人工作的积极性和创造性。

（二）引导和规范人的行为

通过奖励、惩罚两种激励手段，就可以引导个人向所提倡、奖励的方向努力，并避免负面行为，从而达到引导和规范人行为的目的。

（三）凝聚人心

通过有效的激励行为，可以吸纳所需要的人才。另外，有效的激励行为，还可以避免人才外流，减少流失率，从而可以实现人心的凝聚，进而有助于实现组织目标。

激励不是仅指奖励这种积极激励，它还包括惩罚这种消极激励。

（四）提高组织绩效和实现组织目标

通过有效的激励行为，可以保证个人积极主动而不是消极被动地进行工作，从而降低组织成本，提高组织绩效，进而有助于实现组织目标。

三、激励行为的过程

我们知道，激励行为是通过激发人的动机，使人有股朝着所期望目标前进的动力的行为过程。由此可以看出，组织中的激励，就是在个人目标与组织目标实现统一的情况下，让个人形成强烈实现目标的愿望，并促使其付出努力的行为过程。由此可以看出，激励的前提就在于能够满足个人的需要，其目的在于使个人产生强力的行为动机，从而实现组织目标。这就涉及激励行为的过程要素和基本模式问题。

（一）激励行为的过程要素

激励行为的过程包括需要、动机、行为 3 个因素。其中，需要是个人生活或心理的某种缺失，当这种缺失感特别强烈，想要获得，那么这种需要就会转变为动机，而动机又是人们行为的直接来源。因此，需要、动机、行为三者之间是密切联系的。

需要来自个人生活或者心理上的某种缺失。人的需要有多种多样。既有先天的，也有后天的；既有生理的，也有心理的。需要是行为的原动力，而人的需要是可以诱发和引导的，特别是外部环境的刺激更可能诱发人的需要。因此，组织目标的有效实现，是组织员工与领导者之间的有效互动过程。在组织行为的过程中，领导者与员工之间的需要存在一定的差别。领导者既有对权力的追求，也有通过工作实现价值的愿望。

而员工则有一些需要并未得到满足,包括生理和心理的,这些需要都要通过激励得以激发。

动机是诱发行为指向一定目标的心理活动。动机的外显就是行为。行为都是由动机引起的,一种行为可能由各种不同的动机构成,而同一种动机会有不同的表现形式。因此,对人的行为与动机要做深入的分析,切忌草率,不可通过人们的行为来臆断别人的动机。

现实生活中,需要和动机之间存在着错综复杂的联系,需要与动机之间既密切联系,又相互区别。联系主要表现在:需要是动机的来源,但是,若需要已经得到满足了,也就失去了动机的源泉。区别主要表现在:需要是行为的源泉,动机是行为的直接原因,只有在外界环境的刺激之下才会产生动机。换言之,外界必须要有行为的目标出现才能使需要转变为动机。总之,需要、动机和行为之间存在着某种联系。一般情况下,以动机的心理作为需要和行为之间的桥梁。在外界环境的诱导下,人们便产生一种紧张和不安的状态,即需要状态。

(二)激励行为的基本模式

从根本上说,激励行为就是个体为了满足某种需要而实现某个目标的驱动过程,它包括引导需要、产生动机以及付诸行动 3 个阶段。具体而言,激励行为的起点是采取手段改变外界状态,激发人们未得到满足的需要,让这种需要成为可以通过行为实现的某种目标。目标的实现与否,又会反馈到需要上,成为进一步行动的动机。人们就是在这样不断循环的过程中,最终实现目标。因此,激励行为的基本模式可表达为如图 3-1 所示。

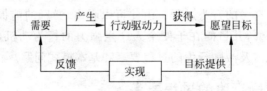

图 3-1　激励行为的基本模式

上述激励行为的基本模式告诉我们,怎样在工作中激励个人的行为,从而提高组织效率。这就涉及有效激励行为问题。有效的激励行为是实现个人目标与组织目标相一致的过程。它取决于两个方面:一是组织对个人需要的识别。在激励过程中,要弄清楚个人的需要和期望是什么。二是能否实现个人的需要。这正是个人行动的驱动力所在。

激励对个人的行为产生直接作用,也就是对个人的工作绩效有影响作用,其作用主要表现在以下 3 个方面:受过激励的个人总是寻求使工作做得更好的方法;受过激励的个人往往会重视工作的质量;受过激励的个人的工作积极性要比缺乏激励的高。而要达到有效的激励效果,就要注意产生激励效果的因素。具体而言,对个人的激励效果如何,完全取决于个人完成某项活动任务的可能性大小以及个人估计完成某项活动给自己带来多大效果的评价。

四、激励行为的机制

激励行为机制,亦称激励行为制度,是指激励主体与激励客体之间相互作用的方式。它的功能表现对激励效果有着直接和显著的影响,所以了解激励行为机制对激励行为方面有着重要的地位和作用。从上述激励行为的定义和过程描述可以看出,激励行为的机制主要包括以下几种。

(一)诱因机制

诱因机制是指个人积极性的诱导因素的调动。对于诱导因素的调动,必须建立在对个人需要进行调查、分析和预测的基础上。

(二)导向机制

导向机制是指对个人所期望的努力方向、行为方式以及应遵循的价值观的规定。由诱导因素诱发的个人行为可能会指向各个方向,即不一定都是指向组织目标的。同时,个人的价值观也不一定与组织的价值观相一致,这就要求培养和引导个人的组织价值观。导向机制一般强调全局观念、长远观念和集体观念,这些观念都是为实现组织的各种目标服务的。

(三)频率机制

频率机制是指在一定时间内,激励行为的强度规定。它往往用一个工作单位时间内的激励次数来表示。频率机制受到多种因素的影响,这些因素主要包括以下几种。

(1)工作的难易程度。一般情况下,工作越复杂,难度越大,激励的频率就越高;反之,则越低。

(2)任务的明确程度和时间长短。任务越明确,时间越短,激励的频率就越低;反之,则越高。

(3)被激励者的素质差异。素质越差的人,激励频率就越高;反之,则越低。

(4)工作环境的优劣。工作环境越恶劣,激励的频率就越高;反之,则越低。

(四)时空机制

时空机制是指激励行为在时间和空间方面的规定。这方面的规定包括特定的激励和特定的绩效相关联的时间限制、个人与一定的工作相结合的时间限制以及有效行为的空间范围。这样的规定可以防止个人的短期行为和地理无限性,从而使所期望的行为具有一定的持续性,并在一定的时期和空间范围内发生。

(五)归化机制

归化机制是指对个人进行奖赏和惩罚的规定。对个人进行奖赏和惩罚,目的在于对个人进行组织同化。具体而言,就是让成员尤其是新成员融入组织中,让他们符合组织风格和习惯。当然,如何把握奖赏和惩罚的结构比例,这是归化机制能否取得有效激励效果的关键。

激励行为的机制就是上述5个构成要素的总和。其中,诱因机制起到发动行为的作用,后4个机制则起导向、规范和制约行为的作用。一个健全的激励行为机制应该完整地包括上述5个方面的机制。只有这样,激励行为才能进入良性的运行状态。

思考活动

1. 激励行为的过程包括哪些要素?

2. 激励行为的基本模式是什么?

3. 试简述激励行为的必要性。

4. 激励行为的机制有哪些?

扩展阅读1

精神激励

查理·斯瓦伯(Charles Schwab)担任卡耐基钢铁公司第一任总裁时,发现自己管辖下的一家钢铁厂的产量很落后,便问厂长:"这是怎么一回事?为什么产量总是落后呢?"

厂长回答:"说来惭愧,我好话丑话都说尽了,甚至拿免职来恐吓他们,可他们软硬不吃,总是懒懒散散的。"

那时正是日班工人即将下班、夜班工人就要接班的时候。斯瓦伯向厂长要了一支粉笔,问日班的领班:"今天炼了几吨钢?"

领班回答:"6吨。"

斯瓦伯用粉笔在地上写了一个很大的"6"字后,默不作声地离开了。

夜班工人接班时,看到地上的"6"字,好奇地问是什么意思。日班工人说:"总裁今天过来了,问我们炼了几吨钢,领班告诉他6吨,他就在地上写了一个'6'字。"

次日早上,日班工人前来上班,发现地上的"6"已被夜班工人改写为"7"。知道输给了夜班工人,日班工人内心很不是滋味,他们决心给夜班工人一点颜色看看。那一天,大伙加倍努力,结果他们炼出了10吨钢。于是,地上的"7"顺理成章地变成了"10"。

在日、夜班工人你追我赶的竞争之下,工厂的情况很快得到改善。不久,该厂产量竟然跃居公司所有钢铁厂之首。

只用一支粉笔,斯瓦伯便扭转了乾坤。他所采用的,是多么高明的激励之道啊!

　　说起激励,我们往往想到丰厚的奖金、豪华的房子、名贵的车子……是的,所有这一切都能激发一个人力争上游,创造出好成绩。然而,物质上的激励所起的作用往往是短暂的,随着时间的延长,效果会越来越差,直至为零。

　　真正高明的激励之道还是得从精神上入手。即使是最平庸的一个人,内心也有着自尊自强的一面,一旦激发他(她)向上的激情,他(她)就能创造出令人目瞪口呆的业绩。

　　精神的力量是无穷的。一个人内在的激情一旦被点燃,什么奇迹都可能创造出来。

　　资料来源:http://coach.nlp.cn/2008-01-31/7194.html

 ## 专题小结

　　激励行为是通过激发人的动机,使人有股朝着所期望目标前进的动力的行为过程。

　　激励行为可以调动人的积极性和创造性;引导和规范人的行为;凝聚人心;提高组织绩效和实现组织目标。因此,激励行为具有十分的必要性。

　　激励行为的过程主要包括需要、动机、行为3个因素。激励行为的基本模式在于,其起点是采取手段改变外界状态,激发人们未得到满足的需要,让这种需要成为可以通过行为实现的某种目标。目标的实现与否,又会反馈到需要上,成为进一步行动的动机。人们就是在这样不断循环的过程中,最终实现目标。

　　激励行为机制,是指激励主体与激励客体之间相互作用的方式。它包括诱因机制、导向机制、频率机制、时空机制、归化机制5个要素。

专题二

内容型激励理论

一、马斯洛的需要层次理论

　　美国人本主义心理学家亚伯拉罕·马斯洛于1943年在其《人类动

专题导读

　　为何人们会做出这样或那样的行为? 激发人们行为的因素是什么呢? 这些问题正是内容型激励理论所着重研究的内容。内容型激励理论主要包括马斯洛的需要层次理论、奥尔德弗的ERG理论、赫茨伯格的双因素理论以及麦克利兰的成就需要理论。接下来,让我们一同来了解这些理论。

链接

http://www.cnbm.net.
cn/tag/jili3916.html 激励理
论专题

机理论》一书中提出了需要层次理论。如图 3-2 所示，该理论把人类多种多样的需要归为 5 种，并按照它们发生的先后顺序，由低到高划分出等级，从而形成一个金字塔形状。

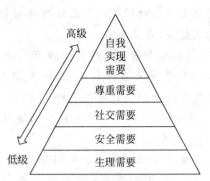

图 3-2　马斯洛的需要层次理论

（1）生理需要。即生理上的需要，包括衣、食、住、行等，这是人们最原始、最基本的需要。若不满足，则有生命危险。换言之，它是最强烈的不可避免的最底层需要，也是推动人们行为的强大动力。

（2）安全需要。即要求劳动安全、职业安全、生活稳定，也希望免于灾难、未来有保障等。安全需要比生理需要更高一级，当生理需要得到满足以后就要追求这种需要。

（3）社交需要。其亦称归属和爱的需要，是指个人渴望得到家庭、团体、朋友、同事的关怀、爱护、理解，是对友情、信任、温暖、爱情的需要。归属和爱的需要比生理需要和安全需要更细微、更难捉摸。它与个人性格、经历、生活区域、民族、生活习惯、宗教信仰等都有关系，这种需要是难以察觉、无法度量的。

（4）尊重需要。这种需要分为两类：一类与内部尊重有关，例如自尊、自信和成就感；一类与外部尊重有关，例如地位、荣誉、认可和关注。尊重需要很少能够得到完全的满足，但基本上的满足即可产生推动力。

（5）自我实现需要。这是最高层次的需要。满足这种需要就要求完成与自己能力相称的工作，且最充分地发挥自己的潜在能力，从而成为所期望的人物。这是一种创造的需要。有自我实现需要的人，似乎在竭尽所能，使自己趋于完美。

基于人性需要至上的马斯洛的需要层次理论是组织行为学中激励理论的基石，它得到了广泛的流传。运用马斯洛需要层次理论对个人进行激励的一个重要前提就是要了解个人的需要到底是什么，在不同的国家、企业、组织中，个人的需要是不一样的。他们的需要不仅不同，而且是经常变动的，因此管理者要经常进行调查，弄清个人有哪些需要，从而进行针对性的管理。

二、奥尔德弗的 ERG 理论

在马斯洛的需要层次理论基础上,美国耶鲁大学的克莱顿·奥尔德弗提出了需要的 ERG 理论。奥尔德弗认为,人有 3 种核心需要:生存(Existence)需要、关系(Relatedness)需要和成长(Growth)需要。这就是奥尔德弗的理论被称为 ERG 理论的原因所在。

(1)生存需要。即人全部的物质和生理上的需要。它与马斯洛的需要层次理论中的生理需要和安全需要相对应。

(2)关系需要。即人们和社会环境的交往和关系的需要。它包含了马斯洛的需要层次理论中的社交需要和尊重需要。

(3)成长需要。主要指所有努力改善自身及环境的需要。它包含了马斯洛的需要层次理论中的尊重需要和自我实现需要。

ERG 理论是作为马斯洛需要层次理论的有效补充而提出的。这主要表现在以下几个方面。

(1)马斯洛的需要层次理论是基于"满足—前进"的逻辑,即认为人的较低层次需要得到满足的时候才会向更高层次的需要前进。而 ERG 理论不仅是"满足—前进",还包括"受挫—倒退",即较高层次得不到满足之后,会转向较低层次的需要。

(2)ERG 理论认为激发高层次的需要,并不是仅仅建立在低层次需要得到满足的情况下的。经历、学习以及环境的不同,很可能促使个人对高层次的需要显得特别强烈。

(3)依据马斯洛的观点,在一定时期,人的某一种需要可能表现得特别强烈。而 ERG 理论则认为,人可以同时拥有多种需要,而且这几种需要在强度上没有多大差别。

总之,ERG 理论在上述 3 个方面对马斯洛的需要层次理论作出了补充。ERG 理论要求管理者要找准个人的需要,要重视个人高层次的需要,还要注意个人需要的转化,尤其是从高层次向低层次的下降问题。应该要防止需要反弹,切实找到解决个人受挫折的办法,从而使个人避免挫折和后退性行为。

三、赫茨伯格的双因素理论

在了解个人的需要之后,还要了解满足个人的哪些需要最有利于调动其积极性。针对此,美国心理学家弗雷德里克·赫茨伯格于 1959 年提出了双因素理论。他通过在匹兹堡地区 11 个工商业机构对 200 多位工程师、会计师调查征询,发现受访人员举出的不满的项目当中,大多同他们的工作环境有关,而感到满意的因素,则一般与工作本身有关。

据此,他认为影响个人工作积极性的因素可分为两类,即保健因素和激励因素。这两种因素是彼此独立的,并且以不同的方式影响人们的工作行为。所谓保健因素,就是那些造成个人不满的因素,这些因素的改善能够解除个人的不满,但不能使个人感到满意并激发起职工的积极性。由于它们只带有预防性,只起维持工作现状的作用,所以也被称为维持因素。所谓激励因素,就是那些使个人感到满意的因素,唯有它们的改善才能让个人感到满意。只有给以较高的激励,并调动个人工作积极性,才能提高劳动效率。这两类不同因素的具体内容如表3-1所示。

表 3-1　保健和激励因素

保 健 因 素	激 励 因 素
(1) 公司(企业)的政策与行政管理	(1) 工作上的成就感
(2) 技术监督系统	(2) 工作中得到认可和赞赏
(3) 与上级主管之间的人事关系	(3) 工作本身的挑战性和兴趣
(4) 与同级之间的人事关系	(4) 工作职务上的责任感
(5) 与下级之间的人事关系	(5) 工作的发展前途
(6) 工作环境和条件	(6) 个人成长、晋升机会
(7) 薪金	
(8) 个人生活	
(9) 职务、地位	
(10) 工作的安全感	

传统观点认为,"满意"的对立面是"不满意"。而依据上述保健和激励因素分析,双因素理论则认为,"满意"的对立面是"没有满意","不满意"的对立面是"没有不满意"(图3-3)。换言之,有了激励因素,就会产生满意;而没有了激励因素,则没有满意,即不满意。有了保健因素,不会产生不满意,即没有不满意;而没有保健因素,则会产生不满意。

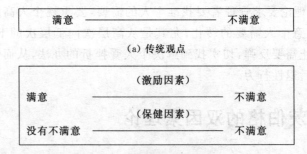

图 3-3　赫茨伯格的双因素论

虽然赫茨伯格的双因素理论受到当时一些理论家的批评,但是该理论还是很流行,并被广泛运用。该理论要求管理者,首先要充分了解个人的兴趣爱好,尽量将其安排在其喜欢的工作上,注意满足个人的保健因素,注意正确发放工资和奖金,注意运用表扬激励,从而使个人的工作丰富化,满足个人的高层次需要。

四、麦克利兰的成就需要理论

成就需要理论是由美国心理学家戴维德·麦克利兰提出来的。他认为人在较高层次上有 3 种需要:成就需要,权力需要,归属需要。

(1)成就需要。即争取成功,希望做得最好的需要。麦克利兰认为,具有强烈的成就需要的人渴望将事情做得更为完美,争取提高工作效率,以获得更大的成功。他们追求的是在争取成功的过程中克服困难、解决难题、努力奋斗的乐趣以及成功之后个人的成就感,他们并不看重成功所带来的物质奖励。个体的成就需要与他们所处的经济、文化、社会、政府的发展程度有关,社会风气也会制约着人们的成就需要。

(2)权力需要。即影响和控制别人的一种愿望或驱动力。在麦克利兰看来,不同人对权力的渴望程度有所不同。权力需要较强烈的人对影响和控制别人表现出很大的兴趣,并喜欢对别人"发号施令",且注重争取地位和影响力。他们常常表现出喜欢争辩、健谈、直率和头脑冷静;善于提出问题和要求;喜欢教训别人,并乐于演讲。他们喜欢具有竞争性和能体现较高地位的场合或情境,他们也会追求出色的成绩,但他们这样做并不像强烈成就需要的人那样是为了个人的成就感,而是为了获得地位和权力或与自己已有的权力和地位相称。权力需要是管理成功的基本要素之一。

麦克利兰还将组织中管理者的权力分为两种:一是个人权力。追求个人权力的人表现出来的特征是围绕个人需要行使权力,在工作中需要及时的反馈和倾向于自己亲自操作。这种将权力形式建立在个人需求的基础上,非常不利于他人来继位。二是职位权力。职位权力要求管理者与组织共同发展,自觉地接受约束,从权力行使的体验过程中得到一种满足。

(3)归属需要。即建立友好亲密的人际关系的需要。归属需要就是寻求被他人喜爱和接纳的一种愿望。强烈归属需要的人更倾向于与他人进行交往,至少是为他人着想,这种交往会给他带来愉快。强烈归属需要的人渴望亲和,喜欢合作而不是竞争的工作环境,希望彼此之间沟通与理解。他们对环境中的人际关系更为敏感。归属需要也表现为对失去某些亲密关系的恐惧和对人际冲突的回避。因而,归属需要是保持社会交往和人际关系和谐的重要条件。但是,正如麦克利兰指出的,注重归属需要的管理者容易因为讲究交情和义气而违背或不重视管理工

提示

人们较高层次的需要并不意味着人们放弃低层次的需要,而是建立在低层次需要得到满足的基础上。

作原则,从而导致组织效率下降。

成就需要理论对于企业家队伍建设、人力资源开发、提高组织成员绩效,都具有重要意义。因此,管理者应该鼓励成员充分调动和激发企业家的才能,激励具有成就需要的人作出更大成就,并确立好追求卓越和完美的高标准。

思考活动

1. 赫茨伯格的双因素理论与马斯洛的需要层次理论有什么异同?

2. 什么是 ERG 理论? ERG 理论对你有何启发?

3. 成就需要理论包括哪些需要?

4. 如何鉴定成就需要理论中所述的需要?

扩展阅读2

德 西 效 应

依据来源不同,动机被分为内部动机和外部动机两大类。内部动机是指由兴趣、爱好、好胜心、荣誉感以及自我实现等个人内部心理因素转化而来的动机;外部动机是指由高薪酬、高职位、领导的赞赏以及亲和的同事关系等外在力量激发而来的动机。长期以来,内部动机因素和外部动机因素被认为是相互独立的。换言之,对其中一方的激发不会影响到另一方。但是,近年来一些研究表明,使用外部强化虽然可以提高外部动机,但同时也带有一定的副作用,即破坏了内部动机的效果。德西效应就是一个证明。

心理学家德西在 1971 年专门做了一个实验。他让大学生做被试者,并在实验室里解有趣的智力难题。该实验分 3 个阶段:第一阶段,所有的被试者都无奖励;第二阶段,将被试者分为两组,实验组的被试者完成一个难题可得到 1 美元的报酬,而控制组的被试者跟第一阶段相同,无报酬;第三阶段,这是休息时间。被试者可以在原地自由活动,并把他们是否继续去解题作为喜爱这项活动的程度指标。

该实验结果表明:实验组(奖励组)被试者在第二阶段确实十分努力,而在第三阶段继续解题的人数却很少,这表明兴趣与努力的程度在减弱,而控制组(无奖励组)被试者有更多人花更多的休息时间继续解题,这表明兴趣与努力的程度在增强。

据此,德西得出结论:在某些情况下,人们在外在报酬和内在报酬兼得的时候,不但不会增强工作动机,反而会减低工作动机。此时,动机强度会变成两者之差。人们就把这个结论称为德西效应。德西效应表明,在进行一项愉快的活动(即内在报酬)时,如果提供外部的物质奖励(外加报酬),反而会减少这项活动对参与者的吸引力。

资料来源:http://baike.baidu.com/view/338237.htm

 专题小结

内容型激励理论旨在解释为何人们会做出这样或那样的行为,探讨激发人们行为的因素。它主要包括马斯洛的需要层次理论、奥尔德弗的ERG 理论、赫茨伯格的双因素理论以及麦克利兰的成就需要理论。

马斯洛的需要层次理论把人类多种多样的需要依据发生的先后顺序,由低到高划分出生理需要、安全需要、社交的需要、尊重需要以及自我实现需要 5 种。

奥尔德弗的 ERG 理论把人的需要分为生存需要、关系需要和成长需要。

赫茨伯格的双因素理论认为影响个人工作积极性的因素可分为保健因素和激励因素两类。

成就需要理论认为人在较高层次上有成就需要、权力需要、归属需要 3 类需要。

专题三

过程型激励理论

专题导读

内容型激励理论旨在识别激励个人行为的特殊因素。但是,这类理论并未说明个人为何选择这种特殊的行为方式去完成工作目标。而过程型激励理论就是用来说明此问题的。它旨在研究激励的心理过程以及行为的指向与选择,并说明行为如何产生、如何朝某一方面发展、如何保持下去以及如何结束的整个过程。它主要包括期望理论、公平理论和目标设置理论。

一、期望理论

期望理论是一种广泛为人们所接受的理论。这是美国心理学家维克多·弗罗姆于 1964 年在其《工作与激励》一书中提出来的。该理论认为,人们之所以采取某种行为,是因为他觉得这种行为可以有把握地达到某种结果,并且这种结果对他有足够的价值。换言之,动机激励水平取决于人们认为在多大程度上可以期望达到预计的结果,以及人们判断自己的努力对于个人需要的满足是否有意义。用公式表示如下。

激励力(工作动力)=期望值(工作信心)×效价(工作态度)

式中:激励力是指一个人受到激励的程度,它是调动一个人的积极性,激发人的潜力的强度;期望值是指个人依据以往的经验进行的主观判断并能导致某种结果的概率;效价是指个人对于某一成果价值的估计,或者对某种成果或目标的偏好程度,它是个体对某种成果或目标的有用性的

主观估计。

由上述公式可以看出,当个人对目标或者成果的有用性漠不关心,或者认为毫无价值时,效价为零;当个人期望达到目标时,效价为正值;当个人强烈期望达到预期目标时,他的效价就很高;当个人不期望达到预期目标时,他的效价就为负值,甚至产生负面效果。而且若个人认为达到目标的预期很小,那么付出的努力就会很低。因此,期望理论的上述公式表明:激励力量是效价与期望值两个变量之间的乘积,高的激励取决于高效价和高期望值。效价越大,可能性越大,努力程度越大,取得的成就和效果也就越好。

对期望理论,历来评价都是褒贬不一。积极评价主要体现在以下两个方面。

(1) 它提出了目标设置与个人需求相统一的理论。期望理论假定个体是有思想、有理性的人。对于自己生活和事业的发展,他们有既定的信仰和基本的预测。

(2) 它是激励理论中为数极少的量化分析理论。该理论并不满足于对问题的定性说明,还非常重视定量分析。它通过对各种权变因素的分析,从而判断出人们在多种可能性中所作出的选择。换言之,人们的行为选择通常是效用最大的,或者说人们的现实行为是其激励力量最大的行为选择。这使得激励理论更具有操作性。

消极评价主要体现在以下三个方面。

(1) 期望值与效价相互间在"目标满足需要的可能性"评价判断上是相互重叠的。概念不清与混淆必然带来理论在实际运用中的混乱,例如"升职、加薪等与个人利益直接相关联的事情,就容易使人产生较高的期望值。而且因为受工资、奖励总额与比例的限制,人们的高期望值是不可能都实现的。因此,对于未能实现者,就会期望越高,失望越大,挫折感也会越强烈"。这里所述的期望既有"目标满足需要的可能性"评价,同时也含有"目标满足需求的程度"的判断,所以很难说这一叙述中的期望是指"期望"还是指"效价",而这归根究底还是其概念的混淆造成的。

(2) 它缺乏对行为意志过程的考量。众所周知,用人讲究能、责、权、利的统一,唯有如此才能最大限度激发人们的潜能并发挥人们的积极主动精神。但是,期望理论只在工作能力等人们工作期望值,以及由工作所获利益等方面进行人们工作效价的考量。由此可见,期望理论忽视了人们的道德意识、责权意识、规则意识、义务意识、优越意识等意志过程对人们工作积极主动性激发的关键作用。

(3) 它的适用范围具有局限性。期望理论是目标确定下的激励理论,因而在目标难以确定的状况下是难以运用的。例如,在工作奖金奖酬等方面运用期望理论也许是有效的,但对于具有升职愿望而上级又不可能给予预先肯定答复的状况,则难以实施。

尽管对期望理论的评价褒贬不一,但是期望理论还是给了管理者一些启示。它要求管理者根据个人的需要设置报酬和奖励措施;给个人创造良好的工作条件,以增强其达到目标的信心;建立赏罚分明制度,以提高个人的工作热情。

二、公平理论

公平理论是由美国心理学家斯达西·亚当斯在 20 世纪 60 年代提出来的。这一理论的实质是探讨个体投入与所得报酬之间的比值关系,即个人的投入和报酬与他人的投入和报酬之间的平衡。

公平理论是研究人的动机和知觉关系的一种激励理论,该理论认为个人的激励程度来源于对自己和参照对象的报酬和投入的比例的主观比较感觉。在组织中,人们的工作积极性不仅与个人实际报酬有关,而且与人们对报酬的分配是否感到公平更为密切。人们总会自觉或不自觉地将自己付出的劳动代价及所得的报酬与他人进行比较,并对公平与否作出判断。这种公平感直接影响到人们的工作动机和行为。因此,从某种意义上说,动机的激发过程实际上是人与人之间进行比较,作出公平与否的判断,并据此指导行为的过程。

亚当斯的公平理论可以用下面的公式进行表示。

$$OA/IA = OB/IB$$

报酬相当,A 感到自己公平(满意);

$$OA/IA < OB/IB$$

报酬不足,A 感到不公平(不满意);

$$OA/IA > OB/IB$$

报酬过高,A 感到不公平(满意)。

式中:OA 为 A 对自己报酬的感觉;IA 为 A 对自己投入的感觉;OB 为 B 对他人报酬的感觉;IB 为 B 对他人投入的感觉。

这里的报酬指的是经济报酬、晋升机会、领导赏识、人际关系等因素;投入是指自己贡献的时间、经验、努力、技能等。人们通过比较自己的报酬与投入比率和他人的投入与报酬的比率,感觉自己是否被公平地对待。通过对比个人会产生满意以及不满意的状态。个人对自己的工作感到不满意的时候会采用以下几种方式。

(1) 改变自己的付出,例如不再努力。

(2) 采取相应的对策,从而改变自己的收入以寻求平衡。

(3) 改变自我认知,例如通过解释安慰自己。

(4) 寻找发泄途径,甚至放弃工作。

需要特别说明的是,个人由于工作经验和受教育程度的不同,采取的措施也会有很大差别。

公平理论来自比较之后的感觉,在比较的过程中,只有比较主体与客体之间的条件类似才具有比较的意义。

公平理论作为一个研究公平感对人们的积极主动性影响的理论,确实解释了很多因不公平感而对行为产生的影响。例如,抗日战争时期许多主动投靠日寇的高官显贵溥仪、汪精卫等,或多或少都存在着自以为在国内受到不公平待遇等此类因素的影响。但是,古往今来许多所谓权臣奸相如赵高、王莽等,所受待遇不可谓不优厚,却仍难以抑制他们谋国篡位的意图。又如,富士康屡次跳楼事件,虽然充分表明了农民工在社会中遭遇的不公正待遇的不满心理所造成的冲击,但当富士康此后向社会招工时仍然到处爆满,这充分表明了人们在基本工作生活需求都难以满足的条件下,人们只有接受甚至积极接受不公正的现实的状况。因此,公平感对人们的积极主动性的影响终究只是辅助性的,并没有起决定性的作用。而起决定性作用的,终究还是人们基本需求和信仰与其所能接触到的任务目标相统一的结果。

但是,公平理论对管理者仍然有许多启示。它要求管理者应该要了解和重视个人的公平感;建立赏罚分明的制度;实行量化管理,增加透明度;以战略为主,平衡为辅,加强对个人的教育。

三、目标设置理论

目标设置理论是由美国心理学家埃德温·洛克提出的。该理论认为,人的任何行为都要受到某种目标的驱使,因此给个人设置合适的目标,有利于激励个人。

目标设置理论的基本元素如下。

(1) 目标难度。这是指目标达到所具有的挑战性以及目标通过努力能够实现的程度。

(2) 目标具体性。这是指目标的清晰度和准确度。

(3) 个人对目标的接受度。这是指个人接受目标的程度。

(4) 个人对目标的承诺。这是指个人对达到目标的兴趣和责任制。

上述 4 个基本元素决定了个人对目标的努力程度。如图 3-4 所示,个人向着目标的努力,组织依据绩效给个人相应的内在和外在的奖励,从而最终决定个人的满意度。

目标设置理论的具体观点包括以下几种:有目标总比没目标好;具体、可操作、分阶段的目标比空泛的、号召性的目标好;有一定难度的目标比唾手可得的目标好;能被人接受的目标比不能被人接受的好。

目标设置理论算是对目标与激励的新研究,这有利于管理者重视目标具有的动机作用,重视目标管理。目标设置理论关于设置合理目标的研究,为管理者提供了直接有效的激励方法和技术。它要求领导者应该重视目标管理方法,应该正确运用和实施目标管理,包括目标设立、过程管理以及结果评价。

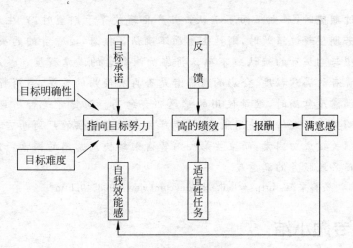

图 3-4 高效循环模型

思考活动

1. 期望理论的基本内容有哪些?

2. 如何正确运用期望理论?

3. 公平理论有哪些意义?

4. 如何正确运用目标设置理论?

扩展阅读3

期望确认理论

在弗罗姆期望理论的基础上,美国心理学家奥利弗(Olive)于1980年提出了期望确认理论。期望确认理论是进行消费者满意度研究的基本理论,其主要观点在于,消费者是以购前期望(Expectation)与购后绩效(Perceived Performance)表现的比较结果(Confirmation),判断是否对产品或服务满意(Satisfaction),而满意度成为下次再度购买或使用(Repurchase Intention)的参考。期望确认理论模型如图3-5所示。

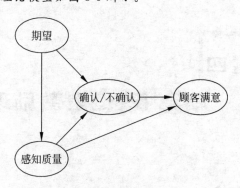

图 3-5 期望确认理论模型

基于上述模型,奥利弗认为消费者的再次购买意愿过程如下:消费者会对欲购买的产品或服务的表现,形成一个购买前的期望,该期望会影响消费者对产品的态度和购买倾向。购买后,消费者会根据实际使用的经验,对产品的绩效产生认知。当产品绩效超过期望时,产生正面不确认;当产品绩效等于期望时,产生确认;若期望超过绩效时,则产生负面不确认。接着,消费者的购买前期望与购买后的确认或不确认将影响消费者的满意程度。最后,消费者的满意程度,会影响消费者是否再次使用的意愿,当消费者的满意度愈高时,继续使用的意愿亦会愈高。消费者是否愿意再次购买产品或持续使用服务,对于产品或服务提供的厂商而言,是一项关键成功因素,而主要影响消费者继续使用意愿的因素,为使用产品或服务的满意度。

资料来源:http://baike.baidu.com/view/7968549.htm

 专题小结

过程型激励理论着重关注人的心理机制,关注人们如何作出不同的反应,又是如何看待动机过程的。它包括期望理论、公平理论和目标设置理论。

弗罗姆的期望理论认为,人们之所以采取某种行为,是因为他觉得这种行为可以有把握地达到某种结果,并且这种结果对他有足够的价值。

亚当斯的公平理论认为,个人的激励程度来源于对自己和参照对象的报酬和投入的比例的主观比较感觉。

洛克的目标设置理论认为,人的任何行为都要受到某种目标的驱使,因此给个人设置合适的目标,有利于激励个人。

专题导读

内容型和过程型激励理论旨在研究如何激发人的动机,调动人的积极性的问题。而行为改造型激励理论则是研究在组织中如何转变人的行为,从而使其消极行为转变为积极行为。行为改造型激励理论主要包括强化理论和挫折理论。

专题四

行为改造型激励理论

一、强化理论

强化理论是美国心理学家和行为科学家伯尔赫斯·弗雷德里克·斯金纳等人提出的一种理论,也叫操作条件反射理论或行为修正理论。该理论认为,人的行为是其结果的函数。若这种结果对他有利,则这种行为就会重复出现,就被称为强化;若对他不利,则这种行为就会减弱甚至是消失,就被称为弱化。因此,管理者应该要采取各种刺激方式,使得人的行为符合组织目标。

上述提及的刺激方式,其实就是强化型激励理论所提供的强化方法。它包括正强化、负强化、惩罚、消退 4 种。

(1) 正强化。它是指采用某种有吸引力的结果,使得个人好的行为得以重复出现。

(2) 负强化。它是指为使某种行为不断重复出现,而减少或消除自身的某种不愉快的刺激。

(3) 惩罚。它是以某种带有强制性和威胁性的结果表示对某些不符合要求行为的否定,从而消除这种行为重复发生的可能性。

(4) 消退。它是指对个人的某种行为不予理睬,以表示对该行为的轻视或某种程度的否定,从而减少个人的这种行为。

依据强化的时间安排,强化被分为两种类型。

(1) 连续强化。这是指行为每出现一次就给予强化。例如,每当员工出色地完成任务,就给予加工资等。

(2) 间断强化。这是指不是每次发生行为就给予强化。

强化理论与其他行为主义理论基础相类似,也受到不少人的批评。例如,该理论忽视了人的个性和行为的复杂性,过多的强化会使人只顾近期目标而忽视长远目标,而且强化也使人们缺乏创新精神。尽管如此,强化理论在管理实践中具有十分重要的意义,并为许多管理者所采用。它要求管理者正确选择强化方式、方法;正确选择强化物;正确选择强化时间;强调社会学习。

二、挫折理论

人的行为是由需要引起的,且受动机的支配,为一定目标所吸引。可是,人的这种行为往往会遇到两种情况:要么在实践过程中没有遇到很大的困难,或者是遇到困难能够克服,从而顺利实现目标;要么遇到由于主观原因而无法克服的困难,目标无法实现。这里无法实现的紧张状态,就是我们日常所说的"挫折"。在现实生活中,挫折是客观存在的,挫折会对人产生消极影响。为了研究个人的挫折,消减个人在工作中的消极因素,学者们对挫折进行了大量研究,从而形成了挫折理论。

挫折理论认为,挫折通常是指由于某种刺激情境对人的目标产生阻碍,从而导致个体消极情绪反应的过程。挫折所导致的行为反应是多种多样的,这些反应一般分为如下两类。

(1) 积极建设行为。这主要包括以下几个方面:升华,即当个体遭受挫折时,把那些敌对、悲愤的因素转化为前进的动力;重新解释目标,即当目标无法实现时,重新调整目标,以期目标能够实现;补偿,即当目标无法实现时,实现另外一个目标对其进行补偿。

（2）消极破坏行为。这主要包括以下几个方面：反向行为,不去做一些违背自己意愿的事情；合理化,即为自己的失败寻找借口；推诿,即将自己做错的事情推脱给他人,以减少自己的内疚感；退缩或者逃避,即知难而退；表同,即模仿内心理想人物的特点,以分享其成功的心理感受,从而应对自己未达到目标时的内心挫折感；压抑,将痛苦的记忆从思想中排出,出现无意识状态；倒退,遇到挫折时所表现出的一种与年龄不相称的行为；攻击,当个体遇到挫折时表现出来的一种破坏性行为。

挫折理论认为,虽然在人们的现实生活中,挫折的表现千差万别,产生挫折的原因也大不相同。但是,引起挫折的原因大致有以下3点。

（1）客观环境。客观环境常常干扰或阻碍人们实现目标的意志,从而引发人们挫折的反应。例如,自然灾害、宗教、风俗以及道德等社会因素都属于客观因素。

（2）个体生理状态。个体所具有的自然条件不佳。例如,容貌不佳、身高问题会使个体在达到目标时具有挫折感。

（3）主观因素。主观因素对挫折的影响各式各样。例如,个人知识经验方面的不足、个人动机方面的冲突以及个体对挫折情境的认知等。

挫折理论告诉管理者,必须调整个人的挫折源,减少消极情绪和不良影响。具体而言,就是要调整环境,减少导致挫折的情境；对个人进行教育和训练,提高其挫折容忍力,使其在遇到挫折情境时,能够摆脱困扰从而避免心理与行为失常；正确对待受挫者,一方面要对受挫者抱着理解和宽容的态度,另一方面,又要为受挫者安排发泄渠道等。

思考活动

1. 强化理论的主要内容是什么？

2. 强化可分为哪些类型？

3. 如何运用强化理论使个人行为朝着组织所期望的方向发展？

4. 如何运用挫折理论使个人行为朝着组织所期望的方向发展？

扩展阅读4

适当的宣泄是战胜挫折的良药

英国哲学家培根说过："如果你把快乐告诉你的朋友,你将得到两个朋友,而如果你把忧愁向你的朋友倾诉,你将被分掉一半忧愁。"这句话道出了宣泄的作用。有了痛苦,憋在心里,时间长了必然损害健康,所以应该倾诉或以其他方式宣泄出来,只要及时把注意力转移到其他事物上,且把胸中的怒气宣泄出来,压力就会减轻。

依照挫折理论,人在遭受挫折时会产生不良情绪。如果在不良情绪产生后,努力克制和压制自己的感情和痛苦,不让它流露出来,会给人的健康带来很大危害。因为内脏器官的活动是由自主神经系统支配的,它不服从人的意识控制。那些表面上似乎控制得了情绪的人,实际上却使情绪由于外部压制而更多地转入体内脏器去活动,且在体内寻找发泄的地方,从而给体内器官造成损害。同时遭受挫折后负性情绪的持续存在而又得不到解决，必然给人的心理造成紧张、焦虑和压抑，从而损害人们的心理健康。因此，我们需要适当地宣泄。宣泄的方法有如下几种。

（1）倾诉。人生旅途中总会有几个志趣相投的知己朋友和亲友，当遇上不愉快、遭受挫折时，大家聚一聚，一杯清茶、一杯咖啡，奢侈点的来它两杯淡酒，就事论事地把自己的烦恼、苦衷尽情地倾诉出来，以求得他们的开导和劝慰。即使不能得到有效的帮助和启迪，但只要你把心中的烦恼忧愁吐出来，心情也会平静下来。

（2）活动宣泄法。受到挫折，感到郁闷、愁苦时，可以采取运动或劳动的方式来宣泄，可以与朋友打个通宵扑克或麻将，也可以在操场上狂奔，直到弄得满头大汗、气喘吁吁、精疲力竭，这时你会感觉到你的每一个毛孔都淋漓尽致的舒畅，且情绪就会很快地平静下来，这时你再想想此前发生的事，就能够理智地分析认识，妥善处理。

（3）精神发泄法。这种方法是创造一种情境或方式使受挫者可以自由地表达受压抑的情感。国外一些企业设立"情绪发泄室"，墙上挂着老板和蔼微笑的照片，室内放着橡皮人形靶，有气的职工可以进去拳打脚踢一通，发泄自己的气愤。

（4）痛哭或喊叫发泄法。美国专家威费雷认为：眼泪能把机体产生的某些毒素排泄出来，从这个角度讲，当遇到该哭的事时忍住不哭，就意味着慢性中毒，因此为了健康，该哭就哭吧。哭不是罪，哭吧！人在痛哭一场后，就如同夏天的暴风雨，越是倾盆而下，天就越晴得快。

当然，宣泄的方式可以不拘一格，你也可以与你的兴趣爱好相结合。若你爱听音乐，悲伤时听几首节奏明快的曲子，会使你的悲伤烟消云散；若你喜欢看电影，你的激情就会被电影情节所感染，从而达到宣泄的效果；或是通过写日记、写作、画画等表达形式发泄出来。不良情绪的宣泄并不是可以无所顾忌、不分场合、不计后果的，否则会带来新的、更大的烦恼，所以要注意宣泄的方式、频度、场合，必须坚守做人和以不伤害他人为准则。另外，一旦烦恼解除了，发泄就不能继续下去，否则就会成为一种怪癖或恶习。例如，有的人为了缓解压力过大，以打牌暂时忘却烦恼，但如果烦恼解除了还沉溺于此，就贻害无穷了。

资料来源：http://www.haodf.com/zhuanjiaguandian/wfxuguangjun_706693127.htm

专题小结

行为改造型激励理论着重研究在组织中如何转变人的行为,从而使其消极行为转变为积极行为。它包括强化理论和挫折理论。

强化理论认为,人的行为是其结果的函数。若这种结果对他有利,则这种行为就会重复出现,就被称为强化;若对他不利,则这种行为就会减弱甚至是消失,就被称为弱化。因此,管理者应该要采取各种刺激方式,使得人的行为符合组织目标。

挫折理论认为,挫折通常是指由于某种刺激情境对人的目标产生阻碍,从而导致个体消极情绪反应的过程。面对挫折,人往往会出现积极建设和消极破坏两种行为反应。挫折理论要求管理者必须调整个人的挫折源,减少消极情绪和不良影响。

专题导读

激励是一个非常复杂的问题,涉及人类行为的诸多方面。前面介绍的每一种激励理论都无法全面解释激励问题。但是,它们的内容是可以互为补充的。正是基于此,有些学者建立起了综合激励理论。接下来,我们一同来了解一下。

综合激励理论

一、豪斯的综合激励模式

在对期望理论与双因素理论进行综合的基础上,美国心理学家罗伯特·豪斯等人提出了综合激励模式。该激励模式可用公式表示为

$$M=V_{it}+E_{ia}(V_{ia}+E_{ej}V_{ej})$$

式中:M 为激励力量;V_{it} 为任务本身所提供的内在报酬效价,它包括工作内容的丰富性、有乐趣、能吸引人、富有挑战性等;i 表示内在的;t 表示任务本身;E_{ia} 为完成任务内在期望的概率,是对该项活动能否达成任务的期望值,即主观上对完成任务的估计;a 表示完成;V_{ia} 为完成任务的内在评价或者效价,它的前提是完成任务,否则谈不上效价,因而它不是独立的变量;E_{ej} 为完成任务后获得相应外在报酬的期望值率;e 表示外在的;j 表示喜悦、欢乐;V_{ej} 为完成任务后获得相应外在报酬的效价。

上式表明,V_{ia} 与 $E_{ej}V_{ej}$ 的代数和与 E_{ia} 的乘积综合反映了各种可能的外在奖励所引起的各种激励效果之和。

上述豪斯公式的第一项是一个独立的变量,强调的是工作任务本身的内容、意义和发展前途等。这些任务的内在效价具有强大的激励作用，即使后两项作用很小或者没有，它们也能产生较大的作用。

豪斯公式的第二项仍然突出目标内在效价与期望值，但是更多地强调完成任务的重要意义。例如，提高质量、降低成本、开发新产品等这些目标的实现本身就对人们的行为产生强烈的激励作用。

豪斯公式的第三项即 $E_{ia}(V_{ia}+E_{ej}V_{ej})$ 是一系列外在报酬所产生的效价与期望值。它以任务完成为前提。任务完成后，重视奖酬兑现，同时使此奖酬效价足够高。

豪斯综合激励模式强调了任务本身的效价的内在激励作用，且突出了完成任务的内在期望值与效价，同时兼顾了因任务完成后而获得的外在奖酬所引起的激励。这种激励模式给管理员提供了启发，即要提高人的积极性，必须从内、外在激励两个方面入手。

二、波特和劳勒的综合激励模式

现实生活中，组织设置了激励目标，并且采取了激励手段，却往往不一定就能获得组织所需的个人行动和努力，并使组织内部的个人满意。对此，美国行为科学家莱曼·波特和爱德华·劳勒认为，组织能否形成"努力程度→工作绩效→内、外在奖酬→满意感→更加努力"这样的良性循环，取决于个人所受到的奖励内容、奖惩制度、组织分工、目标导向行动设置、管理水平、奖酬的公正性及个人心理期望值等多种综合性因素。据此，他们提出如图3-6所示的综合激励模式。

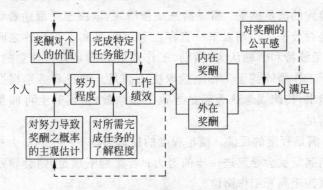

图 3-6 波特和劳勒的综合激励模式

如图 3-6 所示，波特和劳勒的激励模式的基本内容如下。

（1）个人的努力程度。它综合地取决于某项奖酬（精神和物质）对个人的价值以及个人对努力是否会导致这一奖酬之可能性（即概率）的主观估计。"努力"得到"奖酬"的可能性受以往经验和实际绩效的影响。如果个人确切地知道，他有把握完成任务或者过去曾经完成的话，他将乐意作出努力，并对奖酬的概率更加清楚。

　　(2) 通过努力取得的工作绩效。工作绩效是个人的工作表现和实际成果,它取决于个人完成特定任务的能力与素质、个人努力程度以及自己对所需完成任务的了解程度。个人完成特定任务的能力与素质主要表现在完成特定任务所需的必要业务知识和技能等。个人对所需完成任务的了解程度,包括对完成特定任务所需从事的活动以及影响任务完成的其他因素的理解和掌握。

　　(3) 获得奖励。波特和劳勒将得到的奖励分为外在奖酬和内在奖酬。外在奖酬指的是工资、提升、地位、安全感等。按照马斯洛的需要层次理论,它主要是满足一些低层次的需要。内在奖酬是指一个人由于工作成绩良好而给予自己的报酬和奖励。例如,感到完成了一件有意义的工作、对社会作出了贡献等。它对应的是一些高层次的需要的满足,与工作成绩直接相关。当然这两种奖酬还不能简单决定个人需要是否得到了满足,其间还要经过"期望的公平奖酬"来调节。换言之,个人要把自己所得报酬同自己认为应该得到的报酬相比较。若认为相符,就会获得满足,并激励自己在今后的工作中更加努力;若得到的报酬低于"期望的公平奖酬",即使得到的绝对量不少,个人也会感到不满足、失落,且工作兴趣难以高涨。无论是内在奖酬还是外在奖酬都要以工作绩效为前提,而不是先有内、外在奖酬后有工作绩效,必须先完成工作任务才能获得内在和外在的奖励。内、外在奖酬和个人主观上所感受到的奖酬的公平感融合在一起,共同影响着个人最后的满足感。

　　(4) 获得满足。满足是个人完成某项特定任务或实现某个特定目标时所体验到的满足感觉。激励措施是否满意,取决于受激励者认为获得的报酬是否公平。长期以来一直存在着对满足和工作绩效之间关系的争论,但是波特和劳勒认为,激励、工作绩效和满足都是独立的变量,满足取决于工作绩效甚于工作绩效取决于满足。波特和劳勒根据收集到的资料指出,传统观念认为满足导致工作绩效,但实际上可能是工作绩效导致满足。

　　(5) 满足程度的反馈。满足程度的反馈影响下一次的努力程度。个人若得到满足就会导致进一步的努力;若感到不满足,则会导致努力程度的降低甚至离开工作岗位。

　　从上面的分析可以看出,波特和劳勒的综合激励模式实际上是弗罗姆的期望理论、亚当斯的公平理论、赫茨伯格的双因素理论以及斯金纳的强化理论等方面的综合。波特和劳勒的综合激励模式使我们认识到,对员工的激励是一件十分复杂的事情。在企业的实际管理中,针对个人的积极性方面出现的问题,我们要善于从不同的方面考察激励的方法,查出激励产生的原因。

扩展阅读5

松下如何鼓励员工创业

松下电器公司为了给企业发展注入更多的活力,便建立了鼓励员工创业的支援和激励机制,公司设立了金额达100亿日元的创业基金,专门用于培养创业人才。松下力图通过这一措施,既为立志创业的松下员工提供自我发展的空间,同时也为企业开拓更广泛的事业领域,为松下今后的发展夯实基础,增添活力。

"2000年年底,当我听说松下用来支援员工创业的'松下创业基金'已启动时,要不要申请,我还真犹豫了好一阵子。"成功创业并已是松下学习系统公司社长的大山章博直率地吐露了当时的心情。今年45岁的大山先生是"松下创业基金"培养起来的首届3名创业员工之一,之前他在松下电器的人才开发公司任职,主要从事松下员工的内部进修。根据多年的工作经验,他断定"随着信息技术的发展,面向企业和大学的电子学习系统市场将不断扩大"。但原有的工作岗位局限于公司内部的服务性质,不能向外自由拓展。

正当大山先生想着"要是能够把自己多年累积的知识本领拿到市场上实现价值就好了"的时候,松下推出了"松下创业基金"实施制度。在松下的人才开发公司也能做自己喜欢的事情,要不要冒险另外创建一个培训公司?大山先生犹豫了一段时间。促使他下决心冒险一试的是"松下创业基金"周到的员工创业支援制度。

与其他公司类似的制度相比,松下为鼓励员工独立创业提供了十分优厚的条件和创业鼓励制度。

第一,松下电器公司一开始就拿出了100亿日元资金设立松下创业基金,明确表示用于支援松下员工创业。在这基础上,松下公司提出,在今后的3年内,将每年进行3次员工创业计划的征集活动,从资金上保证公司内部创业家的培养和支援。

在这方面,松下吸取了日本其他大企业的教训。日本有许多建立鼓励员工创业制度的企业,当在公司内征得有发展潜力的创业计划时便全力出资提携,但一旦遇到挫折便失去扶持热情,最后不了了之。松下建立鼓励员工独立创业制度的根本宗旨,在于激发有创业志向的员工的创业热情,从而为松下本身的发展注入活力。"设立100亿日元的基金,全心全意地鼓励员工创业,是社长的真情实意打消了我的顾虑。"大山这样忆及当时的心情。

第二,松下公司还为立志创业的员工准备了一个较长时期的培训计划,意在消除创业者存在的"我有创业的点子,但我真的能成为企业家吗"这一顾虑。松下员工立志创业,从报名申请"松下创业基金"到实际创业,可以有半年以上的准备期。比如通过了书

思考活动

1. 如何理解豪斯的激励模式?

2. 如何理解波特和劳勒的综合激励模式?

3. 豪斯的综合激励模式对企业管理有何意义?

4. 波特和劳勒的综合激励模式对企业管理有何意义?

面审查和第一次面试的候选人（第一届有 8 人），要学习成为经营者最起码的基础知识。他们必须连续 3 个星期，从上午 9 点到下午 5 点进修包括经营学、会计学、企业案例等内容的名为"顶尖 MBA 训练"的课程，随后进行为时一个月的创业计划修炼作业。

为培养出色的创业家，松下公司还注意利用社会的专业力量。从报名员工的资格审查到"顶尖 MBA 训练"，整个过程都有日本权威的智囊组织"日本综合研究所"资深专家全面介入，最后还要请多名来自公司外的风险企业经营人士以风险经营者的眼光严格审视候选人的创业计划。

第三，松下公司规定，对于员工创建的独立企业，本人的出资比例可在 30%以下，松下公司出资在 51%以上。以后如果事业进展顺利，可通过股票上市或从松下公司购回股份，进而获得回报。而且，在新公司建立后的 5 年内，根据事业的成果，创业者还可获得松下公司的特别奖金。因此，从一开始事业发展就顺利的话，员工创业家可以有双重的获利。

1. 消除创业失败者后顾之忧

为彻底解除有创业意向员工的后顾之忧，使他们能将自己优秀的创业计划变成现实，松下公司还建立了一个安全网。通过审查，被认可创业的员工创建新公司后，可以仍是松下公司员工身份，且领取基本工资等待遇不变，当然也可以辞职后成为合同工（企业家员工）。在选择合同工后，5 年后根据事业的发展情况，如果本人提出希望，仍可恢复成为松下公司的正式员工，这就为创业的员工万一失败留下了退路——大不了今后仍是一个松下的普通员工。

上面提到的大山现在事业搞得颇为红火，他正致力于用于高速宽带互动性网络学习教材的软件制作和销售推广，他说："创业的感觉真好，我现在每天都过得很充实，当然要让新公司成功的压力也不小，但我有成功的信心。"

与大山一起创业的另两个松下员工是创办数字影像制作公司的石井英范和为设于室外或商店内的影像显示终端提供信息发送服务的菅原淳之，这两人都是 44 岁。石井的经历颇有点传奇色彩。他在 16 岁时就被作为日本奥运游泳选手培养对象送到美国训练，并连续 7 年保持 100 米自由泳日本纪录。大学毕业回国后进入 JVC 公司，且参加过美国好莱坞电影的摄制。后来由于 JVC 公司的影像制作事业不断萎缩，才转而投身松下电器公司。但没多久松下公司也将收购来的美国 MCA 股份卖掉了，再加上游戏机事业连连受挫，松下开始谨慎对待软件事业。到现在，事实上"软件事业"一词在松下内部已成了人人忌讳提起的"禁语"。其结果是，石井所在部门只能接到制作费仅两三千万日元的业务订单,而且都只是摄影业务。他进公司时想好的雄心勃勃的计划只能束之高阁。"我需要百分之百全身心投入影像软件制作。"对于无法施展拳脚的石井来说,松下公司推出的"松下创业基金"无疑是"雪中送炭"。

菅原淳之在申请"松下创业基金"之前,也是松下公司从事室外大型影像装置业务的业务员。正因为对市场的熟悉,他对松下公司仅仅销售影像硬件设备感到不满足。"对于设置了显示终端的用户来说,他们肯定需要能同时提供影像信息传送的服务,两者一起做无疑能获得相乘的效果。"菅原淳之说。但是,他当时的地位决定了他没有决策的权力。随着高速宽带网的普及,网络终端提供廉价的动画信息的环境条件进一步完善了。在松下公司启动"松下创业基金"之后,菅原淳之就感到创业的时机来了。

2. 鼓励员工创业恢复组织活力

从松下第一批创业员工的创业动机中,不难发现松下公司在经营中是存在着许多问题的。如何在经济不景气中让被称为已"沉滞呆重"的组织恢复活力是松下的燃眉之急。为此,把埋没在公司里的有创新精神的优秀人才发掘出来不失为一个有效的途径。当然不能是一个、两个,而是需要大量的创新人才。毫无疑问,有创业志向的员工不断提出他们的创业设想,公司内部的那种只顾及脸面,拘泥于传统工作方式的企业风气就会得到彻底改变。

基于这种思想,松下公司才提出许多让其他公司看来简直要宠坏员工的各种鼓励内部创业的优厚待遇,由此我们也明白了它推出"松下创业基金"的苦心所在。

从上述的例子中可以看出,如果松下提出的鼓励创业条件同其他企业不相上下的话,像石井这样的员工也许仍会响应,但如果是像大山这样地位的人就未必会"脱颖而出"。也就是说,松下公司的决策层心里很清楚,如果没有周全、优厚的鼓励创业机制,就无法让众多有创新思想的人才脱离松下电器公司这个像"温吞水"似的舒适环境。

其实,松下公司为创业员工创造这样优厚的条件还有这么一个用意,即向公司员工透出一个信息:勇于向新事物挑战的人比安于现状的人更能得到公司的器重。从公司为走出松下自主创业的员工准备的"安全网"的背后,似乎也可以看到松下更深层次的用意,即培育具有勇于向新事物挑战的开拓性人才,并尽可能地留下他们,让他们成为下一代敢于挑起松下事业重担的精英。

资料来源:http://www.51labour.com/show/30447.html

专题小结

综合激励理论是在期望理论以及公平理论的基础上提出来的,它试图更全面地理解激励问题。最有代表性的是豪斯的综合激励模式与波特和劳勒的综合激励模式。

豪斯的综合激励模式强调了任务本身的效价的内在激励作用,且突出了完成任务的内在期望值与效价,同时兼顾了因任务完成后而获得的外在奖酬所引起的激励。

波特和劳勒的综合激励模式认为,组织能否形成"努力程度→工作绩效→内、外在奖酬→满意感→更加努力"这样的良性循环,取决于个人所受到的奖励内容、奖惩制度、组织分工、目标导向行动设置、管理水平、奖酬的公正性及个人心理期望值等多种综合性因素。

专题导读

学习激励理论的最终目的在于,通过最大限度地发挥个人的能动性来实现组织目标。因此,我们需要将激励理论付诸应用。而激励理论的应用涉及激励原则和方式的选择等问题。接下来,我们一同来了解一下。

链接

http://www.jiangshi.org/course/2

专题六

激励理论的应用

一、激励原则

作为一名管理者,必须结合个人的特点,找准个人的需要,采取相应的激励方式,满足个人的各种不同需要,以调动他们的积极性,从而有效地实现组织的预期目标。这就涉及有效激励的原则问题。一般而言,为了取得满意的激励效果,管理者必须遵循以下几个原则。

(1)个体差异原则。几乎所有的个人都认为自己是一个独特的不同于他人的个体。

(2)人与职务相匹配的原则。大量研究表明,将个人与职务进行合理匹配,对个人有激励作用。

(3)目标可达到原则。若个人认为目标无法达到,则其努力程度就会降低。因此,管理者应该让个人对完成任务充满信心。无论目标能否完成,管理者都应该让个人感到:只要经过努力,就能完成绩效。

(4)差异化奖励原则。由于个人需求不同,对某些个人的奖励不一定适合于其他人。因此,奖励要区别对待。

二、激励的方式

总体而言,激励可分为精神激励与物质激励两大基本方式。

1. 精神激励

一般而言,在当今社会中,个人收入已基本上达到小康生活,因而在赚取更多的钱与选择闲暇之间,他们更愿意选择闲暇。因此,对员工的激励不能一味地金钱至上,还应该注重精神激励的作用。精神激励的具体方法包括以下几种。

第一,组织文化激励。近年来组织文化在组织管理中的卓越表现,使得很多管理者认识到了企业文化的重要作用。组织文化的激励作用的重要意义在于以下几个方面:它提高了人们的觉悟,加强了组织的纪律性,促进了个人努力学习以精通本职业务,掌握了现代化的科学知识以形成较强的组织凝聚力。

第二,情感激励。有效的运用情感因素,可以培养个人的忠诚和认同感。对各类个体而言,最有效的情感激励就是对他们自身的理解与尊重,对他们工作的理解与支持以及对他们生活的体贴与关注。

第三,事业心和成就感激励。对于当代个人来说,他们往往具有强烈的事业心和成就动机,希望解决问题并且得到同事和上司的认可,希望在自己的领域有所建树。成就感是激励个人的重要手段,对个人的成就给予通报表扬、记功、授荣誉勋章,以此作为对他们能力的一种肯定。这是非常有效的一种激励方法。

第四,参与激励。个人参与决策这一方法日益得到人们的认同和运用。一般而言,一个组织的员工在组织中工作一段时间以后,应该都能看到组织的问题出现在哪,且考虑过如何解决这些问题。因此,让员工适当的参与组织,既能激励员工,又能为组织的成功获得价值性的意见。

2. 物质激励

注重精神激励,但并不意味着可以忽视物质激励,毕竟它是精神激励的基础。物质激励的表现形式有工资、奖金激励、福利激励、利润分享激励、雇员持股激励等方法。当然,有一些因素会影响物质激励的效果。这些因素主要包括一国规定的适合本国国情的最低工资标准、市场价格水平、企业效益、职位的相对价值以及通过工作分析和市场评价来分析职位的薪酬。另外,还有任职者的技术水平也是影响物质激励效果的重要因素。

思考活动

1. 激励应遵循哪些原则？

2. 如何平衡物质激励和精神激励之间的关系？

3. 精神激励的方式有哪些？

4. 物质激励的方式有哪些？

扩展阅读6

微软靠什么激励人才持续创新

当托马斯·弗里德曼（Thomas L. Friedman）先生还没写《世界是平的》这本书的时候，他在一次座谈会上发表了与此相关的观点。这时有一位先生走到他面前说："你讲得很有道理，可是我想我可以帮助你补充其中的不足或你没有覆盖到的东西，你可不可以到我们公司来，我们谈一谈。"

这位先生就是比尔·盖茨（Bill Gates）。

当《世界是平的》这本书出版以后，弗里德曼在一次论坛上谈到，他的30%的观点是比尔·盖茨和另外一个先生提到的。

我想比尔·盖茨先生提到的这个观点跟中国有关系。因为全球30%的研究院都在中国，而比尔·盖茨看到中国研究院在世界有名的期刊上发表的论文数量远超过其他国家的研究院，所以他说全球一体化是一个不可避免的趋势。

这本书里谈道：如果你是美国人，你每天早上起床后想到的，就是你的工作是不是被中国人和印度人抢走了。但是，我们要想到的是，随着全球的网络创新和传播创新，在全球任何地方，不管你是什么肤色，只要你是人才，在全球一体化的环境里，凭着你的创新和才能，你就会出人头地！

而现在重要的就是软件的创新以及软件技术的发展，人们通过网络，在各个地方都可以取得公司的资讯，且通过软件的帮助，这些取得的资讯可以化作洞察公司发展的知识。这一点就是全球一体化里关于人才和创新非常关键的一点。

1. 创新的挑战

当然创新给中国带来非常大的挑战。我们知道华为、中兴等公司，可能做通信的公司想超过100亿美元的营业额，其中一半就要靠外销。再如我们看到的联想和TCL，它们都在往海外走。但是，在创新的条件下，在参与海外竞争的情况下，公司应如何应对环境变化也是个不小的难题。

到现在为止，我在3家公司工作过：第一家是贝尔实验室，做了9年；第二家是摩托罗拉，做了10年；第三家是微软，已经做了3年。这3家公司在创新上都有特色：像贝尔实验室，半导体、移动通信都是它发明的；摩托罗拉的研发创新能力也很强，手机、BP机都是它发明的；微软的软件也是很有创新的。我认为企业如果没有持续的创新能力是不能立稳脚跟的。最近贝尔实验室在和朗讯合并，这是非常令人震惊的事情。这说明什么？虽然以前有很好的创新，但创新没有持续，就会在全球化的趋势下遇到很大的挑战。我们公司今年推出的产品是过去几年里花了 200 亿美元才研发出来的，就是我们每年投入 70 亿美元，在积累几年后，今年一次推出 200 亿美元的产品。这里面可以看到一点，创新需要很大的投入、持续的投入，这一点对中小企业的压力是非常大的。当然，这并不表示中小企业没有创新的机会。因为中小企业也在互联网的技术环境里，而软件的技术越来越向互联网技术的软件方面发展，所以这里面产生了一个新的商业模式。大家都知道像 Google，创造出了免费的服务，但是却没有打广告而赚取利益，这个也是另一方面的创新。

人是创新的基础，在过去十年中，中国专利数量已经增加了 6 倍，专利申请量也已经排到全球第五，但是我们在创新方面还是要加强。如何创新呢？创新的基础在哪里呢？我认为还是人和知识产权，有时候大家开玩笑说什么是 IT，我说 IT 就是 IQ（智商）加上 IPR（知识产权）。IQ 就是人，企业是靠人的，我记得比尔·盖茨先生上次在美国拜见温家宝总理的时候，温家宝问比尔·盖茨："你们公司创新的基础在哪里？"比尔·盖茨回答说："我们创新就是靠人创新。"大家在媒体上看到微软雇用研发人员要通过 8～10 次筛选才选择一个人。所以我想人是创新的基础。

另外一点，关于知识产权，胡锦涛主席上次去微软时跟媒体说，我们中国要促进知识产权的保护，不仅仅是跟国际接轨，更重要的是保障我们中国的自主创新有很好的发展。我们也看到过去这一段时间，政府已经制定了很好的一系列关于保护知识产权的措施，对于我们软件业来讲，比如说 PC 预装软件，政府带头推行正版，企业推进做正版，就营造了一个很好的环境。

2. 如何以创新留住人才

中国每年有 30 万软件人才从大学毕业，在印度大概有 20 万，美国 15 万，可以说我们在人才创新方面有很好的基础。但使毕业生出来就能到公司里面，这是个很大的挑战。我知道很多公司进新人都要花半年到一年做培训，这个是很大的成本，于是造成一个现象——很多企业都不愿意聘用刚毕业的人，就去挖其他公司的人，但这样它们的成本又会增加。

另外，中国软件业每年流失 15％～20％的人，这种流失也有好处，它把大公司的人流出去到中小企业中，帮助中小企业发展。但另一方面，人才流失以后，也会造成公司成本的损失，年薪加上福利起码是 30％的损失，严重一点可能到 150％的损失。金钱的损失是小的，但是这个人走了以后把经验也带走了这是更大的损失。

公司如何留住人才？必须有很好的创新。如果一个公司没有好的创新，没有好的愿景，没有给人才一个成长的环境，自然留不住人。所以，人才创新对于全球化的发展是非常关键的。

创新不仅仅是一个口号而是一种文化，比尔·盖茨每年都征集所有员工的论文。三五页也可以，20页、100页也可以，只要你写出你关于新发展的想法。他花两个星期什么都不做，专门去读文章，读过每篇文章之后都会作出反馈，然后发到网上给大家看。这个就是我们重视创新的文化。我们把这些文章归纳起来，整理出60个课题，每一个课题都有像全球副总裁这样的人带领，从各个事业单位中抽出精英，抽出架构师组成60个课题的工作小组来研究如何做创新。我想大家也看到IBM要求全球员工都提创新设想，筛选出几万个想法，这个也是创新的文化。我想在中国这个环境里面，追求商业成长是主要的，但是也要在创新方面做一些工作。

在企业里面如果人才是根本，创新是关键，那么企业如何让人才有一个好的环境来创新呢？我觉得关于软件的工具非常关键，我们公司在过去几年推行企业信息化过程中看到一个问题，大家都讲企业信息化，但是企业信息化并不代表一套电子的系统，用SAP或者是思科，或者是用我们的软件，不是这个意思。我想大家花在软件购买和培训上的付出是不成比例的，就是说你公司买了很多的软件，但是员工没有办法利用这个软件增加公司的效率。所以，在企业里面除了有人才以外，还要看是否让你的人才有足够的工具去工作，且彼此之间协调，从而把孤岛整合起来。这不仅仅是应用软件，更重要的还是企业的文化和公司的管理机制。

最后，我想通过弗里德曼《世界是平的》这本书说明，我们看到事实上未来世界到底会多好，完全是靠我们大家的想象力与创造力，我觉得创新才是我们最关键的，而且人才是创新的基础，把这两个放在一起，中国不管在人才方面还是创新方面都应该有一个好的愿景。

资料来源：http://info.ceo.hc360.com/2007/01/09084434909.shtml

 ## 专题小结

作为一名管理者，必须结合个人的特点，找准个人的需要，采取相应的激励方式，满足个人的各种不同需要，以调动他们的积极性，从而有效地实现组织的预期目标。

为了实现有效的激励，应该要遵循个体差异、差异化奖励、目标可达到、人与职务相匹配等原则。

激励有精神激励和物质激励两大基本方式。其中,精神激励包括组织文化、情感、参与、事业心和成就感等方法;物质激励包括工资、奖金激励、福利激励、利润分享激励、雇员持股激励等方法。

思考与练习

一、选择题

1. 关于马斯洛的需要层次理论,下列说法不正确的是(　　)。

    A. 人类的需要分为 5 个层次

    B. 这 5 种需要并不是并列的,而是由低到高依次排成一个阶梯

    C. 不论何时,人们的任何一种需要都会对其行为产生影响

    D. 人的行为是由主导需要决定的

2. 麦克利兰的研究表明,对最优秀的管理者而言,比较强烈的需要是(　　)。

    A. 成就需要　　　　　　　　B. 权力需要

    C. 社交需要　　　　　　　　D. 安全需要

3. (　　)指当个体受到挫折时,往往表现出与自己的年龄、身份很不相称的幼稚行为。如某一女生刚入校,参加学生会干部竞选失败了,感到很"委屈",无法进行理智分析和对待,不吃饭,也不上课,成天蒙头大睡。

    A. 压抑　　　　　　　　　　B. 逃避

    C. 退化　　　　　　　　　　D. 忧虑

4. 预先告知某种不合要求的行为或不良绩效可能引起的后果,使职工避免不符合要求的行为以避免发生令人不愉快的事件,从而使职工按要求的方式行事,此为(　　)。

    A. 正强化　　　　　　　　　B. 消退

    C. 惩罚　　　　　　　　　　D. 负强化

5. 张宁在大学计算机系毕业以后,到一家计算机软件公司工作。3年来,他工作积极,取得了一定的成绩。最近他作为某项目小组的成员,与组内其他人一道奋战了 3 个月,成功地开发了一个系统,公司领导对此十分满意。这天张宁领到领导亲手交给他的红包,较丰厚的奖金令小张十分高兴,但当他随后在项目小组奖金表上签字时,目光在表上注视了一会儿后,脸便很快阴沉了下来。对于这种情况,下列哪种理论可以较恰当地给予解释?(　　)

    A. 双因素理论　　　　　　　B. 期望理论

    C. 公平理论　　　　　　　　D. 强化理论

二、填空题

1. 有那样一些因素,如果得到满足后则没有不满,得不到满足则产

生不满。赫茨伯格将这类因素称为_____。

2．有那样一些因素，如果得到满足则感到满意，得不到满足则没有满意感。赫茨伯格将这类因素称为_____。

3．期望值理论是美国心理学家提出的，公式为_____。

4．美国心理学家、管理学家波特和劳勒在_____理论基础上引申出了波特—劳勒激励模式，并把它主要用于对主管人员的研究。

5．赫茨伯格的双因素理论是指_____。

三、问答题

1．简述麦克利兰的激励需要理论。

2．简述期望理论。

3．简述公平理论。

4．根据所掌握的激励有关理论，试述在管理实践中，如何有效地激励员工。

5．什么是 ERG 理论？结合此理论谈谈如何在组织中激励员工。

推荐书目与文章列表

[1]（美）斯蒂芬·罗宾斯.组织行为学[M].李原译.北京：中国人民大学出版社,1997.

[2] 高尚仁.心理学新论[M].北京：北京师范大学出版社,1998.

[3] 李训.激励机制与效率——公平偏好理论视角的研究[M].北京：经济管理出版社,2007.

[4] 彭聃龄.普通心理学[M].北京：北京师范大学出版社,2001.

[5] 李剑锋.组织行为管理[M].北京：中国人民大学出版社,2004.

[6] 齐靠民,田原.过程型激励理论的演进及取向判别[J].改革,2008(7)：151-155.

[7] 曾瑞祥.激励行为的特征及其在管理中的作用[J].社会科学,1990(3)：32-34.

第四章

个体决策行为

在一个组织中，决策至关重要，决策的成败甚至决定了一个组织的兴衰。而组织中的每一个个体，都要作出决策。无论是个体处于组织层级中的哪个层级，无论是管理者还是普通成员，他们所作出的决策都是组织行为中的重要组成部分。因此，研究个体决策行为，对于研究组织行为学，尤其组织中个人行为对整个组织的作用与影响具有十分重大的意义。

本章首先介绍个体决策的基本要素，然后介绍几种基本的决策过程模型，最后探讨决策的偏差问题。

学完本章，你将能够

1. 了解个体决策的基本要素；

2. 熟悉几种基本的决策过程模型；

3. 理解决策的偏差。

专题导读

个体决策就是个体为了达到一定目标,运用一定的科学方法和手段,从两个及以上的方案中选出一个方案的过程,简言之,就是作出决定的行为。众所周知,任何一次个体决策,必然包括个体决策的主体,个体决策所有要解决的问题,个体在什么环境下施行整个决策以及个体决策所产生的决策结果等。因此,个体决策的基本要素主要包括决策者、决策环境、问题、决策过程、决策结果5个要素。这5个要素缺一不可,它们共同构成一个完整的个体决策行为。

链接

http://www.cnbm.net.
cn/tag/juece5865.html 决策培训和决策资讯专题

专题一
个体决策的基本要素

一、问题

任何个体决策都源于问题的出现,换言之,个体决策是针对问题作出的反应。所谓问题,是应有状况与实际状况之间的差距,简言之,就是达到目标过程中的阻碍。问题有很多,但是有些问题带有一些特性,从而对个体决策过程及其结果会产生较显著的影响。这样一些问题的特性有如下几个方面。

1. 问题的新异性

有些问题为决策者所熟悉。但是,有些问题则是决策者以前没有遇到、无法使用过去经验进行解决的。而这就会导致决策过程的迟缓与不确定性,促使决策者必须运用创造力解决问题,从而使决策具有创新性。例如,某公司在面临一个前所未见的问题或重大危机的时候,此时个体决策不能够用以往的经验处理,那么决策者必须充分发挥自身的能动性,采取新的方式去解决,而决策思考要花费一定的时间,这势必会导致决策的迟缓与不确定性。

2. 问题的风险与不确定性

每项决策都包含3种成分:投资(赌注)、产生某种结果的概率、后果本身。绝大部分决策,在投资、可能的后果及其概率方面都或多或少具有不确定性。例如,学校决定举办一场心理讲座,以保护学生的心理健康。首先,在投资上可能存在不确定性。例如,这场讲座需要多长时间?什么时间举办合适?需要花费多少金钱?学校管理层需要多大的努力来开展这场讲座?其次,其可能的后果及其概率也存在不确定性。例如,听完这场讲座后,学生到底从讲座中获益的程度有多大?他们的心理健康比过去好多少?

3. 问题的复杂性

问题的复杂性主要是指问题的难度。问题越复杂,人们花费的时间越长。对于复杂问题,群体决策更有效;而对于简单问题,个体决策更有效。

二、决策者

与其他行为一样,决策行为也受到个体特性的影响。决策者的人格特质、智力水平、生理因素都会影响到决策行为。

1. 人格差异

在现实生活中,不同的个体做决策的方式会有差异。换言之,不同的个体在决策行为中常常表现出人格差异,从而呈现出不同的决策风格。依据思维方式和对模糊性的容忍力两个维度,我们可以将决策风格分为以下 4 种。

(1)指示型风格。这种风格的个体不能容忍模糊性,他们注重理性分析并强调效率。这种人作出决策十分迅速,而且更多关注短期效益。

(2)分析型人格。这种风格的个体更能容忍模糊性,他们在做决策之前希望得到更多的信息,并对备选方案进行更多思考。这种人做决策十分仔细,而且能够适应或处理新异性问题。

(3)概念型风格。这种风格的个体会使用来自多种渠道的资料,并会考虑很多备选方案。这种人关注长期效益,而且擅长找到创造性问题的解决方案。

(4)行为型风格。这种风格的个体往往关注下属的发展和幸福感受。这种人关注短期效益,而且不重视决策中数据的使用。

2. 智力水平

我们平常会觉得一个人的智力水平与其决策效果有关。其实不然,研究结果表明,智力与决策能力之间,并不存在显著的相关。尽管如此,一定程度的智力水平是决策者必须具备的。

3. 生理因素

一些生理因素会影响到决策的效果。这主要体现在生理疲劳、心理疲劳、酒精及药物上。研究发现,无论是生理疲劳还是心理疲劳,都会使个体忽略了应该注意的信息,在必须作出决策时反应失常。酒精与药物则会使决策时间增加,并且使决策失误率增加。

三、决策环境

决策发生于复杂的环境之中。决策环境包括自然物理环境(时间压力、噪音或气温等)和社会环境。相对而言,社会环境对决策的影响更为重要。

1. 受限制的选择

在决策者拟订的备选方案中,有些方案会受到社会环境的限制。例如,学生在面对考试时,作弊是他们的一种解决方案之一。可是,他们大

在组织中,个体决策越来越受到非正式群体的影响。

多数人不会选择这一个方案。因为该方案会受到法律、道德、伦理规范的约束。一般而言,决策方案的选择受到法律、道德、伦理、组织规范以及非正式的社会规范等限制。

2. 反馈

决策中的反馈,指的是个体得到自己所做决策质量结果的信息。一般而言,反馈信息对于后续的决策有着重要的影响。失败结果的反馈,往往使个体决定降低或维持先前的目标;而成功结果的反馈,则往往会促使个体决定提高未来目标的程度。

3. 他人的影响

他人除了对绩效提供反馈,其榜样作用、赞赏与批评等,都会对决策产生影响。研究表明,一般而言,批评容易造成压力,若压力过大,则会干扰到决策行为;而赞赏通常给人带来喜悦,让人觉得受到认可,则会有助于在决策中更为果断和自信。另外,榜样作用也会对他人决策行为产生示范作用。

四、决策结果

决策结果影响决策的过程。决策方案的选择往往与对决策结果的价值评价有关。决策结果的价值评价同决策者的价值观紧密联系在一起。决策结果的价值评价,主要表现在效率和效果两个标准上。

1. 效率标准

决策的效率指的是人们为决策进行的投入与产出的相对结果。决策效率的指标主要包括以下两点。

(1)成本。它包括花费在调查、研究、讨论上的时间与人力,也包括进行数据或资料分析,寻求帮助所花费的资金。

(2)时间。它是指从发现问题到找出解决问题的方案过程中的时间差距。

2. 决策效果

决策效果指的是决策能够解决问题的程度。它主要包括以下3点。

(1)可行性。若组织无法执行决策,即使最完美的决策也毫无用处。

(2)准确性。决策者是否正确评估了各种信息与资料,是否正确评估了各种方案的成本与效益。

(3)认同性。决策必须首先争取大家的认同与支持,才能真正发挥作用。

综上所述,成本、时间、准确性、可行性与认同性是决策结果评价的主要标准。而问题、决策者、决策过程以及决策环境这些因素,则决定了一项决策合乎决策结果标准的程度。

扩展阅读1

让合适的人做合适的决策

不管在哪个组织中，决策权的配置都是一项充满争议和组织权力争斗的困难任务。另外，好的决策不会自然而然地出现，还须依靠科学方法才能实现。企业让谁做某些决策，会在日常工作成效及业绩两方面对其经营产生深远的影响。如下是某家全球性集团公司的经历。

最近，某公司将由其国外子公司拥有的对投标定价的最终决策权转移给了位于美国的公司总部。该公司认为，身处美国的公司经理人会更有成效地作出定价决策，因为他们对公司的需要有更广泛的了解。但由于将相关信息传递给总部，且等待那里的经理人对此加以消化并作出反应，耗费时日，削弱了公司及时对投标要求作出响应的能力。有一家竞争对手留意到了这个变化，对其竞标加设了24小时的时限，迫使客户作出快速决定——结果赢得了新业务。

这样的情形比比皆是。但是，要实现决策权的有效分配障碍重重。哈佛商学院退休荣誉教授迈克尔·简森与现已去世的威廉·梅克林指出了分配决策权时，必须考虑两类成本：将决策权下放给拥有相关信息，但其动机与目标不符合公司要求的人员所造成的成本；将相关信息从信息源准确传送给决策者所需的成本。这两位学者指出，将决策权放到上述综合成本最低的位置，应当会带来最优决策效率，从而提高绩效。

但是，找到组织中决策成本最低的位置只是艰巨任务的一部分，你仍须面对这样的事实，即握有决策权的人士，总是在其自身的一套个人与职业目标促动下做事——其中有些目标肯定不符合组织的目标。要克服上述阻碍，首先要采取下列措施。

1. 定期检讨并更新决策权的分配方式

检讨决策权，应当细心核查各种类型的决策是在组织中哪些位置作出的，这些特定位置是否仍然效率最高。麦肯锡公司伦敦分部的合伙人基思·雷斯礼称，该公司最近在经过此类评审后，建议某家客户撤销整整一个层级的管理人员。由于缺乏充足的信息，这些经理人对工作分配所做的决定深具破坏性，因而被迫花费大量时间消灭由此酿成的灾祸，但如果让他们的下属自己作出此类决策，将会合适得多。

2. 避免过度集权，以及过分民主

简森称，决策权过于集中是企业可能犯下的最大失误。作为领导，你往往"以为自己来做决定更好"，但决策权必须与相关信息相配合。因此，要提高决策权的层次，同时就必须向上传递信息。而企业往往忘记做后一件事，或者干脆由于成本太高而不做。你

思考活动

1. 个体决策的基本要素是什么？

2. 阐述问题特征对于决策的影响。

3. 举例说明决策环境对决策的影响。

4. 决策者的哪些个性特点会影响到决策过程和决策效果？

还必须避免让太多人参与决策过程,这会让工作陷于停顿。但是,又要确保让所有关键利益相关方介入。

3.明确无误地分配决策权

在谁拥有决策权方面模棱两可,是个常见的问题。简森指出,对哪些个人或群体拥有什么样的决策权存在误解,往往让组织蒙受巨大代价,这可能表现为做重复努力或起破坏作用的努力,也可能表现为各方无力采取行动。简森称,虽然人们往往将这种情形诊断为沟通失灵,但这其实是决策权分配问题。有时候,经理人完全忘记了向自己赋予决策权的员工通报信息。

4.不要将特定结果与过程本身相混淆

好的决策有时会产生糟糕的结果。当结果不如所愿时,管理层有时太急于责怪决策人或流程本身。但如果决策权分配得当,那么由于结果糟糕而重新分配决策权只会令事态恶化。

专家们赞同,不管在哪个组织中,重新分配决策权都是一项充满争议和组织权力争斗的困难任务。但是,为保持竞争优势并尽可能地增大股东价值,这也是组织时常必须担负的任务。"好的决策不会自然而然地出现。"鲁克尔说道,"而需依靠科学方法才能实现。这需要一点艺术,但更需要大量的科学手段。"

资料来源:http://news.cnfol.com/090824/101,1598,6401117,00.shtml

 专题小结

个体决策就是个体为了达到一定目标,运用一定的科学方法和手段,从两个及以上的方案中选出一个方案的过程,简言之,就是作出决定的行为。它包括决策者、决策环境、问题、决策过程、决策结果5个要素。

专题导读

上个专题已经告诉我们,个体决策的基本要素包括决策者、决策环境、问题、决策过程、决策结果5个要素。但是,上个专题只论述了问题、决策者、决策环境和决策结果4个要素。这个专题将阐述决策过程这一要素,并着重介绍基本的决策过程模型。

 **专题二**

决策过程模型

一、理性决策模型

理性决策模型是指决策者在决策的过程中考虑各种可能的备选方

案,并选择最佳的解决方案。它强调决策者是完全理性的,并能针对具体情境作出价值最大化的抉择。

它是基于经济人假设,即假定人们是在完全理性的情况下进行决策的,而且决策者拥有完整全面的信息,可以使决策价值最大化。具体而言,它包括以下几点:①清楚而明确地知道所面对的问题;②能够列出所有可行性方案;③清楚各备选方案的所有可能后果;④所有决策标准和备选方案的权重都可以量化;⑤决策者对具体决策标准及其权重分配的评价是不变的;⑥无时间和费用的限制,因而可以获得充分的信息;⑦决策者最终依据评估分数选择得分最高的方案。

如图 4-1 所示,理性决策模型一般遵循如下 6 个步骤。

(1) 识别问题。弄清楚要解决的问题,要实现的目标。

(2) 确定决策标准。确定哪些因素与决策有关。

(3) 给各项标准分配权重。决策要依照重要性程度,对决策标准进行排序。

(4) 开发所有的可行性方案。决策者必须列出解决问题的所有可能方案。

(5) 评估备选方案。决策者要依据自己的决策标准对每一种备选方案进行分析和评价。

(6) 选择最佳方案。依据各项标准及其权重对每个备选方案进行评估之后,决策者选择总分最高的那个备选方案。

理性决策模型也称最优化决策模型。

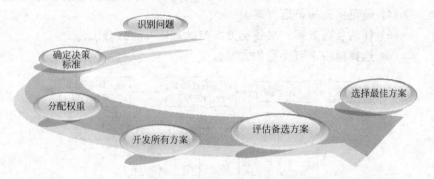

图 4-1　理性决策模型

由此可以看出,实际生活中的理性决策必须具备如下基本条件:①决策过程中必须获得全部有效的信息;②寻找出与实现目标相关的所有决策方案;③能够准确地预测出每一个方案在不同的客观条件下所能产生的结果;④非常清楚那些直接或间接参与公共政策制定的人们的社会价值偏向及其所占的相对比重;⑤可以选择出最优化的决策方案。也正因为如此,理性决策只适用于问题简单且备选方案不多的情况。而对于复杂问题,该模型的出发点只是指出人们应该怎样做,而不是人们的实际决策行为,因此无法有效预测人们的决策行为。

二、满意决策模型

美国管理学家赫伯特·西蒙在批判经济人假设的基础上,提出了管理人假设。他认为,个体在决策时并不完全受理性引导,也没有办法作出完全理性的决策,只能做到部分理性而已。具体而言,它包括以下几点:①只能找到有限的可行性方案;②只清楚每一方案的部分可能后果;③对于实际的决策,只有一个有限、简单、大概的模型可循。

在管理人假设的基础上,西蒙提出了满意决策模型。满意决策模型是指人们满足于找到一个可接受的或符合要求的问题解决方案,而不是一个最恰当的方案。决策者通过简化过程来解决复杂问题,简化意味着先不进行"备选方案的评估"这一步,个体先找到一个隐含"满意"的备选方案,而后再评估各个备选方案。决策者并不是理智而客观的,他们在决策过程中也并不是理智而客观的,他们在决策过程的早期就已经隐含地选择了一个自己偏爱的方案。

如图 4-2 所示,满意决策模型一般遵循如下步骤。

(1)识别问题。即遇到问题。

(2)简化问题。对遇到的问题,进行简化处理,使问题变得清晰而单一。

(3)设定满意标准。列出决策标准。

(4)确定优先的备选方案。

(5)评估备选方案。对备选方案与满意标准进行对比。

(6)选择第一个可接受的方案。

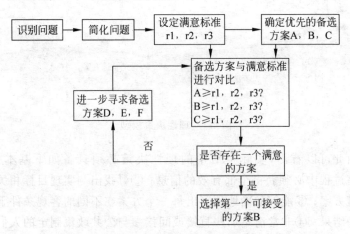

图 4-2　满意决策模型

由上可以看出,在满意决策模型中,备选方案的先后顺序对决策结果非常重要。另外,决策者往往从容易得到的方案开始,而富有创造性、独到的方案可能没有机会参与评选,决策过程就结束了。

三、隐含偏爱决策模型

上面提及的满意决策模型由于对问题进行简化，所以其主要适用于复杂决策的情形，而另一个适用于复杂决策的模型则是隐含偏爱决策模型。隐含偏爱决策模型是指在决策过程开始时，决策者已经选择了一个自己偏爱的方案（有时他自己并没有意识到），其后的决策分析过程只是使自己和周围的人确信他的隐含偏爱方案确实是"恰当的"。

隐含偏爱决策模型的简化意味着先不进行"备选方案评估"，而是个体先找到一个隐含"偏爱"的备选方案，然后再评估各个备选方案。由此，如图 4-3 所示，隐含偏爱决策模型一般遵循如下 6 个步骤。

（1）识别问题。即遇到问题。

（2）简化问题。对遇到的问题，进行简化处理，使问题变得清晰而单一。

（3）隐含偏爱方案。决策者已经隐含地确定一个自己偏爱的方案，但决策者还会继续寻找其他备选方案。

（4）建立有利于隐含偏爱方案的决策标准和权重。

（5）将偏爱方案与证实性备选方案进行对比。

（6）选择隐含偏爱方案。

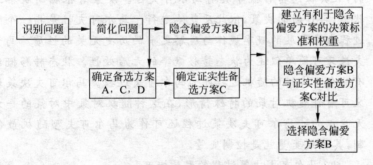

图 4-3　隐含偏爱决策模型

由上可以看出，隐含偏爱决策模型若要起作用，则是在决策者愿意承认自己作出决策之前，对新方案的搜索工作已经结束了。当然，在实际的决策过程中，人们的偏爱对于决策的影响往往是无意识的过程。

四、直觉决策模型

人们之前往往认为依赖直觉进行决策，是非理性和缺乏效率的。但现在，人们越来越认识到，在某些情形下，依赖于直觉也能够提高决策水平。因此，出现了一种新的决策模型，即直觉决策模型。

直觉决策模型是指从经验中提取信息的无意识加工过程，一种不经过复杂的逻辑操作而直接、迅速地感知事物和进行决策的过程。在直觉决策模型中,决策者首先对目标状态建构了某种期望的景象,然后从已经习得的经验中无意识地提取出与决策情境相关的信息,并与期望的景象相对照,若认为能够与期望的景象相吻合,就迅速地作出决策选择。

相关研究表明,直觉决策模型主要适用于如下 6 种情形:①不确定性程度很高的情形;②几乎没有先例存在的情形;③难以科学地预测影响变量的情形;④拥有的信息及资料相当有限的情形;⑤分析性资料用途不大的情形;⑥时间有限、情况危急的情形。

直觉决策模型主要是以丰富的知识和经验为基础,它并不一定就是脱离理性分析的,即并不一定是想当然的。

思考活动

1. 理性决策模型的含义和步骤是什么?

2. 满意决策模型的含义和步骤各是什么?

3. 隐含偏爱决策模型的特点是什么?

4. 举例说明直觉决策模型在现实中的运用。

扩展阅读2

马尔可夫决策过程

马尔可夫决策过程(Markov Decision Processes,MDP)是指决策者周期地或连续地观察具有马尔可夫性的随机动态系统,并序贯地作出决策。即根据每个时刻观察到的状态,从可用的行动集合中选用一个行动作出决策,而系统下一步(未来)的状态是随机的,且其状态转移概率具有马尔可夫性。决策者根据新观察到的状态,再作新的决策,依此反复地进行。马尔可夫性是指一个随机过程未来发展的概率规律与观察之前的历史无关的性质。马尔可夫性又可简单叙述为状态转移概率的无后效性。状态转移概率具有马尔可夫性的随机过程即为马尔可夫过程。马尔可夫决策过程又可看作随机对策的特殊情形,在这种随机对策中对策的一方是无意识的。马尔可夫决策过程还可作为马尔可夫型随机最优控制,其决策变量就是控制变量。

1. 马尔可夫决策过程的发展概况

20 世纪 50 年代 R. 贝尔曼在研究动态规划时和 L. S. 沙普利在研究随机对策时已出现马尔可夫决策过程的基本思想。R. A. 霍华德(1960)和 D. 布莱克韦尔(1962)等人的研究工作奠定了马尔可夫决策过程的理论基础。1965 年,布莱克韦尔关于一般状态空间的研究和 E. B. 丁金关于非时齐(非时间平稳性)的研究,推动了这一理论的发展。自 1960 年以来,马尔可夫决策过程理论得到迅速发展,且应用领域不断扩大。凡是以马尔可夫过程作为数学模型的问题,只要能引入决策和效用结构,均可应用这种理论。

2. 马尔可夫决策过程的数学描述

周期地进行观察的马尔可夫决策过程可用如下五元组来

描述

$$\{S, A(i), i \in S, q, \gamma, V\}$$

式中：S 为系统的状态空间；$A(i)$ 为状态 $i(i \in S)$ 允许的决策集；q 为时齐的马尔可夫转移律族，族的参数是可用的行动；γ 是定义在 $\{(i, a) : a \in A(i), i \in S\}$ 上的单值实函数；若观察到的状态为 i，选用行动 a，则下一步转移到状态 j 的概率为 $q(j | i, a)$，而且获得报酬 $\gamma(j, a)$，它们均与系统的历史无关；V 是衡量策略优劣的指标（准则）。

3. 马尔可夫决策过程的策略及指标

策略是提供给决策者在各个时刻选取行动的规则，记作 $\pi = (\pi_0, \pi_1, \pi_2, \cdots, \pi_n, \pi_{n+1}, \cdots)$，其中 π_n 是时刻 n 选取行动的规则。从理论上来说，为了在大范围寻求最优策略 π_n，最好根据时刻 n 以前的历史，甚至是随机地选择最优策略。但为了便于应用，常采用既不依赖于历史、又不依赖于时间的策略，甚至可以采用确定性平稳策略。

衡量策略优劣的常用指标有折扣指标和平均指标。折扣指标是指长期折扣（把 t 时刻的单位收益折合成 0 时刻的单位收益的 βt（$\beta < 1$）倍）期望总报酬；平均指标是指单位时间的平均期望报酬。

采用折扣指标的马尔可夫决策过程称为折扣模型。业已证明：若一个策略是 β 折扣最优的，则初始时刻的决策规则所构成的平稳策略对同一 β 也是折扣最优的，而且它还可以分解为若干个确定性平稳策略，且它们对同一 β 都是最优的。现在已有计算这种策略的算法。

采用平均指标的马尔可夫决策过程称为平均模型。业已证明：当状态空间 S 和行动集 $A(i)$ 均为有限集时，对于平均指标存在最优的确定性平稳策略；当 S 和（或）$A(i)$ 不是有限的情况，必须增加条件，才有最优的确定性平稳策略。计算这种策略的算法也已研制出来。

资料来源：http://wiki.mbalib.com/wiki/马尔可夫决策过程

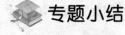 专题小结

理性决策模型是指决策者在决策的过程中考虑各种可能的备选方案，并选择最佳的解决方案。它一般遵循如下 6 个步骤：①识别问题；②确定决策标准；③给各项标准分配权重；④开发所有的可行性方案；⑤评估备选方案；⑥选择最佳方案。

满意决策模型是指人们满足于找到一个可接受的或符合要求的问题解决方案，而不是一个最恰当的方案。它一般遵循如下 6 个步骤：

①识别问题；②简化问题；③设定满意标准；④确定优先的备选方案；⑤评估备选方案；⑥选择第一个可接受的方案。

隐含偏爱决策模型是指在决策过程开始时，决策者已经选择了一个自己偏爱的方案（有时他自己并没有意识到），其后的决策分析过程只是使自己和周围的人确信他的隐含偏爱方案确实是"恰当的"。它一般遵循如下6个步骤：①识别问题；②简化问题；③隐含偏爱方案；④建立有利于隐含偏爱方案的决策标准和权重；⑤将偏爱方案与证实性备选方案进行对比；⑥选择隐含偏爱方案。

直觉决策模型是指从经验中提取信息的无意识加工过程，一种不经过复杂的逻辑操作而直接、迅速地感知事物和进行决策的过程。

专题三

决策偏差

专题导读

通过前面专题的学习，我们可以发现，决策会受到各种因素的影响，相对于个体而言，更是如此。毕竟每个个体的情况都有所不同，因而有时会不可避免地出现决策偏差。如何正确认识它，并分析其原因，这对于提高决策的科学化水平具有重要的现实意义。接下来，我们将给大家介绍一下决策偏差方面的知识。

提示

有限理性不等于不理性。

一、决策偏差的理论基础

在亚当·斯密的经济人假设之下，人是完全理性的，因而也被称为理性人假设。而这种理性人假设遭到了许多的批判。最早最有影响对理性人假设批评的是霍桑实验所提出的社会人假说，即认为人并非完全依理性原则行事，且在很大程度上受情感、意志、人际关系的影响。

后来，正是在对理性人假设的批判之中，出现了有限理性之说。有限理性是指介于完全理性和非完全理性之间的在一定限制下的理性。这个概念最初是由阿罗提出的，他认为有限理性就是人的行为"既是有意识的理性的，但这种理性又是有限的"。一是因为环境是复杂的，而且交易越多，不确定性就越大，信息也就越不完全；二是因为人对环境的计算能力和认识能力是有限的，人不可能无所不知。

有限理性作为一种理论，则是由美国管理学家西蒙提出的，进而成为现代决策理论的基石之一。西蒙认为有限理性的理论是"考虑限制决策者信息处理能力的约束的理论"。他提议将不完全信息、处理信息的费用和一些非传统的决策者目标函数引入经济分析。有限理性的特点包括以下两点。

（1）决策者的理性能力是有限的。这是因为决策受可用资源的稀缺性和人自身的身体、心理限度的影响,人的注意力、感知能力、信息加工能力、记忆力等都是有限的。

(2) 有限理性决策的标准在于满意。这是由于信息不完全、预测以及穷尽可行结果的困难性所致。

正因为理性的有限性、不完全性,才会使得人们出现认知偏差,从而导致决策偏差。换言之,决策偏差往往集中体现在决策者的认知偏差上。

二、决策偏差的表现

所谓认知偏差是指人们根据一定表现的现象或虚假的信息而对他人作出判断,从而出现判断失误或判断本身与判断对象的真实情况不相符合。决策中的认知偏差导致了决策偏差。这主要体现在如下几个方面。

1. 归因偏差

归因偏差是指决策者的归因由于认知因素的影响而产生脱离逻辑的偏向。这主要表现在以下几个方面。

(1) 基本归因偏差。这种偏差表现为决策者低估情境的作用而高估个人或内因的作用。社会心理学家捷里和格林认为,这种现象的产生是因为决策者头脑中有一种信念,即每个人要对自己的行动结果负责,因此往往更多地从内因去评价行动结果,从而忽视了外因对行动结果的影响。这种对个体和个体行为的过度关注,导致决策者将行为的结果归因于个性因素,如能力、特质和动机等。

(2) 行为者—观察者归因偏差。决策者往往把别人的行为归因于他们的内因,而把自己的行为归因于情境。若决策者是行动者,将更加强调情境的作用;若决策者是观察者,将更加强调行动者的特点。行动者一般比较清楚影响他们行为的各方面的环境条件,并深感条件的约束力,而对自己的主观缺点往往认识不足。相反,观察者站在行动之外,他往往认为行动是行动者个人的事,因而成败也应该由行动者个人负责,从而习惯于把成败归因于行动者个人。

(3) 自我中心偏差。自我中心偏差包括自我服务偏向与自我损害偏向。自我服务偏向是指决策者把决策的积极结果归因于自己的能力、智力、学识水平等,例如某一决策成功是因为我个人的判断能力高于他人,而把决策的消极结果归因于情境。自我损害的偏向则表明,决策者在面对一项风险决策任务难以拍板决断时,则怀疑自己的能力不行、适应力下降或认为自己智商较低,于是就更加紧张,更加难以决断。换言之,正性的行为进行个性紧因,负性的行为进行情境紧因。这种现象的出现是由于决策者的自我防卫能力,或是决策者为了加强其控制客观世界的自我感觉,从而造成对决策信息的曲解。

2. 直觉偏差

当决策者面临一个风险性或复杂性较高的决策任务时,通常会依据自己的直觉或一些常识来进行决策。在大多数情况下,直觉决策可以获得"满意解",但在某些情况下也会产生决策的系统认知偏差。这主要表现在以下几个方面。

(1)代表性直觉偏差。美国心理学家特沃斯基和卡尼曼通过一系列的心理实验证明,随着情境中细节数量的增加,该情境发生的概率只会逐渐降低,但是它的代表性和由此带来的外显的可能性却会上升。换言之,相对于一般情境而言,决策者会认为表述非常具体的事件似乎更有可能发生。同样,代表性直觉还会导致"小数法则"和"赌徒谬论"。"小数法则"是相对于统计学中的大数法则而言的。因为在统计学中,大数法则会使我们认为,抽取的样本越大,则该样本与总体平均数越接近。但代表性直觉会使决策者认为,从总体中抽取的小样本具有自我修正的功能,因而它与总体的平均数的接近程度仍然很高。

(2)易得性直觉偏差。在决策过程中,决策者在获取信息的过程中会重视某些赋予权重较高的信息,忽略某些赋予权重较低的信息,其好处在于决策者会依据容易想起来的事例判断一类事件出现的频率或概率,进而将困难的决策内容简化,但是易得性直觉也会导致认知偏差。决策者的直觉会根据事件在大脑中唤起的程度来估计事件的可能性,因此也是导致决策者错误地进行概率判断的认知因素。特沃斯基和卡尼曼将概率转化成为一种权重函数,即高概率发生的事件被赋予较高的权重,低概率发生的事件被赋予较低的权重。另外,易得性偏差还与事件的易想象有关。若一个事件的结果容易被决策者想象,则会增加对其发生概率的判断。若一个事件的表述生动,对其发生概率的判断也会增加。因为生动的信息比平淡的信息更加易得,因此会使决策产生偏差。

(3)锚定偏差。因为人脑处理信息的能力有限,因此决策者常常会对问题进行事先的估计(锚定),然后进行调整,以形成理想的判断,这就是有名的"锚定效应"。特沃斯基和卡尼曼使用"锚定和调整"的概念,即个体的判断是以一个初始值,或者是以一个"锚"为依据的,然后会进行并不充分的上下调整。这个初始值有的来自历史资料,有的是先前经验的启示,有的则是局部计算的结果。研究表明,决策者往往会将事件的初始值看作自己做决策的参照系。当决策者把这些作为参照系时,可能会提高决策效果,例如事先的"锚"可以影响个体对自己完成任务的估计,进而影响他们的坚持性。但这也容易出现认知偏差,它有时会导致决策者在进行判断时常常过于看重那些显著的、难忘的证据,且在决策时基于表面特性,将特定事件区别对待,从而看不到更大的背景。

3. 信息处理偏差

认知过程就是信息处理的过程。在整个信息处理的过程中,主要包括信息的输入、信息的加工、信息的输出以及信息的反馈几个阶段。在这几个阶段都有可能出现程度不同的认知偏差,这是因为,人脑是一个有选择的、序贯的信息处理器,它处理信息的能力是有限的。因此,它必须采取一些心理办法简化智力消耗过大的信息量。这虽然是人类适应环境的一种能力,但是,这种能力的副产品就是认知上的偏差。这主要表现在以下几个方面。

(1)顺序偏差。决策者在接收信息时,往往会对最先进入大脑的信息给以优势地位,并形成一种深刻的印象。这种印象会形成一种强烈的影响从而决定着决策者对方案的判断,即首因效应。在首因效应的影响下,决策者习惯于对某一方案在首次获得少量信息资料后就作出判断,且形成一个统一、一致性的第一印象。尤其是在某一方案的新异性在开始非常突出的时候,首因效应的作用更大。近因效应则与首因效应相反,是决策者对最后进入大脑的信息给以优势地位,并形成一种深刻的印象。在对熟悉的环境或方案进行判断时,近因效应的作用更大些,这往往是由于决策对象的非新异性,在一开始并不能引起决策者的注意。首因效应与近因效应所产生的结果就是不能发展地、辩证地分析与判断问题。而事实上,任何一个决策对象都是处在不断发展与变化的过程中,有的会由坏变好,有的则会由好变坏;有的会越变越好,有的则会越变越坏。

(2)定型效应偏差。定型含有一种典型的认知偏差,它一方面来自知觉过程的某种固定图式,另一方面来自社会宣传与社会规范。在决策中,影响定型作用大小的因素主要有两个方面:一是信息量的多少。若对某一问题所获得的信息量越少,越容易按照定型对它作出反应。二是决策对象属性的突出性。若决策对象的属性越突出,越容易对它进行定型反应。其实,定型反应是在决策中经常运用的,也有利于加速信息加工过程,但是它却往往导致对信息判断或信息接收的简单化,从而产生偏差。

(3)事后认识偏差。在决策中,决策者往往依据事后的结果对自己事前的认识进行一种反馈评估。这种反馈评估会影响到决策者的自信心。若一个决策者在 A、B、C 方案中选择了 C 方案,而事后的反馈证明,他的选择是正确的,则这种成功的经验便会增强他的自信心,当他在下一次进行选择时,他会运用自己成功的经验去进行选择。但是,若他成功的经验过多,往往会造成他过于自信,即过分相信自己的判断力。在这种情况下,就会出现认知偏差,爱德华兹称之为"过于自信"。反过来,若一个决策者的成功经验比较少,反馈评估则会降低他的自信心,在以后对决策方案的判断中,他会因怀疑自己的能力而怀疑自己的判断,即使是正确的判断,也会被自己推翻。因此,事后认识常常会使决策者产生一种后悔感。而后悔感的大小往往影响着偏差的大小。若后悔感小,决策者在下次决策时不会花很大的努力去进行论证,出现偏差的可能性就大;若后悔感大,则既可能偏差大,也可能偏差小。因为决策者在后悔感大的情况下,可能会更加小心认真地进行方案的论证,则偏差的可能性就小,但是若决策者在后悔感很大的心理压力下,转而失去自信心,则偏差的可能性会增大。

4. 主观概率估计中的认知偏差

主观概率由于具有主观性,因而偏差是必然存在的。心理学家们对主观概率评估中存在的认知偏差进行了大量研究,特沃斯基、卡尼曼以及爱德华兹等人对此都作过专门论述。学者们一致认为,对这一问题的认识,可以帮助决策者注意防止概率估计中的认知偏差。爱德华兹等人的有关研究结果如下。

(1) 保守主义倾向。决策者对事件概率的估计总是根据一定的信息进行的,一旦收到新的信息后,就会对原先的概率估计(先验概率)作出修正,从而得出后验概率。但是,修正的幅度往往达不到贝叶斯定理应该修正的幅度,这种现象被称为保守主义倾向。这一现象被解释为3种原因:一是决策者不善于以精确数字反映事件。二是错觉。即决策者总是低估信息对判断的作用。三是错误的集合。即决策者往往可以正确地接收单一的信息,却不能正确地将多种信息集合起来运用。

(2) 效价判断偏差。对事件概率的判断,有时会受到事件结果"效价"的影响,即事件结果在多大程度上被认为是正性的还是负性的。研究表明,在其他条件都相同的情况下,决策者认为正性结果发生的概率比负性结果要高,这种判断的产生来自决策者对结果效价的估计。

(3) 复合事件偏差。在概率理论中,单个事件被认为是"简单"事件,同时多个事件被认为是"复合"事件。若一件复合事件是由 A 事件和 B 事件同时发生组成的,这样的事件被称为"连续性事件";若事件是由 A 事件或 B 事件中的一件发生组成的,则被称为"非连续事件"。在决策中,决策者往往会高估连续性事件发生的概率,低估非连续性事件发生的概率。这是因为决策者在判断一个复合事件发生概率的时候,更加倾向于"锚定"在简单事件的发生概率上。一旦决策者将简单概率固着在头脑中,就会产生认知偏差,就会忽略大量简单事件可能会同时发生这一事实。

(4) 易得性追忆偏差。特沃斯基和卡尼曼于 1973 年所进行的一系列实验已说明在判断中易得性追忆对概率评估偏差所造成的影响。即决策者往往倾向于高估容易回忆事件的概率。爱德华兹认为,在现实生活中,这样的偏差很普遍。例如,社会上对残暴的犯罪事件或对非正常灾难的广泛宣传,会提高人们对这些事件的概率估计。这是因为事件的鲜明性与广泛的宣传,加深了人们对事件的记忆,从而导致这些事件的概率被高估。

扩展阅读3

锚定效应趣谈

猜猜看,果壳网每天的浏览量是在200万人次以上,还是在200万人次以下?那么,再继续猜猜看,果壳网每天的浏览量到底是多少?

你心里的数字是多少?我不知道,但我知道的是,一定比5万这个数要大多了。可是前两天我让一个朋友猜,他就给了我这个数,让我好伤心啊——这也太低估果壳的实力了!不过也怪我,因为我是这样问他的:"你猜果壳网浏览量比你的博客高,还是低?"

他很有自知之明地回答:"我的博客浏览量才上万,显然没果壳高啦!"

"那你猜猜果壳浏览量具体是多少?"

"唔——怎么也得有5万吧!毕竟才上线一周嘛。"

为什么不同的提问方式得到的答案如此悬殊呢?因为我们对不了解的事物缺乏一个合理的心理预期,而在这个时候出现的提示,就好像一个锚,把答案的范围死死地限制在了附近。

甚至一些无关的数字都可能影响我们的判断。你认为身份证号码跟巧克力价格有关系吗?像变魔术一样,美国麻省理工学院管理学院教授Dan Ariely让这两个数字之间产生了联系。他先要求学生们在纸上写下自己社保卡号最后两位数字,然后让他们估计一些商品的价格,例如巧克力、红酒之类的。你一定猜到了,身份证后两位数字大的学生,给出的估计价格更高。但是,你也许没想到,这个数字竟然可以高60%～120%!

希望是失望的催化剂,希望越大失望越大,就跟锚定效应有关。为了避免被残酷的现实打击,降低一下锚定值是个不错的办法。很久很久以前,有这样一封家书,女儿向父母坦白自己在大学里做的种种令人发指的事情,估计父母已经快气晕过去了,笔锋一转说,这些事情都是假的,真实情况是自己挂科了。本来挂科在父母眼中已经够令人愤怒的了,不过经她这么一说,挂科变得微不足道了。

锚定效应在拉赞助时是非常司空见惯的。

"老板,这个项目需要20万元。"

"不行,顶多给你2万元。"

NG!重来。

"老板,这个项目需要200万元。"

思考活动

1. 决策偏差的理论基础是什么?

2. 决策偏差有哪些表现?

3. "在大多数情况下,组织中的个人决策是一个非理性的过程。"谈谈你对这一观点的看法。

4. 你是否曾对一个失败的活动增加过投入?为何这样做?

"不行,顶多给你 20 万元。"

(欧耶! 真管用!)

再来一次!

"老板,这个项目需要 2 亿元。"

"你怎么不去抢银行?!"

资料来源: http://www.guokr.com/article/2303/

 ## 专题小结

有限理性是决策偏差的理论基础。有限理性是指介于完全理性和非完全理性之间的在一定限制下的理性。

决策偏差集中体现在决策者的认知偏差上。认知偏差是指人们根据一定表现的现象或虚假的信息而对他人作出判断,从而出现判断失误或判断本身与判断对象的真实情况不相符合。认知偏差主要包括归因偏差、直觉偏差、信息处理偏差、主观概率估计中的认知偏差等。

思考与练习

一、选择题

1. 评价一项决策结果的好坏可以从效率和( )两方面来看。

　　A. 效果 　　　　　　　　　　B. 价值

　　C. 内容 　　　　　　　　　　D. 形式

2. 个体决策风格不同,主要在于( )。

　　A. 人格差异 　　　　　　　　B. 气质差异

　　C. 身份差异 　　　　　　　　D. 智力差异

3. 个体决策受道德的约束,这是属于个体决策的( )要素。

　　A. 决策者 　　　　　　　　　B. 决策环境

　　C. 问题 　　　　　　　　　　D. 决策结果

4. 满意决策模型是基于( )的假设之上的。

　　A. 经济人 　　　　　　　　　B. 理性人

　　C. 管理人 　　　　　　　　　D. 社会人

5. 决策偏差集中体现在( )。

　　A. 认知偏差 　　　　　　　　B. 执行偏差

　　C. 效果偏差 　　　　　　　　D. 行为偏差

二、填空题

1. _____是指影响决策产生、存在和发展的一切因素的总和。

2. 理性决策模型主要适用于_____的情况。

3. _____是指从经验中提取信息的无意识加工过程,一种不经过复杂的逻辑操作而直接、迅速地感知事物的思维活动。

4. 最早有影响对理性人假设批评的是霍桑实验所提出的社会人假说，认为人并非完全依理性原则行事，在很大程度上受_____的影响。

5. 有限理性的概念，最初是阿罗提出的，他认为有限理性就是人的行为_____。

三、问答题

1. 决策者的哪些个人特点会影响到决策过程和决策效果？
2. 理性决策模型在哪些条件下是切实可行的？
3. 直觉模型什么时候可能最有效？
4. 举例说明集中基本的决策过程模型。
5. 谈谈你对决策偏差的看法。

推荐书目与文章列表

[1] (美)斯蒂芬·P.罗宾斯.组织行为学[M].李原译.北京：中国人民大学出版社,1997.

[2] (英)弗兰奇等.决策分析[M].李华旸译.北京：清华大学出版社,2012.

[3] 岳超源.决策理论与方法[M].北京：科学出版社,2003.

[4] 徐仁辉,杨永年,张昕.公共组织行为[M].北京：北京大学出版社,2006.

[5] 谭亚莉等.工作决策影响因素的实证研究[J].科研管理,2004(6)：70-75.

[6] 李美,蒋京川.不确定情境下个体决策偏差之锚定效应的述评[J].社会心理科学,2012(6)：3-8.

[7] 卜晓珊.个体决策简论[J].管理观察,2011(15)：1-3.

第五章

群体与团队

群体是一种社会现象。任何个体都离不开社会和群体而孤立地生活,他总是生活在一定的社会组织中,隶属于一定的群体。而在众多类型的群体中,团队则是作为内聚力和责任感较强的群体而存在。掌握群体与团队方面的知识,对于理解组织行为具有重要的意义。

本章首先阐述群体的含义、分类,个体与群体的关系,群体的规模与结构以及群体决策。然后,论述团队的含义,介绍如何进行团队建设。

学完本章,你将能够

1. 掌握群体和团队的含义;

2. 了解个体与群体的关系,群体的规模与结构以及群体决策;

3. 熟悉如何进行团队建设。

专题导读

群体是什么？它都有哪些类型？它与个体的关系如何？群体规模与结构如何？群体如何进行决策？或许大家心中都会存在这些疑惑。那么，接下来，我们将给大家一一解开这些疑惑。

链接

http://wiki.mbalib.com/wiki/群体

提示

群体并不是对成员的一言一行都加以约束，而是规定了成员的思想行为的可接受与不可接受的范围。

专题一 群体

一、群体的含义与类型

从我们每天的生活、学习和工作可以发现，我们自己都不是独立存在的，都在和他人发生着各种联系和相互作用。换言之，我们都生活在群体之中。显然，我们有必要来认真了解一下群体的含义及其类型问题。

（一）群体的含义

什么是群体呢？群体的界定通常是矛盾的，许多群体是用可观察到的标准来定义的，而有些群体的形态仅存于观察者的头脑中。在群体的连续体上，一端是纯粹以抽象形式存在的群体（如火星人、未来人类、祖先等），另一端则是以实体存在并有具体形态的"社会群体"（如家庭、伙伴群体、运动团队、专案小组等）。前者可以称为心理实体，而后者则称为社会实体。一个群体可能同时具有心理实体和社会实体的形态。

在组织行为学中，群体是由组织的次级概念所产出的，即一些个体构成群体，而一些群体则构成了组织。因此，群体是指为了实现某个特定的目标，由两个或更多的相互影响、相互作用、相互依赖的个体所组成的人群集合体。因此，群体包括如下 4 个主要特点：①特定的目标；②各成员相互依赖；③在心理上彼此意识到对方；④各成员间在行为上相互作用，彼此影响。各成员有"我们同属于一群"的感受，也就是彼此间有共同的目标或需求的联合体。

由上可以看出，群体的性质取决于其成员间的相互影响和相互意识。因此，街头巷尾的围观者就不能算是一个群体，因为这种单纯的个体集合并不符合群体的定义，他们之间并没有产生相互影响，即使意识到他人的存在，也没有体会到彼此属于一个整体。而这就涉及群体的凝聚力问题。群体的凝聚力，指的是群体成员之间的相互吸引力及对群体本身的认同程度。它主要受到群体成员交往、加入群体的难度、群体规模、群体的性别构成、外部威胁以及群体以前的成功经验等因素的影响。

另外,任一群体都要有规范,否则,群体将难以存在下去。群体规范主要是指为了保证目标的实现,每个群体成员都必须严格遵守的思想、信念和行为的准则。群体规范的基本作用是对成员具有比较和评价的作用。它可以提供认知标准和行为准则,用以调节、制约成员的思想和行为,使其保持一致,群体规范还可以作为成员们彼此认同的依据。群体规范因群体存在的正式性和非正式性,以及有无明文规定和监督、处罚,而分为正式的规范和非正式的规范。

(二)群体的类型

群体的类型可谓是五花八门、各式各样。依据不同的标准,可以对群体进行不同的分类。

1. 依照群体规模的分类

依照群体规模,可将群体分为大群体和小群体。大群体与小群体是相对的,例如,一个学院相对于班级而言,就是大的群体,而相对于它所在的学校就是小的群体。一般把大型群体称为集体,它是构成社会人群的一部分,通常是由具有共同目的和相似动机的个体所组成。

2. 依照群体形成之方式与方法的分类

依照群体形成的方式、方法的不同,可将群体分为正式的和非正式的群体。正式群体强调以权力、责任体现的正式地位,强调正式权威。而正式权威则依附于职位,一个人只有在那个职位上才拥有权威。此外,正式的权威具有官方色彩及结构的规定性。正式群体主要包括以下两类。

(1)命令型群体:由组织结构决定的,它由直接向某个主管人员报告工作的下属组成。

(2)任务型群体:指为完成一项工作任务而在一起工作的人所组成的群体。

非正式群体是个人、社会关系的网络,它并非正式组织建立和要求的,而是在成员的相互影响中自发形成的,它的目标与正式的组织目标不一定一致。非正式群体主要包括以下两类。

(1)利益型群体:为了实现一个共同关心的目标而组成的群体。

(2)友谊型群体:基于成员的共同特点而形成的群体。

3. 依照群体目标的分类

依照群体的目标不同,可将群体分成职能群体、工作任务或专案群体、兴趣和友谊群体。职能群体的特点是由组织结构规定成员关系,包括上级与下级的关系,其中涉及完成正在进行的工作任务,一般可以认为是正式组织中的正式群体。

工作任务或专案群体的特点是依照完成特殊工作任务的目的来建

立成员关系,它可以是短期的,也可以是长期的,还可以是包括上级与下级的关系。规划专案工作组、委员会和特别工作组均属于此类群体。

兴趣和友谊型群体的特点是基于成员具有某些同特点而形成的,这些共同特点包括性格相似、年龄相近、爱好相同等。

必须提及的是,职能群体和工作任务或专案群体,多见于正式组织中,而兴趣和友谊群体则是非正式的组织。

4. 依照群体的成员流动性的分类

依照群体的成员流动性不同,可将群体分为开放群体和封闭群体。开放群体是一个成员变动频繁、流动性很强,成员间的权利和地位不稳定,与外界联系紧密,内部关系较为松散的群体,例如农村流动人口。而封闭群体是一个成员相对稳定,变动较少,等级关系严明,与外界联系较少或根本没有联系,内部组织严密的群体,例如高新技术科研人员。

二、个体与群体的关系

在生活中有着无数的个体,而这无数个个体又可以组成无数多的群体。群体和个体有着密切的联系,有着相互的作用,群体会对个体产生影响。

人们加入群体是要完成某项任务或是要满足自己的社会需要。一般而言,人们在群体中可以获得安全需要、情感需要、尊重和认同需要、实现目标的需要。这些需要已在第三章涉及,故在此不再赘述。

人作为个体在社会游荡而形成群体,性质与概念发生了变化。人在个体的时候想得很多而做的事却很少,完成单一的事情往往很困难甚至无法完成。人在群体的时候,若与组成群体的个体关系相处融洽,在办事与开发新生事物的速度及成效上往往会取得意想不到的效果。多个个体形成一个小的群体,而多个小群体又形成一个更加大的群体。群体和个体之间相互影响、联系密切。群体对个体会产生如下的影响。

1. 从众行为

从众是人们在真实的或想象的群体影响和压力下,放弃自己的意见而采取与大多数人一致行为的心理状态,即知觉、判断、信仰以及行为的表现与群体中多数人一致的现象。所谓的"随波逐流"、"人云亦云"就是从众的最好写照。如今社会,大众总喜欢追风,大家做什么,我也做什么,大家买什么,我也买什么,不管你需要不需要,都会去跟风。这就是个体的从众心理。

2. 社会助长

所谓社会助长,是指因他人在场或与别人一起活动从而使个人的活动效率与水平提高的现象,也称之为社会助长作用。如赛跑、歌咏比赛,因有人观看或有啦啦队的助阵,往往比个人独自跑步和唱歌的效果更好些,这称之为"共同行为者效应"。还有一些教师、演员等在观众很多的场合讲课或表演时非常成功,而且观众越多,情绪和气氛越热烈,其讲课或表演的效果就越好,这称之为"观众效应"。

3. 社会惰化

所谓社会惰化,是指个人在与群体其他成员一起完成某种事情时,或个人活动时有他人在场,往往个人所付出的努力比单独时偏少,不如单干时出力多,个人的活动积极性与效率下降的现象,称之为社会惰化作用,也叫社会干扰、社会懈怠。俗语说:"一个和尚挑水吃,两个和尚抬水吃,三个和尚没水吃。"正是这种社会心理现象的具体形象化。

此外,群体对个体的影响还包括服从、群体极化、去个性化、竞争等。

总之,群体对个体的影响有正面影响,也有负面影响,群体如何更好地引导正面影响以及如何更好地控制负面影响,这些都是群体的领导需要考虑的。当今信息时代,网络飞速发展,在网络上,总会出现一些负面的言论,将大众言论导向负面,这就是从众的负面影响,如何控制负面影响?一般而言,应该正面引导大众,将言论导向正面。另外,还需要消除负面影响,或者说减弱负面影响。对于从众,只要引导好,大众从众导向是正面影响,那么从众也是正面的。对于其他的群体影响,正面影响增强,负面影响减弱,可以一概而论。

三、群体规模与结构

群体是由个体所组成的。个体的数量直接决定了群体的规模,而个体的成分则决定了群体的结构。

(一)群体规模

群体规模是指组成一个群体的人数多少。工作群体规模应视群体任务的性质而定。任何工作群体都应有其最佳人数,也应有其上限和下限。群体人数与人均效率的关系是,往往获得最佳工作效率的群体规模有一个最佳值,当群体规模是这个最佳值时,人均效率最高。

另外,群体规模越大,群体凝聚力就越小。因为群体规模越大,群体成员之间进行相互作用就越难。各种研究也证实了这一点。随着群体规模的增大,群体成员之间的互动变得更困难,群体保持共同目标的能力也相应减弱。毫不奇怪,随着群体规模的增大,群体内部产生小集团的可能性相应增大。群体内部在产生小集团时通常会降低群体的整体凝聚力。群体规模本身还受群体任务性质的影响,一般复杂的任务需要更多的人去完成。有关群体规模的研究还得出成员为奇数的群体比成员为偶数的群体更受欢迎,并且5人或7人群体是比较理想的群体规模。

群体成员为奇数,在投票时就能降低发生僵局的可能性。而且,由 5 个人或 7 个人组成的群体足以形成大多数,且允许发表各种不同意见。同时,又可以避免与大群体相关的一些弊端,例如少数人占据统治地位,发展小团体,禁止某些成员参与决策,在决策时拖延时间等。

大多数群体活动需要具备多种技术和知识,才能顺利进行。就这一点而言,我们可以得出这样的结论:异质性群体,即由不同的个体组成的群体,更可能拥有多种能力和信息,运行效率会更高。有关研究证实了这个结论。若一个群体在性别、个性、观点、能力、技能和视野方面是异质的,就会增加群体有效地完成任务所需要的特征。虽然这样的群体可能冲突较多,由于其设置了多种职位,可能不太容易随机应变。但事实证明,在执行任务时,这种异质性群体比同质性群体更有效。

学界普遍认为,群体规模最终应依据生产任务的特征而确定。它的确定应遵循以下原则:①群体规模的下限保证能按时、定量地完成生产任务;②群体规模的上限应保证不会因规模过大而造成生产效率的下降;③必须努力寻求使其生产效率达到最佳水平的适度的群体规模。

(二)群体结构

群体结构是指群体成员的组成成分。群体成员的结构可分为不同的方面,如年龄结构、能力结构、知识结构、专业结构、性格结构、观点结构,以及信念结构等。研究群体结构对于建立合理的领导班子和其他高效的工作群体,以及提高群体工作效率具有十分重要的意义。

对于群体结构的研究,首先关注的是群体的同质性与异质性问题。

1. 同质结构群体

同质结构群体是指群体成员在能力、性格、年龄、知识等各个方面都比较接近。在如下 3 种条件下,同质结构的群体可达到最高的工作效率。

(1)工作比较单纯,不需要复杂的知识和技能。例如,会计小组编制职工工资表的工作。

(2)当完成一项工作需要大家密切配合时,同质群体较为有效。

(3)若一个工作群体成员从事连锁性的工作,例如,流水线上的操作工人,则同质群体较好。

由这些条件可以看出,一般而言,工作组织中的基层群体应为同质结构。

2. 异质结构群体

与同质结构群体相反,异质结构群体是指群体成员在能力、性格、年龄、知识等各个方面都不同。在如下 3 种条件下,异质结构的群体将会达到最高的工作效率:①完成复杂的工作;②当作出决策太快可能产生不利后果时;③需要有创造力的工作。

　　现代化的大型组织必须有一个坚强、团结、紧密合作的领导班子,而且群体成员的结构对群体的工作效率有很大影响。群体成员搭配得当,则会使群体协调一致、紧密团结,从而提高工作效率;群体成员搭配不当,则会使群体涣散,成员之间互相扯皮、经常发生冲突,从而降低工作效率。

　　除了关注群体结构的同质性和异质性问题外,学界还关注群体的角色结构问题。每一成员在群体中都表现出自己特定的行为模式,这就是角色。在绝大多数群体中,群体成员基本上都会表现出如下 3 种典型的角色。

1. 自我中心角色

　　自我中心角色是指成员处处为自己着想,只关心自己。这类人包括以下几种。

　　(1)阻碍者。即那些总是在群体通往目标的道路上设置障碍的人。

　　(2)寻求认可者。即那些努力表现个人的成绩,以引起群体注意的人。

　　(3)支配者。这类人试图驾驭别人,操纵所有事务,也不顾对群体有什么影响。

　　(4)逃避者。这类人对群体漠不关心,似乎自己与群体毫无关系,不作贡献。

　　研究表明,这些角色表现对群体绩效会带来消极作用,造成绩效下降。

2. 任务角色

　　任务角色是指为完成群体任务而作贡献的人。它包括以下几种。

　　(1)建议者。即那些给群体提建议、出谋划策的人。

　　(2)信息加工者。即为群体搜集有用信息的人。

　　(3)总结者。即为群体整理、综合有关信息,为群体目标服务的人。

　　(4)评价者。即帮助群体检验有关方案、筛选最佳决策的人。

3. 维护角色

　　维护角色是指维护群体团结,协调人们之间关系的人。它包括以下几种。

　　(1)鼓励者。这类人热心赞赏他人对群体的贡献。

　　(2)协调者。这类人解决群体内冲突问题。

　　(3)折中者。这类人协调不同意见,且帮助群体成员制定大家都能接受的中庸决策。

　　(4)监督者。这类人保证每人都有发表意见的机会,并鼓动寡言的人,而压制支配者。

　　每一个群体不仅要完成任务,而且要始终维持自己的整体。而群体

　　研究发现,在任务角色、维护角色和群体绩效之间有正比关系。

成员的任务角色和维护角色的作用正是为了实现这两个目的。

四、群体决策

俗语说,"三个臭皮匠,顶个诸葛亮"。这句话道出了群体决策在组织生活中的积极作用。群体决策是相对于个体决策而言的,群体决策的步骤与个人决策基本相同,故不在此赘述。这里,我们主要讨论的是群体决策的优缺点、群体决策中的心理现象以及群体决策方法。

(一) 群体决策的优缺点

群体决策作为一种决策方式,既有其优点,也有其缺点。

1. 群体决策的优点

(1) 提供更多的有用信息和知识。群体中成员的不同知识背景可以使群体拥有个人难以具备的创造性、多种经验和不同的决策观点,可以达到集思广益的效果。

(2) 提出更多的候选方案。群体拥有更多数量和种类的信息,并允许大家参加决策过程和发挥能动性,因此能从多个角度提出不同的备选方案,使考虑更周密、方案更全面,为正确决策奠定基础。

(3) 提高决策的合法性。群体决策的制定过程是与民主观念相一致的。一般而言,人们会觉得群体制定的决策比个人制定的决策更合法。如若拥有全权的个人决策者不与他人磋商,则会使人感到决策是出自于个人的独裁和武断。

(4) 提高对最终解决方案的可接受程度。决策的有效性除了取决于决策质量外,还取决于决策的可接受性。在现实管理中,有些决策在作出最终选择后却以失败而告终,这其中可能很大程度上是由于人们没有接受制订的解决方案。但若让受到决策影响或实施决策的人们也参与决策的制定,则他们一般不会违背自己参与制定的决策,甚至会鼓励他人也接受这项决策,从而有利于决策的有效执行。

2. 群体决策的缺点

(1) 增加成本(时间、金钱等)。若决策的质量是以速度为标准,那么个人决策更为优越,这是因为以反复交换意见为特征的群体决策过程,同时也是花费金钱与时间的过程。群体组建包括成员选择等都需要花费时间。另外,在决策群体形成之后,成员之间的讨论和沟通也都需要占用时间。

(2) 屈服群体压力。一些成员在表达意见时可能屈从群体压力以取得表面上的一致。但这种一致可能会抑制不同的观点,且削弱创新精神,挫伤少数派的积极性,并最终影响决策的质量。

(3) 受少数人左右。群体中若有个人或少数成员的职位、经验、相关问题的知识掌握、自信心、语言技巧等具有十分明显的优势,那么这个人或少数成员可能就具备发挥其优势、驾驭群体中其他人的能力与机会。而其他群体成员因受他人影响,使最终的群体决策结果受少数成员的影响较大。另一种更严重的情况是,群体被少数几个低水平的成员控制,则群体的效率就会受到影响。

(4)责任不清。由于决策是由群体方式作出的,因此群体成员应共同分担决策的责任,但对最后的结果并没有明确指定责任承担者,这可能产生的现象是:群体中每个成员负有的责任被淡化。表面上看,人人有责,实际上,人人都可推卸责任,从而影响决策的效率与质量。

由上可以看出,在管理决策中,如何发挥群体决策的优点而回避其缺点非常重要。

(二)群体思维与群体转移

在实际的情境中,由于受各种因素的干扰和影响,群体决策往往出现两种潜在的不良心理现象,即群体思维和群体转移。这也是引起组织行为学者相当多关注的群体决策的两个副产品。

1. 群体思维

你有没有过这种经历:本来想在会议上、教室里或寝室里明确地说出自己的观点,但事实是你很少这样做。一个原因可能与你的个性有关,另一个原因,很可能你受到了某种压力——追求与群体其他成员一致。这时,我们说是受了“群体思维”的影响。

所谓群体思维,是指在群体决策过程中,群体认为追求思想一致比现实地评价各种可能行动方案更为重要。成员片面地、过分地追求一致,从众的压力使群体对不寻常的、少数人的或不受欢迎的观点没有给予重视与客观评价,往往导致不能理智地分析各种可能的备选方案,使决策质量受到很大影响。群体思维的症状表现为以下几种。

(1)群体成员有一种错觉,认为自己的群体是无懈可击的。大部分成员都会产生盲目乐观的错觉,把自己的群体看成是不可战胜的,是不会犯错误的,因而敢于冒大的风险。

(2)群体成员集体寻找借口,来抵制不同的意见。

(3)不考虑或忽视与当前群体不一致的观点。

(4)群体固有的道德标准,使成员相信自己的行动是完全正义的。

(5)群体产生对其他群体和持不同意见者的刻板观点,因而不能正确地分析问题。

(6)群体直接对持不同意见者施加压力,不让他们表达意见。

(7)群体成员开始统一思想,尤其要打消对所拟订行动方案的明智性怀疑。

(8)群体更加迷信内部的一致性,甚至深信沉默就意味着赞同。

（9）那些持有怀疑或不同看法的人，往往通过保持沉默，甚至降低自己看法的重要性，来尽力避免与群体观点不一致。

（10）开始压制持不同意见者的言论，以免对领导者造成视听混淆。这样，不发言者被视为默认，缺席者就被看成是赞成者，造成表面上"一致通过"的错觉，从而导致决策失误。

因此，在群体决策中，要尽量避免群体思维，通常可以尝试如下 3 种方法。

（1）群体要鼓励成员公开质询和提出怀疑，并要求参与者尽可能清晰、合乎逻辑地提出自己的看法。群体领导者应赞赏不同的意见，必要时还要扮演鼓吹反对观点的角色，从而促使成员对可供选择的方案进行详细的讨论。

（2）可以把群体分成小组，让小组对问题独立进行讨论，这样小组容易考虑到问题的各个方面，而任何最后的决定，都应在讨论小组的建议的基础上形成。

（3）一旦达成了某种决策，应当有第二次讨论的机会，在第二次讨论时，要求成员表达对决策的任何意见，这样有助于减轻群体成员对于遵从和跟随一致的压力。

2. 群体转移

当个体面对一个风险决策时，他会衡量冒险与保守何者较受人们推崇。例如，在有些社会文化、组织文化情境下，某群体强调竞争、个人奋斗与冒险精神，群体成员知道保守会被人嘲笑，因此拼命地支持风险大、收益也大的决策方案，且一致反对风险小、收益也小的方案，结果会导致该群体变得更加冒险。而在相反的社会文化、组织文化情境下，即使有人主张冒险行动，群体仍会选择风险较小的决策方案。这就是群体转移现象。它是指在讨论可选择的方案进行决策的过程中，群体成员倾向于夸大自己最初的立场和观点，而在某些情况下谨慎态度占上风，从而形成保守性转移，但在大多数情况下，更容易形成冒险性转移。

为什么会产生这种冒险性转移的现象呢？一个可供选择的理论解释是"责任分散假说"，该假说认为若没有单独的个体来负责任，那么人们就都倾向于冒险。另一个可供选择的理论解释是，一般领导者更有可能采取冒险行动，因为他们对群体讨论的影响较非领导者要大得多。

（三）群体决策的方法

群体决策最常见的形式是群体成员之间面对面的相互交流。但是，正如群体思维中说明的，面对面的交互作用的群体经常会压制自己创造性的设想、并且迫使自己遵从多数人的观点。为了避免传统面对面发生交互作用的群体所固有的问题，人们提出了头脑风暴法、名义群体法、电子会议法。

1. 头脑风暴法

在群体决策中,由于群体成员心理相互作用影响,易屈从于权威或大多数人意见,形成所谓的"群体思维"。而群体思维削弱了群体的批判精神和创造力,损害了决策的质量。为了保证群体决策的创造性,提高决策质量,组织行为学发展了一系列改善群体决策的方法,头脑风暴法是较为典型的一个。头脑风暴法又可分为直接头脑风暴法(通常简称为头脑风暴法)和质疑头脑风暴法(亦称反头脑风暴法)。前者是在专家群体决策时尽可能激发创造性,产生尽可能多的设想的方法,后者则是对前者提出的设想、方案逐一质疑,并分析其现实可行性的方法。

头脑风暴法,又称头脑震荡法或脑力激荡法,是让成员开动脑筋、敞开思想、畅所欲言的一种群体决策方法,是一种常用来激发群体成员产生创造性思维的方法。参与者通常有5~12人,时间大约40分钟。在采用头脑风暴法组织群体决策时,要集中有关成员召开专题会议,主持者明确向所有参与者阐明问题,并说明会议的规则,且尽力创造融洽轻松的气氛。当问题与任务明确后,参与者尽可能地想出并提出各种解决方案。主持者一般不发表意见,以免影响会议的自由气氛,而由参与者自由提出尽可能多的方案。头脑风暴小组提出的设想都要由专人简要记载或记录在磁带上,便于下一阶段的讨论与分析。

头脑风暴法一般遵循如下的原则。

(1)自由思考。即要求与会者尽可能解放思想,无拘无束地思考问题并畅所欲言,不必顾虑自己的想法或说法是否"离经叛道"或"荒唐可笑"。

(2)延迟评判。即要求与会者在会上不要对他人的设想评头论足,不要发表"这主意好极了!"、"这种想法太离谱了!"之类的"捧杀句"或"扼杀句"。至于对设想的评判,则留在会后组织专人考虑。

(3)以量求质。即鼓励与会者尽可能多而广地提出设想,以大量的设想来保证质量较高的设想的存在。

(4)结合改善。即鼓励与会者积极进行智力互补,在增加自己提出设想的同时,注意思考如何把两个或更多的设想结合成另一个更完善的设想。

需要指出的是,头脑风暴法仅是一个产生意见或设想的过程,就最后方案的形成而言,不如接下来要介绍的几种方法来得更为直接和快速。

2. 名义群体法

名义群体法是指在群体决策制定过程中,对群体成员讨论或人际沟通加以一定的限制,但群体成员是独立思考的,故称为"名义群体"。一方面像传统会议一样,都亲自到场,另一方面成员又是独立思考,独立地操作,且群体成员首先进行个体决策。

实际上,名义群体法的步骤并无特殊之处,它和每个人单独解决问题时所采取的步骤相同。不同之处在于,该方法集中并要求一组人都采取相同的步骤,从而可以减少决策所需花费的时间和成本。在讨论之前,每位成员先独立地写下他们对问题的想法。接下来,成员们依次向群体表达想法,每位成员按照围着桌子的次序表明自己的一个想法,直到所有人的想法都被记录下来(最典型的是以活动挂图的形式或写在黑板上),在所有的想法都被记录完之前不允许讨论。然后成员们开始逐一讨论这些想法,以便澄清和评价它们。每个群体成员都安静而独立地对每个想法打分。总分最高的那个想法,一般被定为群体决策意见。

名气群体法具有如下的优点:①既让群体正式会面,同时又不限制独立思考,而独立思考正是传统的面对面交互作用群体所欠缺的;②与头脑风暴法相比,除了能促进成员独立思考、表达各种意见外,还能让大家共同选择最佳方案。所以,当一个具体问题解决的知识涉及若干人员时,名义群体法被认为是充分利用集体智慧的最佳方法。

3. 电子会议法

电子会议法是将名义群体法和尖端的计算机技术相结合的一种最新的群体决策方式,是电脑辅助之下的群体决策。它是利用软件环境和互联网,使身处世界各地的会议参加者得以在虚拟的空间中共享信息、浏览会议文件、讨论议题。在一个典型的电子会议上,参与决策者围坐在马蹄形会议桌旁,他们面前除了电脑终端外,什么都没有。要求解决的问题通过大屏幕呈现给与会者,并要求他们通过电脑输入自己的方案,进而显示在投影屏幕上,让所有人都能看到,而每个人都可以根据别人的想法不断修改或改善自己的方案,其中个人评论以及集体投票,都显示在屋子内的一个大屏幕上。

电子会议的最大优点是匿名、诚实和迅速。与会者可匿名输入他们的心中所想,他们只需敲键盘就可让想法显示在大家都能看见的屏幕上。它还让人们可以近乎残忍的诚实而不用担心受到惩罚。而且这种方法很快捷,因为没有闲谈,讨论不会离题,而且很多与会者可以很快地"交谈"而无须互相抢着说话。专家经调查发现,电子会议决策通常比传统的面对面互动的口头会议快 55%。虽然这种方法现在正处于幼年阶段,但未来的群体决策很可能会泛地采用电子会议法。

电子会议的缺点主要在于"虚拟"的真实程度。尽管电子会议在某种意义上实现了实时会议,但是在实现复杂而丰富的互动上始终存在缺陷。此外,相对群体决策的其他方法,电子会议的成本也较高。再者,那些打字速度快的人比那些打字速度慢(虽表达能力强)的人能更好地表达自己的观点,还有由于是匿名,那些想出好建议的人无法得到组织应有的奖励。

我们通过表 5-1 可以对各种群体决策方法进行比较,从而有助于我们在一定的问题上选择适当的决策技术。

表 5-1　群体决策方法的比较

效果标准	传统会议法	头脑风暴法	名义群体法	电子会议法
社会压力/潜在的人际冲突	高	低	中等	低
财务成本	低	低	低	高
决策速度	中等	中等	中等	快
任务导向	不确定	高	高	高
成就感	不确定	高	高	高
对决策结果的承诺	高	高	中等	中等
群体凝聚力	高	高	中等	低

扩展阅读1

德尔斐法

德尔斐法（Delphi Technique）是一种定性预测的、背对背的群体决策咨询方法。它不需成员正式出席会议，一般通过匿名的通信联系，群体成员各自充分发表自己的观点，然后以系统的、独立的方式综合他们的判断。它可以避免面对面的来自于成员的影响和压力，并克服为某些权威左右的不足，从而提高预测的可靠性。

德尔斐法的主要目的是通过一系列精心设计的问卷以获取专家成员的一致意见。德尔斐法最大的特点是匿名、反复的知识启发、去除差异、提倡群体反馈，这些都是有效的群体决策所必需的要素。与其他计划和预测方法不同的是，德尔斐法的目标不是获得唯一的答案或者达成共识，而是从专家组中获取尽可能多的高质量方案以提高决策水平。

德尔斐法最早由美国兰德（Rand）公司研究提出。在1950—1963年之间，兰德公司进行了一系列的德尔斐研究实验。实验表明，德尔斐法既可以作为预测研究工具也可以作为学习工具。当专家组成员是战略决策者时，德尔斐法成为群体的预测工具，以确保在界定环境和资源限制下得出最理性的战略。当作为合作性的学习练习时，德尔斐法包含的理念是群体的整合力量大于各部分力量的总和，因而鼓励团队合作和群体决策。此外，德尔斐法使个人更倾向于为项目的最终成功而努力。有控制的反馈和匿名的交

思考活动

1. 群体的含义是什么？
2. 群体决策中的问题是什么？
3. 如何运用群体决策方法？
4. 个体与群体的关系如何？

流使专家组成成员能够不断调整各自的看法而不必公开宣布,因此鼓励他们更大胆地发表个人观点而不是小心翼翼地提出制度化的观点。德尔斐法在20世纪60年代开始广泛应用。

德尔斐法在具体应用中,其操作的主要步骤如下。

(1) 建立特别小组作为主持机构,选定征询意见对象的群体成员名单,一般是专家名单;

(2) 确定问题,即就判断或预测内容拟出若干征询的问题;

(3) 将征询的问题邮寄给各成员,让他们对征询的问题发表书面意见;

(4) 将这些意见集中到主持机构,进行统计、归纳和分析;

(5) 将统计结果反馈给各成员;

(6) 主持机构再请成员提出意见或方案;

(7) 重复(4)、(5)、(6)这3步,直到获得大体一致的意见。

德尔斐法作为一种独特的群体决策方法,有其优势,也有其不足。德尔斐法的优势主要表现为以下几方面。

(1) 德尔斐法通过结构化的、非直接的方法,能够快速有效地获得与群体学习相关的回应以及拥有知识、权威及洞察力的专家对未来的预测。德尔斐法能很好地把握复杂问题通常具备的众多互相影响的变量和多维度的特点,这些都是科学分析的必要元素。它也记录了专家组提供的事实和意见,同时避免了如群体冲突和个人主导等面对面讨论可能产生的不足。

(2) 德尔斐法是处理开放性、创造性问题的有效工具之一。它鼓励通过独立思考逐渐形成群体的解决方案,特别适用于缺乏历史数据或者民族或社会的矛盾凌驾于经济或技术问题之上的情况。

(3) 相对其他方法而言,德尔斐法的组织和管理成本较低。它避免了召集主管人的费用,又获得了来自各方面的主要信息。

(4) 德尔斐法是为数不多的能够在各个时间跨度,包括短期、中期和长期,都拥有比较稳定的正确率的预测工具之一。

因此,德尔斐法是技术和工业预测的常用方法,据估计,大约90%的技术预测和研究都是基于德尔斐法。

另一方面,德尔斐法也有其不足,主要表现为以下几方面。

(1) 德尔斐法在实际操作中容易出现概念及方法的不完善、执行不正确、问卷设计不合理、专家挑选不当、不可靠的结果分析、低价值或大相径庭的反馈信、三司对多轮问卷回答缺乏一致性等。

(2) 通常,专家只有通过大量相同的实验才能获得真正的主观概率,而这一要求与德尔斐法是不相容的,因为德尔斐法的每一轮征询的内容是对前一轮的综合与补充。

（3）德尔斐法是否应该以群体共识的达成为终结点还有待进一步的研究。因为专家能够故意提供希望的结果或影响未来的决策。

（4）德尔斐法缺乏可靠的标准来区分专家与非专家，同时也缺乏足够的证据来表明专家的判断比非专家的判断更可靠，以及群体的观点必然优于个人的观点。关于德尔斐法的讨论也常常陷于认识论的分类、概率判断的本质以及科学方法的问题。特别有待讨论和关注的问题有以下几类：确定个人评分系统；每个成员为预测所做准备的形式；开发将个人评分融合为群体评分结果的方法；解决结构相关的问题，包括如实揭示和组织安排等。

此外，德尔斐法的某些优点同时也表现为其缺点，例如匿名和反馈固然有其优点，但也可以导致个人的让步而不是真正意义上的群体共识。又如，德尔斐法的有些变量在很大程度上限制了专家回应的范围，因此影响专家组成员意见的有效性。

资料来源：孙建敏，李原来. 组织行为学［M］. 上海：复旦大学出版社，2009.

 ## 专题小结

群体是指为了实现某个特定的目标，由两个或更多的相互影响、相互作用、相互依赖的个体组成的人群集合体。群体凝聚力和群体规范对于群体具有重要的意义。

群体依照群体规模可以分为大群体和小群体；依照群体形成的方式与方法的不同，群体可划分为正式的和非正式的群体；依照群体的不同目标，群体可分成职能群体、工作任务或专案群体、兴趣和友谊型群体；根据群体的成员流动性将群体分为开放群体和封闭群体。

群体和个体有着密切的联系和相互的作用，群体会对个体产生的影响有从众行为、社会助长、社会惰化。群体规模是指组成一个群体的人数多少。工作群体规模应视群体任务的性质而定。群体结构是指群体成员的组成成分。群体成员的结构可分为不同的方面，例如年龄结构、能力结构、知识结构、专业结构、性格结构、观点结构以及信念结构等。

群体决策是为充分发挥集体的智慧，由多人共同参与决策分析并制定决策的整体过程。群体决策有其自身的优缺点。群体决策中的两种心理现象：群体思维与群体转移。群体决策的主要的 4 种方法：传统会议方法、头脑风暴法、名义群体法、电子会议法。

专题导读

通过上个专题的学习，我们对群体有了一些基本的认识。这个专题我们将着重来阐述一种特殊的群体，即团队。团队是什么呢？如何进行团队建设呢？这些问题，将在这个专题一一给大家进行解答。

链接

http://media. openedu. com.cn/media_file/rm/ip3/leidian/2006_08_21/zzxwx/zzxwx04/index.html 群体与团队视频材料

专题二

团队

一、团队的含义与类型

我们经常会听到团队这个词。那到底什么是团队，有哪些类型的团队呢？这是我们了解团队知识的第一步。

（一）团队的含义

不同人对团队有着不同的解释。这里我们将团队定义为由员工和管理层组成的一个共同体。该共同体合理利用每一个成员的知识和技能协同工作、解决问题，从而达到共同的目标。

作为一种特殊的群体，团队的特殊性表现在以下几方面。

（1）共享领导权。团队中领导者的角色是共享的，而群体往往有一个强有力的核心领导。

（2）责任明确。团队中的责任较明确。

（3）目标具体。团队指向一个具体的目标。

（4）集体工作任务。团队更多的是集体任务。

（5）开放式沟通。团队鼓励开放式讨论和解决问题的聚会。

（6）有效性。团队的工作更有效。

（二）团队的类型

团队有不同的类型，依据团队存在的目的和拥有自主权的大小可将团队分成如下3种类型。

1. 问题解决型团队

问题解决型团队的核心点是提高生产质量、提高生产效率、改善企业工作环境等。在这样的团队中成员就如何改变工作程序和工作方法相互交流，并提出一些建议。但成员几乎没有什么实际权利来依据建议采取行动。

如图5-1所示，问题解决型团队一般由5～12名员工组成，他们每周有几个小时碰头，着重讨论如何改进质量，他们可以对传统的程序和方法提出质疑。在问题确认这一环节中是由管理层来最终实施的,团队的成员没有权利来确定问题在哪里,只能提出意见。问题选择、问题评估以及推荐方案是由团队成员操作,而方案评估和决策需要管理层和团队成员共同把握。由此可以看出,团队决策的不同环节的权利是分解的,并不是所有团队的成员共同完成的。

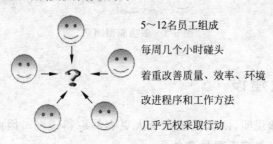

图 5-1 问题解决型团队

2. 自我管理型团队

问题解决团队虽然在解决问题上有明显的效果,但团队成员在参与决策方面的积极性显得不够。于是,管理者希望建立起一种能够独立自主、自我管理的团队,即自我管理型团队。

如图 5-2 所示,自我管理型团队是一种真正独立自主的团队,通常由 10～15 人组成,他们的责任范围包括决定工作任务分配、控制工作节奏、安排工作休息等。彻底的自我管理型团队甚至可以挑选自己的成员,并让成员相互进行绩效评估。在这种团队中,员工的满意度有所提高,但是成员的缺勤率和流动率偏高。

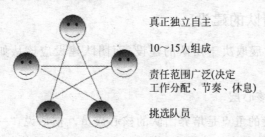

图 5-2 自我管理型团队

3. 多功能型团队

多功能型团队是由来自同一种等级、不同领域的员工组成,成员之间相互交换信息,并激发新的观点,以解决所面临的一些问题。如图 5-3 所示,多功能型团队的成员来自不同的部门。由于团队成员知识、经验、背景和观点不太相同,加上处理复杂多样的工作任务,因此实行这种团队形式,并建立有效的合作需要相当长的时间,而且要求团队成员具有很高的合作意识和个人素质。

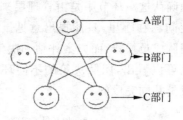

图 5-3　多功能型团队

二、团队建设

现实经验说明,团队往往比个人更容易取得成功。因此,团队建设对于事业成功具有重要的意义。

(一)团队建设的阶段

一个成熟的团队,其建设大致需要经过如下几个阶段。

(1)准备工作阶段。确定建立团队的必要性。

(2)创造条件阶段。为团队提供完成任务所需的人力、财力、物力等各种资源。这是团队建设的关键阶段。

(3)形成团队阶段。依照团队目标要求确定团队成员,并明确团队的职责和权限。团队成员自觉为实现团队目标作贡献。

(4)提供继续支持阶段。团队开始运行后,还需要继续得到支持,以克服遇到的困难,战胜危机。

(二)团队的建设

团队的发展取决于团队的建设,而团队建设应该从如下几个方面进行。

1. 组建核心层

团队建设的重点是培养团队的核心成员。俗话说,"一个好汉三个帮"。领导人是团队的建设者,应通过组建智囊团或执行团,以形成团队的核心层,并充分发挥核心成员的作用,使团队的目标变成行动计划,从而使团队的业绩得以快速增长。团队核心层成员应具备领导者的基本素质和能力,不仅要知道团队发展的规划,还要参与团队目标的制定与实施,使团队成员既了解团队发展的方向,又能在行动上与团队发展方向保持一致。大家同心同德、承上启下,心往一处想,劲往一处使。

2. 制定团队目标

团队目标来自于组织的发展方向和团队成员的共同追求。它是全体成员奋斗的方向和动力,也是感召全体成员精诚合作的一面旗帜。核心层成员在制定团队目标时,需要明确本团队目前的实际情况。例如,团队处在哪个发展阶段? 组建阶段,上升阶段,还是稳固阶段? 团队成员存在哪些不足,需要什么帮助,斗志如何等。制定目标时,要遵循目标的 SMART 原则:S——明确性,M——可衡量性,A——可接受性,R——实际性,T——时限性。

3. 训练团队精英

训练精英的工作是团队建设中非常重要的一个环节。建立一支训练有素的队伍,能给团队带来很多益处:提升个人能力、提高整体素质、改进服务质量、稳定业绩等。一个没有精英的团队,犹如无本之木,一个未经训练的队伍,犹如散兵游勇,难以维持长久的繁荣。训练团队精英的重点有如下几点。

(1) 建立学习型组织。让每一个人都认识到学习的重要性,且尽力为他们创造学习机会,提供学习场地,表扬学习进步快的人,并通过一对一沟通、讨论会、培训课、共同工作的方式营造学习氛围,使团队成员在学习与效仿中成为精英。

(2) 搭建成长平台。团队精英的产生和成长与他们所在的平台有直接关系,一个好的平台,能够营造良好的成长环境,提供更多的锻炼和施展才华的机会。

4. 培育团队精神

团队精神是指团队的成员为了实现团队的利益和目标而相互协作、尽心尽力的意愿和作风。它包括团队的凝聚力、合作意识以及士气。团队精神强调的是团队成员的紧密合作。要培育这种精神,首先,领导人要以身作则,做一个团队精神极强的楷模。其次,在团队培训中加强团队精神的理念教育。最重要的是,要将这种理念落实到团队工作的实践中去。一个没有团队精神的人难以成为真正的领导人,一个没有团队精神的队伍是经不起考验的队伍,团队精神是优秀团队的灵魂、成功团队的特质。

凝聚力、合作意识和士气,是成功团队的特征。

5. 做好团队激励

团队建设是容易与别人的观念发生冲突的工作。每个人要做好这一切,他所面临的最大挑战就是自己。因此,每个团队成员都需要被激励。领导人的激励工作做得好坏,直接影响到团队的士气,最终影响到团队的发展。因此,尽量用激励代替命令,激励的方式多种多样,包括树立榜样、培训、表扬、奖励、旅游、联欢、庆祝活动等。

思考活动

1. 团队的特殊性体现在哪？

2. 团队有哪些类型？

3. 团队建设有哪些步骤？

4. 如何进行团队建设？

扩展阅读2

IT团队建设的三字经

IT团队成员是怎样的一种选拔机制，或者是什么要求才符合你的要求？主要是几个"三字经"。那就是投入、坚持、合作的精神。加入团队的员工的第一号要求就是必须要像上场的球员那样全力地投入，那种坚持、协作的精神，这是第一重要的。

其他要求不是很苛刻，学习成绩不见得一定要求怎么好，人也不见得一定要求多么聪明，家庭也不见得有多么了不得的背景。然后就是下面要说的3个"三字经"。

第一个，关于候选人三字经：朴素、孝顺、素养

回过头来讲，一个团队中最重要的还是选人。其也有个三字经。

第一，朴实而简单，不能有不良嗜好。不良嗜好就是那些容易成瘾的活动或东西。比如说打游戏，一打起来没天没地的，不能控制自己。再有，赌博啊，还有别的什么乱七八糟的恶习，绝对不能要。有特殊嗜好的人，往往一旦"上瘾"了就忘记了自己的责任，不负责任的人绝对不行。生活、做事简单朴实，这是能成器的一个基础。

第二，一定要孝。一般的情况下我会问候选人家里怎么样？最近有没有跟老爸老妈打打电话啊？最近的一次问候老爸老妈是什么时候啊？我觉得一个不孝的人绝对不会忠，不孝的人绝对不能用。你想想，生他养他的父母他都不在乎，在企业这样的组织里，大家都只是一班凑在一起的同事，是通过利益关系组织起来的，他会对工作、对领导、对同事真心真意吗？在关键事情上他能让你放心吗？这些东西我很看重。

第三，专业素养。基本的素养包括什么东西呢？最起码你得有一个大学文化。我并不特别看重一定要计算机或通信专业的，我看重的是基础素养。关键要素是中英文表达能力、数学（包括数理逻辑方面）、电子技术、计算机原理、工业企业管理、财务等基本的知识。

第二个，训练人的三字经：做、写、说

第一，做，就是做事，具体的操作和执行。这是任何工作得以执行、问题得以解决的根本保证。任何人，首先要会做，并把事情做完。我这里的意思就是，你一定要会做，能做！

第二，要能写。把自己做过的事情和整个过程用文字和专业语言写出来，只有写出来，你才能把自己的思路整理清楚，一般来讲，能把自己的思路变成文字的，至少已经有50％以上的内容是理

清楚逻辑的了。现在是专业主义时代,你不能用专业的方式表达出来,别人如何明白?别人不明白,那如何配合你?如何支持你?领导如何把组织的意志让所有的成员明白?这些都要靠文档,包括事务性文档和专业文档。

第三,还要能说。事情做过了,也写好了,但是如何让别人明白,如何让所有的人理解,还需要你通过语言来弥补文字中的不足。同时,一般来讲,一件事如果你能说明白,那基本上就等于你基本搞清楚了,否则你是说不明白的。同时,很多事情只有通过演说、宣讲,才能让别人、让更多的人理解你的目的和思路,让知识得到更好的传播,让工作和任务得到更好的理解。

总之,无论做任何事情,无论组织或团队的领导还是具体做事的员工,都要始终坚持这样一句话:写你所说,做你所写,记你所做,持续改进。

加入我们团队以后,我要按照我的"三步原则"进行训练。只要是能踏踏实实跟着我两年以上的人,走过我这"做、写、说"3个字的人,出去以后去任何一个地方工作都没有问题。凡是能够把这3个字确确实实做到的人,现在每个人都发展得很好。

以上讲的是"做、写、说",一个人要是能把这3个字做到位那一定是很厉害的人物。

第三个,关于头脑清楚的三字经:黑白、里外、大小

另外一个基本的素养是头脑清楚。这也是一个"三字经"。

第一,要分清黑白。黑白是什么呢?就是对错,大是大非。任何事情,对错你要分清楚,要搞明白。别以为我在说笑话,这不是很容易的,历史和现实中很多很有名的人都搞不明白,很聪明的人也把自己万世的名誉都丧尽了。分清黑白才算头脑清楚。

第二,要分清里外。里外是什么呢?就是说,哪些是你该做的,哪些是别人该做的。先搞清楚这个,不是说你干完了自己的一亩三分地就不用管别人了。而是说,你在管别人之前,先把你自己管好了。这是一个基本的问题,里外要分清楚了。这还包括什么呢?你在公司里跟公司里外的人打交道的时候,你要搞明白你是站在哪一边的,谁给你发工资,谁是你的领导,你为谁讲话,为谁做事,这个要搞清楚。还有,要有责任感,要有担当,要有一个鲜明的职业道德。

第三,要分清大小。要搞明白哪件事重要,哪件事不重要。哪件事重要一点,哪件事次要一点。大事、重要的事,往前排,先解决;小事、次要的事,后解决,往后面安排。

这几个问题要是搞明白了,就是头脑清楚。对人的基本要求也就是这样了。

　　除此以外，还有一个好学精神。人非生而知之，学而知之。好
学不倦是个好习惯。但是，要切记，学以致用是非常重要的。在应
用中验证所学知识的真伪，也是治学者的一个基本功夫。人的一
生应该是学习的一生。与大家共勉之。

资料来源：http://www.sino-manager.com/20121128_43162.html

 ## 专题小结

　　团队是由员工和管理层组成的一个共同体。该共同体合理利用每
一个成员的知识和技能协同工作、解决问题，从而达到共同的目标。作
为一种特殊的群体，团队的特殊性表现在共享领导权、责任明确、目标具
体、集体工作任务、开放式沟通以及有效性。

　　团队包括的类型有以下3类：问题解决型团队；自我管理型团队；
多功能型团队。

　　团队建设的步骤包括准备工作阶段、创造条件阶段、形成团队阶段
以及提供继续支持阶段。

　　团队建设首先要组建核心层，其次要制定团队目标，训练团队精英，
培育团队精神，最后还要做好团队激励。

思考与练习

一、选择题

1. 由组织正式文件明文规定的，群体成员有固定的编制，有规定的
权利和义务，有明确的职责和分工的群体属于（　　）。

　　A. 非正式群体　　　　　　　　B. 正式群体

　　C. 小群体　　　　　　　　　　D. 参照群体

2. 群体成员在心理上自觉认同并归属其中的群体是指（　　）。

　　A. 正式群体　　　　　　　　　B. 非正式群体

　　C. 内群体　　　　　　　　　　D. 外群体

3.（　　）是由来自同一种等级、不同领域的员工组成，成员之间相
互交换信息，并激发新的观点，从而解决所面临的一些问题。

　　A. 问题解决型团队　　　　　　B. 自我管理型团队

　　C. 多功能型团队　　　　　　　D. 合作型团队

4. 以下选项（　　）不属于成功团队的特征。

　　A. 凝聚力　　　　　　　　　　B. 合作

　　C. 士气　　　　　　　　　　　D. 目标

5. 真正独立自主的团队是（　　）。

　　A. 问题解决型团队　　　　　　B. 自我管理型团队

C. 多功能型团队 D. 合作型团队

二、填空题

1. _____指的是群体成员之间的相互吸引力及对群体本身的认同程度。

2. 群体对个体的影响包括从众行为、社会助长和_____。

3. 由于受各种因素的干扰和影响,群体决策往往出现两种潜在的不良心理现象,即_____和_____。

4. 群体的任务性质决定了群体的_____。

5. _____是团队建设的关键阶段。

三、问答题

1. 试论述个体与群体的关系。

2. 简述群体决策的优缺点。

3. 团队建设有哪些步骤?

4. 试论述群体决策的几种方式。并选择其中一种举例说明。

5. 如何建立高效率的工作团队?

推荐书目与文章列表

[1] (美)斯蒂芬·P.罗宾斯.组织行为学[M].李原译.北京:中国人民大学出版社,1997.

[2] 胡斌.群体行为的定性模拟原理与应用[M].武汉:华中科技大学出版社,2006.

[3] 凯锐.团队:精细化管理的138个实战绝招[M].北京:中国致公出版社,2010.

[4] 黄玉洁.略论行为管理:员工行为、群体行为和领导行为[J].商业经济,2012(13):57-58.

[5] 钟云.怎样融入一个好的团队[J].经营管理者,2012(10):97.

第六章

群体沟通

　　人是群体性的动物，无论是在人与人的互动中，还是在家庭、学校、职场、休闲活动中，都会进行信息、思想或情感的传递与接收。这就是所谓的沟通现象。群体沟通在组织生活中具有重要的作用。

　　本章首先阐述群体沟通的含义、功能、过程以及方向。然后，阐述有效群体沟通中存在的障碍以及有效群体沟通的原则与方法。

学完本章，你将能够

1. 掌握群体沟通的含义、功能、过程以及方向；

2. 理解有效群体沟通中存在的障碍；

3. 了解有效群体沟通的原则与方法。

专题导读

　　群体沟通的含义是什么？群体沟通有哪些功能？群体沟通的过程如何？群体沟通有哪些方向？想必大家对这些问题会产生疑惑，别急，接下来我们将对这些问题进行一一解答。

链接

　　http://jpkc.cdvtc.com/jpkc2/jpk11/rjgt/index.html
《人际沟通》课程

专题一

群体沟通概述

一、群体沟通的含义

　　组织行为学家巴纳德认为："在任何一种彻底的组织理论中，沟通都占有中心的地位。"既然群体沟通这么重要，且无处不在，那么什么是群体沟通呢？一般而言，群体沟通是指群体内的人传递信息、思想或情感的过程。对于这个概念，我们应该把握如下3点。

　　（1）传递是广义的。传递的方式可以是口头的，亦可以是书面或电子化方式。传递的内容可以是对人、事、物的描述，亦可以是态度或情感的交流。传递的目的可以是传达信息，亦可以是取得后者对人、事、物的看法等。

　　（2）理解的交换。群体沟通不仅是指信息被成功传递出去，更是指信息所包含的意义被正确接收和理解。

　　（3）有效的群体沟通不在于达成一致意见。意见是否一致，并不是由群体沟通的有效性决定的，它还涉及双方的根本利益和价值观念等是否一致的问题。换言之，有效的群体沟通不在于是否达成一致意见，而在于是否彼此理解。

二、群体沟通的功能

　　群体沟通在管理工作中占有非常重要的地位。一般而言，群体沟通在组织管理中主要发挥着如下4个方面的功能。

（一）控制

　　群体沟通可以通过指派任务、设立目标、建立权威和责任等方式来控制成员的行为。成员必须遵守组织中的权力等级和正式指导原则。例如，他们要与直接主管沟通工作方面的不满和抱怨；要按照工作说明书工作；要遵守组织的政策法规等。另外，非正式沟通有时也控制着行为。例如，当群体中的某个成员工作十分努力并使其他成员相形见绌时,周围人会通过非正式沟通控制该成员的行为。

（二）情绪表达

对很多成员来说,工作群体是主要的社交场所。成员通过群体内的沟通来表达自己的失落感和满足感。因此,群体沟通提供一种释放情感的情绪表达机制,并满足了成员的社会需要。

（三）信息传递

群体沟通的这一功能与决策角色有关。群体沟通通过传递资料为个体和群体提供决策所需要的信息,使决策者能够确定并评估各种备选方案。

（四）激励

群体沟通通过如下的途径来激励成员:明确告诉成员应该做什么;如何做;没有达到标准时应如何改进工作;唤起成员的责任感等。

群体沟通的以上 4 种功能无轻重之分。几乎在群体的每一次沟通中,都可以实现这 4 种功能之中的一种或几种。

三、群体沟通的过程

群体沟通是信息、思想或情感的传递与接收。换言之,群体沟通过程就是发送者通过特定的渠道把信息传递给接收者的过程。如图 6-1 所示,这个过程包括如下 6 个具体步骤。

(1)信息源的产生。在进行一项群体沟通之前,发送者需要有某些想法,并且希望把这些想法传达给别人。这些想法就是群体沟通的信息源。

(2)编码。就是将信息转换成接收者能够理解的某种形式。

(3)传递。这涉及传递通道的选择问题。是口头传递还是书面传递? 是通过正式渠道还是非正式渠道?

(4)接收。信息被发送后,并不能保证一定会被信息接收者所接收。无论如何,他人是否接收信息将直接决定群体沟通能否继续进行。

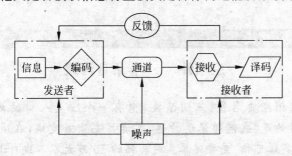

图 6-1　群体沟通的过程模型

（5）译码。其亦称解码。接收者在接收信息的时候需要对信息进行解码。由于在解码的时候，接收者在其中加入了自己的知识和经验，因此接收者所理解的信息的含义不一定与发送者所发出的信息含义一致。

（6）反馈。当信息从发送者处传递到接收者时，再回传到发送者那里，这就是信息的反馈。为何要进行反馈，这是因为群体沟通在更多时候是一个双向的过程。

四、群体沟通的方向

一般而言，在组织中，群体沟通的方向可以分为垂直和水平两类，其中垂直方向又分为自上而下和自下而上两种。

（一）水平方向的群体沟通

水平方向的群体沟通是指同一层级的组织、人员之间的信息交流。水平方向的群体沟通常在节省时间和促进合作方面有一定的优势。在某些情况下，水平方向的群体沟通是组织正式规定的。但在大多数情况下，水平方向的群体沟通是为了简化垂直方向的交流、加快工作速度而产生的非正式沟通。

（二）自上而下的群体沟通

自上而下的群体沟通是指在组织中，从上级向下级进行的信息沟通，例如上级给下级分配目标、告知政策、提供工作绩效反馈等。自上而下的群体沟通通常用于控制、指导、激励和评价，主要内容是指示工作、布置任务及调动积极性等。

（三）自下而上的群体沟通

相对于自上而下的群体沟通而言，自下而上的群体沟通则是信息从下级向上级的传递。通俗地说，就是下级向上级反映情况。管理者经常是通过下属向上沟通了解员工的相关信息的，具体的向上沟通的形式有下级向上级提交工作报告、意见箱、员工态度调查等。

提示

关于群体沟通的方向，有一部分学者将其分为平行、垂直和斜向3类。

思考活动

1. 如何正确理解群体沟通的含义？

2. 群体沟通有什么功能？

3. 群体沟通过程包括哪些环节？

4. 群体沟通有哪些类型？

扩展阅读1

"空城计"：非语言沟通

我国经典名著《三国演义》中有一个脍炙人口的故事"空城计"，讲的是"武侯弹琴退仲达"。诸葛亮守着空城，在城楼上镇定自若、笑容可掬、焚香弹琴。司马懿的15万大军不战自退。

诸葛亮妙用非语言沟通的技巧传递给司马懿一个信息，并吓退了司马懿 15 万大军,从而使蜀国转危为安。由此可见,在非语言信息的传播领域里,可以说是"眉来眼去传情意,举手投足皆语言"。

非语言沟通是人们运用表情、手势、眼神、触摸等方式,以他人的空间距离为载体进行的信息传递,是人际沟通的重要方式之一,也是无声语言沟通的一种形式。

非语言沟通的效果有时远远好于语言沟通。

资料来源:http://www.worlduc.com/blog2012.aspx? bid=2683775

 ## 专题小结

群体沟通是指群体内的人传递信息、思想或情感的过程。有效的群体沟通不在于是否达成一致意见,而在于是否彼此理解。

群体沟通在管理工作中占有非常重要的地位。它在组织管理中发挥着控制、情绪表达、信息传递以及激励等功能。

一个完整的群体沟通过程包括 6 个步骤:信息源的产生、编码、传递、接收、译码和反馈。

组织中的群体沟通方向可以分为垂直和水平两类,其中垂直又可以分为自上而下和自下而上两种。

有效的群体沟通

一、有效群体沟通的障碍类型

有效群体沟通的障碍是指信息在传递过程中的失真或中断。如图 6-1 所示,由于信息从编码、发送、接收、译码到反馈,每一个环节都可能存在"噪声"或受到干扰,因而群体沟通中存在很多影响沟通效果的障碍。一般而言,有效群体沟通的障碍可以分为如下 4 类。

(一)符号语义障碍

符号语义障碍是指沟通双方对所使用的符号,如语言、文字、图片、手势等含义的不同理解或符号本身局限性而引起的群体沟通障碍。在

专题导读

上个专题已经指出,能否得到正确理解,这是群体沟通的有效性问题所在。而在群体沟通过程中可能会遇到障碍,使得信息无法得到正确理解。这些障碍是什么?有什么样的对策来消除这些沟通中的障碍?或许大家心中都存在着这样的疑虑,别急,接下来我们就一同来寻找答案。

链接

http://jpkc.cdvtc.com/jpkc2/jpk11/rjgt/index.html
《人际沟通》课程

绝大部分的群体沟通中,都是使用特定含义的符号来实现符号沟通,即发送者编码符号,接收者解码和阐释符号。然而,符号通常都具有多种含义,沟通时双方不得不从中选择一种含义。由于知识、经验、表达能力的不同,有时双方会选择错误或偏差的含义从而产生误解,这样还可能会导致感情障碍,使群体沟通更加困难。

例如,符号系统中的语言,它是群体沟通过程中最重要的信息载体。但语言又是极为复杂的,不同语系、语族的语言存在不同程度的差异,即使同一语族也会由于地方的不同又有不同的地方变体,即地方方言。因此,由于语言方面的原因所引起的群体沟通障碍经常可见。而当具有不同文化背景的人进行沟通时,语义障碍就更为严重。双方不仅要理解字面的含义,还须就特定的情境以及它们被表达的方式,如语音、语调以及相应的非语义姿势等解释词句。

（二）个人障碍

个人障碍是指由于沟通双方在社会经济地位、感情、价值观、教育程度、种族、性别、经验及其他方面的差异所引起的群体沟通障碍。沟通双方的差异会导致对同一件事情的看法不同,尤其是对一些风俗习惯、规范或禁忌方面有很大差异,若不加注意,就很容易引起误解。相反,如果沟通双方的知觉比较接近,沟通就更为有效。个人障碍还包括由于沟通者的个性特征、理解能力、情绪、不良倾听习惯等而产生的沟通障碍。人的行为是受其动机、心理状态影响的,现实的沟通活动常被人的态度、个性、情绪等所影响。若有的人情绪稳定,则在沟通中就表现得较为理智,而有的人则容易感情用事。个人障碍又与沟通双方之间的心理距离有关。若有一个人对另一个人的说话方式很反感或心不在焉,就会导致两人之间的心理距离加大,从而阻碍正常的群体沟通。

（三）传递障碍

传递障碍是指信息在传递过程中,经过多个环节时,常常会被曲解、删减或增加某些细节,从而造成信息失真所引起的群体沟通障碍。一般而言,信息在传递过程中,所经过的环节越多,就越容易失真;单向沟通比双向沟通更容易失真;口头沟通比书面沟通更容易失真。研究表明,在逐级口头表达时,每传递一次信息失真30%左右。另外,在信息传递的过程中,人们在发送与接收信息时的选择性也会造成传递障碍。有的时候,人们会有意识地选择接收信息,也会根据发送对象的特点有意识地进行信息选择。所谓的"报喜不报忧"便是典型的由选择性所引起的传递障碍。

（四）物理障碍

物理障碍是指在群体沟通环境中存在的障碍,包括刺耳的噪声、身

提示

性别差异导致的个人障碍越来越受到心理学家的关注与重视。心理学家研究表明,女性在沟通过程中原则性、精神性较强;而男性则随机性、生物性强。

体距离、隔着墙壁、静电等。例如,在面对面的沟通中,若人与人之间的距离过大,就会使人听不清楚对方的声音,或看不清对方的表情、手势,从而影响群体沟通的效果,这就是物理障碍现象。当物理障碍出现时,人们通常会意识到,并会采取措施予以补救。信息发送者可通过改变群体沟通环境从而影响接收者的感受和行为,以使物理障碍转化为积极的因素。例如,整洁的环境、幽雅的场所等都会影响沟通者的知觉。

二、有效群体沟通的原则

在群体沟通的过程中,一般都会存在某种沟通的障碍。因此,这就需要我们把握以下 3 个有效群体沟通的原则,以尽量消除障碍。

(一)明确性原则

群体沟通中的信息必须是明确的,即所用的语言和信息传递方式必须能够被接收者所理解。因此,提出信息并用别人所能理解的文字、语气、口气来表达,这是信息发送者的责任。而这就要求信息发送者具备较高的语言和文字表达能力,并熟悉针对不同对象的用语。唯有坚持此原则,才能克服群体沟通中的障碍。此外,有效的群体沟通是信息发送者和接收者共同的不可推卸的责任,为此对于信息接收者而言,也要集中精力,以避免信息传递中的损失,并增强理解。

(二)完整性原则

在群体沟通中,务必保证以维护组织的完整性为前提。各级主管为了实现组织目标,就要进行沟通,以促进他们之间的相互了解。但是,群体沟通只是手段,而不是目的。为维护组织的完整性,上级主管人员必须支持下级主管人员的工作,并鼓励下级主管人员运用他们的职权。另外,要避免越级管理,避免越级向下发布指示等。否则,会使中间层级主管人员处于尴尬境地,而违背统一指挥的原则。若确实需要越级发布指示,则应事先同下级主管进行沟通。只有注意这一点,下级主管人员才会主动配合上级,带领成员去共同完成任务。

(三)非正式组织的战略使用原则

为使群体沟通产生最佳的沟通效果,主管人员有必要采用非正式组织来补充正式组织的群体沟通渠道。因为单靠正式组织这一群体沟通渠道,并不足以及时地处理所有信息并能使人理解。而非正式组织存在于正式组织之外,主管人员利用它来发送和接收信息,以补充正式组织提供信息的不足,从而做好组织的协调工作,其具有一定的积极意义。所谓的"小道消息"就是非正式组织的信息沟通,它可以起到及早传递信息的作用。当然,小道消息的盛行,在某种程度上反映了正式沟通渠道的不畅通,这就有必要通过各种渠道把信息传达出去,以防止阻碍组织目标实现的造谣生事。

三、有效群体沟通的方法

为了克服群体沟通中的障碍,并实现有效的群体沟通,人们进行了大量的研究和探索,且提出了许多改进的措施。总结起来主要有如下几种方法。

(一)使用恰当的群体沟通通道

面对不同的沟通对象,或面临不同的情境,应该采取不同的群体沟通通道,这样方能事半功倍,否则可能会造成严重的后果。例如,在一个刚组建的项目团队内,团队成员彼此会小心翼翼、相互独立,若此时采取快速沟通和参与决策的方式,可能会导致失败;而在一个学习型组织内,则可以导入深度会谈、脑力激荡等开放的沟通方式。

(二)考虑接收者的观点和立场

在有效的群体沟通过程中,发送者必须具有"同感心",且能够换位思考,站在接收者的立场、以接收者的观点和视野来考虑问题。若接收者拒绝其观点与意见的话,那么发送者必须耐心、持续地做工作来改变接收者的想法,他甚至可以反思自己的观点是否正确。

(三)学会倾听

倾听是克服群体沟通障碍的一个重要方面,它与计划、组织、领导及控制等管理环节密切相关。要使口头沟通融洽有效,学会倾听是非常必要的。作为管理者,更要善于倾听,借以了解员工的观点、意见及建议等。擅长倾听的管理者往往通过倾听,在与上级、同事、下属以及顾客的交谈中,获得有价值的、最新的信息,进而对这些信息进行思考和评价。

(四)充分利用反馈机制

在进行群体沟通时,要避免出现"只传递而没有回馈"的状况。一个完整的群体沟通过程,要包括信息接收者对信息作出的反应。只有确认接收者接收到并理解了发送者所发送的信息,群体沟通才算完整与完成。要检验群体沟通是否达到目标,发送者只有通过获得接收者的反馈才能确定,如提问、聆听、观察、感受等方式。

有效反馈,这对于激发员工的工作热情、提升工作绩效具有重要作用。反馈有多种形式:语言的、非语言的、正式的与非正式的等。

（五）以行动强化言语

言语上说明意图，只不过是群体沟通的开始。只有化为行动，才能真正提高群体沟通的效果，从而达到群体沟通的目的。若口头所说的是一回事，实际做的又是一回事，"言行不一致"，则群体沟通的结果无法真正达到交流的目的。

（六）避免一味说教

有效群体沟通是彼此之间的交往与心灵交流。仅仅试图用说教的方式与人交往，则违背了这个原则。当信息的发送者只专注于自身所要传达的信息，而忽视了对信息接收者的感受和反响作出反应。当其越投入、越专注自己要表达的意思时，便越会忽略接收者暗示的动作或情绪、情感方面的反应，其结果只会引发接收者对其反感与"敬而远之"。

扩展阅读2

沟通技巧

沟通是人与人之间、人与群体之间思想与感情的传递和反馈的过程。它是为了一个设定的目标，把信息、思想和情感在个人或群体间传递，并且达成共同协议的过程。拥有一个良好的沟通技巧能使自己在未来的路上少走很多弯路，且能获得更佳更多的合作；能减少误解；能使人更乐于作答；能使人觉得自己的话值得聆听；能使自己办事更加井井有条；能增进自己进行清晰思考的能力；能使自己把握所做的事。沟通时看着别人的眼睛而不是前额或肩膀，表明你很看重他。这样做能使听者深感满意，也能防止他走神，但更重要的是，你树立了自己的可信度。如果某人与你交谈时不看着你的眼睛，你就会有这么一个印象：这家伙对我所说的话不感兴趣，或者根本就不喜欢我。

在谈话的过程中你一直都在发出信号——尤其是用面部和双手。使用面部和双手如能随机应变、足智多谋，就能大大改善影响他人的效果。

面部：延续时间少于 0.4 秒的细微面部表情也能显露一个人的情感，且立即被他人所拾获。面带微笑使人们觉得你和蔼可亲。人们脸上的微笑总是没有自己所想象的那么多。真心的微笑（与之相对的是刻板的微笑，根本没有在眼神里反映出来）能从本质上改变大脑的运作，且使自己身心舒畅起来。这种情感使你能立即进行交流传达。

双手："能说会道"的双手能抓住听众，使他们朝着理解欲表达

思考活动

1. 有效群体沟通的障碍类型有哪些？

2. 举例说明符号语义障碍。

3. 有效群体沟通的原则是什么？

4. 有效群体沟通的方法是什么？

的意思这一目标更进一步。试想人们在结结巴巴用某种外语进行沟通时不得不采用的那些手势吧。使用张开手势给人们以积极肯定的强调，表明你非常热心，完全地专注于眼下所说的事。

视觉表达几乎是信息的全部内容。如果与别人交谈时没有四目相投并采用适当的表情或使用开放式的手势，别人是不会相信你所说的。

视线的接触和表情构成了沟通效果的大部分，但是使用身体其他部分也能有助于树立良好的印象。

利用身体来表明自信的方法多种多样，且影响着自己在他人心目中的形象。

身体姿势：必要时，在坐着或站立时挺直腰板给人以威严之感。耷拉着双肩或跷着二郎腿可能会使某个正式场合的庄严气氛荡然无存，但也可能使非正式场合更加轻松友善。

泄露信息：不由自主地抖动或移动双腿，能泄露出从漠不关心到焦虑担忧等一系列的情绪。无论面部和躯干是多么平静，只要抱着双臂，或抖动着双膝，都会准确无误地显露内心的不安。

身体距离：站得离人太近能给人以入侵或威胁之感。如果与人的距离不足 5 尺，听者会本能地往后移，这就是当对方过分靠近时产生的那种局促不安的感觉。反之，如果距离达 6 尺或更远，听者就会觉得你不在乎他，并产生一种与世隔绝的感觉。

不同的身体姿势能使沟通的内容增色或减色。只要意识到上述事项，就能轻而易举地对自己的身体语言加以控制。在不同的场合使用一种或多种手势以加强自己的表达效果，并保证能用合适的视觉信号强化自己的语言信息。

有人存在的地方就少不了沟通，不论是肢体语言还是一个不经意的眼神，都能暴露出你内心的真实想法，人与人之间少了沟通，多了误会，那么最终的结果只能使彼此都受到不同程度的伤害。

父母与子女之间，缺少沟通，年龄不一样，看法和见解也不同，如果没有良好的沟通，只能使代沟加深。如果每次沟通都以争吵结束，那么时间久了，彼此都不愿再坐下来，好好地聊，亲情就会在缺乏沟通的情况下慢慢瓦解。

同事之间缺乏沟通，所处的位置不一样，年龄的差距参差不齐，学历和自身的修养都不是站在同一起跑线上。如果缺乏了良好的沟通，在未来的道路上，不仅不能共同地把事业做好，还大大地影响了人与人之间最基本的情感。

朋友之间缺乏沟通，友谊会随着时间的流逝而慢慢消失，你的快乐与悲伤，只能自己独享。如果能找到一个能共同分享你的悲与喜的朋友,也是一种幸福。

夫妻之间缺乏沟通,没有了爱的滋润,爱情之花就会慢慢枯萎,失去应有的光泽。时间的流逝,误会的加深,会让彼此都感受不到爱的呢喃,爱情枯萎了,人也会失去应有的光彩。

人与人之间失去了沟通,只会走向灭亡。不敢、不会、不能正确地表达出自己的思想、自己的意愿,那就更能充分地应验了那句老话:不在沉默中爆发,就在沉默中灭亡。

因此,为了那些爱你和你爱的人,以及关心你的朋友,勇敢地表达出自己内心的真实想法,不要逃避不要隐藏,因为没有任何人是你肚子里的蛔虫,他们不能清楚地知道你内心的想法和感受。如果说眼睛是心灵的窗口,那么耳朵则是打开心与心之间的钥匙。

资料来源:http://www.zhyjw.com/Article/HTML/9733.html

 专题小结

有效群体沟通的障碍是指信息在传递过程的失真或中断。有效群体沟通的障碍是多种多样的,大致可以分为以下 4 类。

(1) 符号语义障碍。这是指沟通双方对所使用的符号,如语言、文字、图片、手势等含义的不同理解或符号本身局限性而引起的群体沟通障碍。

(2) 个人障碍。这是指由于沟通双方在社会经济地位、感情、价值观、教育程度、种族、性别、经验及其他方面的差异所引起的群体沟通障碍。

(3) 传递障碍。这是指信息在传递过程中,经过多个环节时,常常会被曲解、删减或增加某些细节,从而造成信息失真所引起的群体沟通障碍。

(4) 物理障碍。这是指在群体沟通环境中存在的障碍,包括刺耳的噪声、身体距离、隔着墙壁、静电等。

有效群体沟通必须遵循如下原则。

(1) 明确性原则。群体沟通中的信息必须是明确的,即所用的语言和信息传递方式必须能够被接收者所理解。

(2) 完整性原则。在群体沟通中,务必保证以维护组织的完整性为前提。

(3) 非正式组织的战略使用原则。为使群体沟通产生最佳的沟通效果,主管人员有必要采用非正式组织来补充正式组织的群体沟通渠道。

有效群体沟通的方法包括使用恰当的群体沟通通道,考虑接收者的观点和立场,学会倾听,充分利用反馈机制,以行动强化言语,避免一味说教。

思考与练习

一、选择题

1. 在群体或组织中,信息的自上而下的沟通属于(　　)。

　　A. 平行沟通　　　　　　　　B. 垂直沟通

　　C. 水平沟通　　　　　　　　D. 上行沟通

2. 两个或两个以上的人,通过一定的联络渠道,传递和交换各自的意见、观点、思想、情感和愿望,从而达到相互了解、相互认知的过程被称为(　　)。

　　A. 人际交往　　　　　　　　B. 信息沟通

　　C. 群体交往　　　　　　　　D. 人际协作

3. 下列属于正式沟通渠道的是(　　)。

　　A. 小道消息　　　　　　　　B. 社交场合

　　C. 食堂的午餐　　　　　　　D. 员工会议

4. 下列不属于有效群体沟通原则的是(　　)。

　　A. 明确性　　　　　　　　　B. 完整性

　　C. 使用非正式组织　　　　　D. 强制性

5. 下列不属于消除群体沟通障碍的是(　　)。

　　A. 采用正式沟通渠道　　　　B. 学会倾听

　　C. 充分利用反馈机制　　　　D. 避免一味说教

二、填空题

1. _____是指信息在传递过程的失真或中断。

2. 按信息_____,可分为水平和垂直沟通,这种划分主要是针对组织而言的。

3. _____是指由于沟通双方在社会经济地位、感情、价值观、教育程度、种族、性别、经验及其他方面的差异所引起的群体沟通障碍。

4. 有效的群体沟通不在于是否达成一致意见,而在于_____。

5. _____是指在群体沟通环境中存在的障碍。

三、问答题

1. 简述群体沟通的步骤。

2. 举例说明群体沟通中的个人障碍。

3. 谈谈对非正式组织的群体沟通渠道的看法。

4. 消除有效群体沟通障碍的方法有哪些?

5. 试分析自己经常遇到的有效群体沟通障碍。

推荐书目与文章列表

[1]（美）斯蒂芬·P. 罗宾斯. 组织行为学[M]. 李原译. 北京：中国人民大学出版社，1997.

[2] 黄维德，刘燕，徐群. 组织行为学[M]. 北京：清华大学出版社，2005.

[3] 窦胜功，张兰霞，卢纪华. 组织行为学教程（第二版）[M]. 北京：清华大学出版社，2009.

[4] 白淑英. 网络技术对人类沟通方式的影响[J]. 社会学研究，2001(1)：93-96.

[5] 杨成柱. 人力资源管理中的人际沟通问题研究[J]. 文科爱好者，2011(5)：22-23.

[6] 王艳艳. 微博人际沟通模式探析——以新浪微博为例[J]. 青年记者，2011(12)：32-33.

第七章

群体冲突

任何组织中的成员或群体都会有各自不同的视角与方法来看待自己和其他群体的工作。在每天的相互接触中，就有可能发生意见分歧、争论，甚至冲突与对抗，这就是群体冲突现象。群体冲突会给组织生活带来重要的影响。因此，群体冲突成为组织行为学的重要研究内容之一。

本章首先阐述了群体冲突的含义、来源、类型以及作用，然后介绍了群体冲突的过程，最后向大家介绍了群体冲突的基本管理策略。

 学完本章，你将能够

1. 掌握群体冲突的含义、来源、类型以及作用；

2. 了解群体冲突的过程；

3. 熟悉群体冲突的基本管理策略。

专题导读

群体冲突究竟是什么？它是如何产生的？它有哪些类型？它的作用如何？或许大家心中都存在着这些疑虑，别急，接下来将给大家一一作答。

链接

http://wiki.mbalib.com/wiki/群体冲突

专题一 群体冲突概述

一、群体冲突的含义

处在组织或群体中的人们，在相互交往的过程中，难免会产生意见分歧、争论，甚至冲突与对抗，即统称为"冲突现象"。关于冲突概念，不同的学者从不同的角度对其进行了界定。

彼得·康戴夫把冲突定义为一种彼此相关或互动的形式。在这种形式中，我们发现我们自己（要么作为个体，要么作为群体）处于某种被察觉到的对我们个人或集体目标的威胁之下。这些目标通常要涉及人与人之间的需求关系。这些被察觉到的威胁可能是真实的，也可能是想象出来的。

莫顿·多伊奇认为，无论何时有不一致的活动出现，就有冲突的存在。冲突是对不一致，或者至少是对表面上不一致的目标的追求，以致一方获得利益必须以牺牲另一方的利益为代价。

芬克则认为，冲突是在任何一个社会环境或过程中两个以上的统一体被至少一种形式的敌对心理关系或敌对互动所联结的现象。

托马斯认为，冲突是当一方感到另一方损害了或打算损害自己利益时所开始的一个过程。

托纳认为，冲突是双方之间公开与直接地互动，在冲突中的每一方的行动都是旨在禁止对方达到目标。

综合上述关于冲突的定义可以看出，群体冲突是指在群体中或群体间，两种或两种以上的目标互不相容或相互排斥的过程，其体现为在心理或行为上的矛盾。

二、群体冲突的来源

在美国管理学家罗宾斯看来，群体冲突的来源有3方面：沟通因素、结构因素和个体行为因素。

（一）沟通因素

管理者们把大多数群体冲突归因于组织沟通不畅。完善的沟通可以使接收者能把发送者的信息理解得毫无差错，但这样的完善沟通几乎不存在。正由于这一缺憾，在群体沟通过程中存在着许多误解的时候。虽然由不成功的群体沟通引起的冲突，与本质上对立的冲突不同，但它仍然有着强大的影响力。

（二）结构因素

（1）规模。罗宾斯总结了那些有关群体冲突和组织规模之间关系的研究，发现一致的结果是组织规模越大，群体冲突也越大。其原因可能是规模越大，则分工越细、层次越多，因此信息在传递过程中越容易歪曲。

（2）参与。一般而言，邀请下级参与可以满足尊重和友爱的需要，因而可以融洽人们之间的关系。这样，下级参与越多，群体的冲突就越少。但是，有关研究却表明事实恰恰相反：下级参与程度越高，群体冲突的水平也越高。其原因可能是参与越大，个体差异越大。此外，仅仅参与决策并不等于所提建议必须采纳，若建议不被采纳，下级无权把自己的想法付诸实践。但由于扩大参与所引起的群体冲突并非都是有害的，若这种群体冲突可以增加群体的绩效，则应该鼓励其存在。

（3）角色冲突。组织中的个人和群体，由于承担的角色不同，各有其特定的任务和职责，从而会产生不同的需要和利益，因而发生群体冲突。例如，在商业单位中，市场营销部门是主体，而人事部门、公共关系部门等则是辅助机构，但由于二者的职能不同、目标不同、成员的价值观和背景不同，因此他们之间常常有冲突。

（4）奖酬制度。若奖酬制度是这样的形式，即一方多得报酬必然使另一方少得报酬，就很容易引起群体冲突。这种群体冲突可以出现在群体内部的个人之间以及群体之间，也可以出现在组织之间。

（5）资源的有限性。资源总是稀缺的，在使用组织的资源上，群体之间往往会发生冲突。若有足够的资源，群体冲突就不会产生。正因为资源的稀缺性，个体之间、群体之间为了资源的分配往往产生冲突，导致协作的不良。

（6）权利。组织中权利的分布也是群体冲突的来源。若一个群体感到自己的权利过小，而其他群体的权利过大，它就可能会对现状提出挑战。现实中，往往有些人为了取得某项权利，会攻击对方、抬高自己，从而造成冲突。

（三）个体行为因素

个体之间的差异也是冲突的来源。一些人的价值观或知觉方式可能导致与他人的冲突。例如,有些人就是喜欢无事生非、寻衅闹事。有关研究表明,那些好冲突的个人具有一些特质,例如独断专行的人爱扩大事态以攻击别人;自尊心弱的人容易感到别人的威胁,从而先发制人。无论独断专行还是自卑的人,都感到需要"自我防卫",从而主动与他人发生冲突。

三、群体冲突的类型

针对不同的角度,群体冲突有着不同的分类。

(一)依据冲突主体

依据冲突主体不同,可以将群体冲突分为如下两种类型。

1. 群体中个体之间的冲突

冲突可能在一个群体内不同的个体之间发生。若在一个群体内,由于两个人对某一个问题的认识不同,就会发生冲突。群体中人与人之间的冲突是形形色色的,冲突的内容也各不相同,造成冲突的原因也是多种多样的。由于工作上的意见分歧造成的冲突则属于正常的冲突,对于这种冲突如果处理得当,有助于群体目标的实现。而由于个人的恩怨造成的冲突则属于不正常的冲突。群体内人与人之间在工作过程中所发生的冲突,往往是由于如下一些原因引起的。

(1) 信息沟通渠道不同引起的冲突。在工作中,由于人们信息沟通的渠道不同,若彼此之间又不通气,这样就会引起冲突。

(2) 认识不同引起的冲突。由于人们的知识、经验、态度、观点等的不同,对于同一个事物也会有不同的认识,由此可能造成冲突。

(3) 价值观不同引起的冲突。由于个人的价值观有所不同,也会造成人们认识上的不同,导致冲突的出现。此外,还有一些其他原因,如环境、条件、社会等方面的因素都可能引起群体内个体之间的冲突。

2. 群体间的冲突

即使是在一个组织内,群体与群体之间也会发生冲突。群体之间之所以会出现冲突,其主要原因是由于竞争。当然,群体间的冲突也并不全是因为竞争关系。由于目标的不同,利益的不同,群体相互间也可能发生冲突。在一个组织内,可能发生的群体间的冲突大致有以下3种。

(1) 权力、地位相同的群体之间的冲突。例如,在企业里,生产部门与销售部门之间为争夺经费、设备或人员而发生的冲突。

(2) 权力、地位不同的群体之间的冲突。例如,管理者与工人、教师与学生因其立场的不同而发生的冲突。

(3) 附属群体对抗大群体的冲突。

属于不同组织的群体之间也会发生冲突。

（二）依据冲突作用性质

依据冲突作用性质不同,可以将群体冲突分为如下两种类型。

1. 破坏性的冲突

凡是由于冲突双方目的不同而造成的冲突,就是破坏性冲突。这种冲突的性质往往属于对抗性冲突。破坏性冲突的特点包括以下几点:①双方对于赢得自己观点的胜利非常在乎;②不愿听取对方的观点和意见;③往往由问题的争论转向对人身的攻击;④冲突双方互相交换意见、情况等不断减少,以至于最后完全停止。

2. 建设性的冲突

凡是由于冲突双方目的一致,而方法或解决途径不同所产生的冲突,大多是建设性冲突。这种冲突的性质往往具有积极意义。建设性冲突的特点包括以下几点:①冲突双方对实现共同的目标都十分关心;②双方乐意了解彼此的观点和意见;③大家都以争论问题为中心;④双方互相交换情况不断增加。

四、群体冲突的作用

群体冲突本身无好坏之分。而我们对群体冲突的作用分析,主要是从绩效的角度进行的。在任何一种情况下都有一个最佳群体冲突水平存在。若群体冲突水平过高或过低,则可能带来消极影响。换言之,群体冲突既有积极的一面,也有消极的一面。

在一个组织中,冲突的作用相当复杂,为了比较全面地考察冲突的作用,我们可以把冲突的作用分为两个方面:积极的作用和消极的作用。

（一）群体冲突的积极作用

（1）促进改革。群体冲突的产生,说明组织在某些方面出现了问题,甚至有些方面可能已经到了非改不可的地步,这样群体冲突有利于组织领导者下决心进行改革。

（2）建立新的和谐关系。由于旧的关系引起群体冲突,使矛盾公开了,这样有利于排除引起群体冲突的消极因素,从而较容易建立新的和谐关系,增强组织内部的团结。

（3）激发完成任务的干劲。群体冲突往往伴随着竞争,而竞争有时会有效地激励员工和群体努力实现组织目标。竞争双方可能都憋着一股气,只是为了证明自己是对的、自己是行的,结果产生了良好的"增益"效率。

（4）宣泄员工的不满情绪。在群体冲突中,员工会宣泄自己的不满情绪。这种情绪若不宣泄出来,对于员工的身心健康相当不利。因此,群体冲突是一种"出气筒",适当的宣泄对员工相当有益。

（5）了解真实的信息。在群体冲突中，双方传递的信息往往是不加伪装的。领导者在处理群体冲突的过程中，会了解到其他渠道中不易了解到的真实信息，这对于领导者全面掌握信息、正确决策、更好地激励员工都有重大的积极意义。

（6）有利于阐明观点与立场。群体冲突双方为了说服对方，并证明自己观点正确，会寻找证据，使得真理越辩越明，这对于解决某些疑难问题大有益处。

（7）有利于产生新目标。在原有目标下，群体冲突双方可能都不满意。为了缓解冲突，领导者可能会提出一个双方都能接受的新目标。这个新目标在以前是不可能被提出的，而这个新目标很可能促进组织的发展。

（二）群体冲突的消极作用

（1）引起消极的情绪状态。在群体冲突中，每个参与者都会有情绪激烈波动的状态。有时群体冲突会给参与者带来很大的精神压力。这种消极的情绪状态和精神压力会产生一些极端不理智行为，例如打架、破坏工具和设备，甚至行凶或自伤。

（2）造成组织巨大损失。如前文所述，组织中的资源稀缺是造成冲突的一个原因，但冲突可能会使资源分配更加不均，这会挫伤一部分员工的积极性，而且冲突的时间越持久，给组织造成的时间和金钱的浪费就越严重，最严重的是由于冲突引起的离心力，对其破坏性不可低估。

（3）破坏组织机构和秩序。在群体冲突时，一方或双方可能曲解组织的目标。在冲突蔓延时，部分员工对组织的命令、指示茫然无措。而部分员工会把指示命令当做"儿戏"、自行其是、不受上级约束，严重破坏了组织秩序和结构。

（4）导致员工人际关系恶化。有些群体冲突引起的原因比较复杂，若处理不当，员工间可能会出现恶意攻击、无端谩骂、人身侵犯等行为。而这种关系恶化的持续，会导致群体分离、组织垮台，因此应该引起各级管理者的高度重视。

思考活动

1. 群体冲突的含义是什么？

2. 群体冲突的来源有哪些？

3. 群体冲突有哪些类型？

4. 如何理解群体冲突的作用？

扩展阅读1

社会结构发生变化，阶层群体冲突增加

传统中国社会的社会阶层结构是相当单一的，就是"两个阶级一个阶层"，即工人阶级、农民阶级和知识分子阶层。在计划经济的背景下，他们之间的利益是高度趋同的，不仅没有根本性的冲突，甚至直接的冲突都几乎没有。但这些年来中国社会新的社会

　　阶层和利益群体纷纷出现,而在新的社会阶层与传统社会阶层之间,新的社会阶层内部由于利益获取模式的不同往往会发生各种冲突与纠纷,而这些冲突与纠纷极易引发社会问题。像前段时间出现的农民工因讨薪而自焚跳楼、土地拆迁中的暴力争端等社会性事件,背后其实都是阶层利益的冲突。

　　而且,伴随着阶层分化,社会管理结构也发生了变化。过去社会中的每一个人基本上都要属于一个"单位"。而且按单位管理,政府好管也省事。但现在社会上出现越来越多的自由人,不再是"单位人"而成了没进入麻袋的土豆。对于这些人,仅仅依靠单位模式是想管也管不住的,就算把他们吸纳为临时工,临时工也已经没有必要、没有动力像"正式工"那样本分听话了。

　　社会的动态更加活跃,特别是农民工问题凸显出的阶级的矛盾日益加剧。这些年来,中国经济社会发展速度很快,既跨越了温饱,又实现了小康。但是,在老百姓吃饱穿暖的同时,对政府的意见也不断增多,群众与干部间的矛盾也越来越凸显出来。社会诉求在提高,群众愿望在升级。

　　在沿海以及一些发达的地区,大量的外来农民工流入。但是农民工的各种权益和利益受到一定的冲击,特别是农民工的医疗保障以及其他的保障。他们是社会转型时期的特殊群体,并为我国的各项建设事业作出了贡献,他们也是一种重要的人力资源。但是,面对种种的尴尬和窘境,使得农民工这样的群体和其他阶级之间的矛盾日益突出。没有社会的稳定,就不可能有经济政治的繁荣发展。有效地协调社会关系、规范社会行为、解决社会问题、化解社会矛盾、促进社会公正、应对社会风险、保持社会稳定,社会管理需要创新。

　　　资料来源:http://www.worlduc.com/blog2012.aspx? bid＝683717

 专题小结

　　群体冲突是指在群体中或群体间,两种或两种以上的目标互不相容或相互排斥的过程,其体现为在心理或行为上的矛盾。

　　在罗宾斯看来,群体冲突的来源有3方面:沟通因素、结构因素和个体行为因素。

　　依据冲突主体不同,群体冲突分为群体中个体之间冲突和群体间冲突两类。而依据冲突作用性质不同,又可分为破坏性冲突和建设性冲突两类。

　　群体冲突既有积极作用,也有消极作用。

专题导读

　　了解了群体冲突的含义、来源、类型以及作用等问题之后，大家应该急着想知道群体冲突是怎么进行的，其过程如何？别急，接下来我们一同来了解一下美国管理学家罗宾斯关于群体冲突过程的 5 个阶段分析。

链接

http://wiki.mbalib.com/wiki/群体冲突的动态分析

专题二

群体冲突的过程

一、潜在的对立或不一致

　　群体冲突过程的第一阶段存在着产生冲突的可能条件。这些条件并不必然导致群体冲突，但它们是群体冲突产生的必要条件。在这个阶段，组织认识到了潜在的对立或不一致，而对立或不一致具备了产生群体冲突的条件。这些条件就被人们视为群体冲突的来源，即群体冲突源。群体冲突源主要包括 3 类：沟通、结构以及个人因素。上个专题已经在群体冲突的来源问题上论述过了，故不在此赘述。

二、认知和个性化

　　群体冲突过程的第二阶段就是对群体冲突的认知和个性化。在这个阶段中，双方对相互的不一致有了情感上的投入，使得潜在的对立显现出来。当潜在对立和不一致显现出来后，双方意识到冲突出现，感觉到冲突，它表明群体冲突问题已经明朗化。这个过程就是对群体冲突的认知，而情绪因素对认知具有很大的作用。其中，消极的情绪会导致问题的简单化处理，甚至降低信任感；而积极的情绪会以一种开阔的眼光来发现潜在联系的可能性，因此它的解决方法往往更具有创新性，更具有宽容性。

　　但是，意识到冲突，并不代表群体冲突已经个性化了。个性化的处理将决定群体冲突的性质，因为这时有个人的情感已经介入其中。该阶段群体冲突问题的明朗化，双方对冲突的看法和态度将决定群体冲突的性质及群体冲突的升级，而对于冲突性质的界定在很大程度上影响着解决的方法。例如，团队决定给某位团队成员加薪，这时在其他成员中，有的人可能认为对自己没什么影响，无关紧要，于是就把这个问题给淡化了，这样冲突就不会升级；而另外一部分人却不是这么看，他们反而认为团队总的工资是确定的，他加薪就意味着我的工资相对下降。不行，我得找领导说说。这样一来，就可能导致群体冲突的升级。

三、行为意向

行为意向介于个体的认知、情感以及他的外显行为之间,它指的是要以某种特定方式从事活动的决策。为何要把行为意向作为独立阶段划分出来呢?因为为了明确了解自己如何针对他人的行为作出回应,就必须首先推断他人的行为意向。许多群体冲突之所以不断升级,主要原因在于一方错判了另一方的行为意向。另外,行为意向与行为之间还有一段明显的距离。因此,一个人的行为并不总能准确地反映出他的行为意向。一般而言,群体冲突的行为意向主要有5种:竞争、协作、回避、顺应、折中。

(1)竞争。当一个人在群体冲突中寻求自我利益的满足,而不考虑群体冲突对另一方的影响时,他就是采取竞争的行为意向。

(2)协作。当冲突双方均希望满足各方利益时,就可以进行相互之间的合作,并寻求相互受益的结果。在协作中,双方的意图是找到解决问题的办法,而不是迁就不同的观点,其做法就是坦率地澄清差异与分歧。

(3)回避。个体可能意识到了群体冲突的存在,但希望逃避它或抑制它。

(4)顺应。若一方为了安抚对方,则可能愿意把对方的利益放在自己的利益之上。换言之,顺应指的是为了维持相互关系,一方愿意作出自我牺牲。

(5)折中。当冲突各方都寻求放弃某些东西,从而共同分享利益时,则会带来折中的结果。在折中行为意向中,没有明显的赢家或输家。他们愿意共同承担冲突问题,并接受一种双方都达不到彻底满足的解决办法。因此,折中的明显特点在于,双方都倾向于放弃一些东西。

在群体冲突的情境中,行为意向为各方提供了总体的指导原则。它界定了各方的目标。但是,人们的行为意向并不是固定不变的。在群体冲突过程中,由于人们的重新认识或由于另一方对于行为的情绪反应,其行为意向也会发生改变。不过,研究表明,人们在采取何种方式处理冲突上总有一种基本的倾向。具体而言,在上述5种处理冲突的行为意向中,各人有各人的偏好,而这种偏好是稳定一致的,并且若把个体的智力特点和人格特点结合起来,则可以很有效地预测人们的行为意向。因此,上述群体冲突的5种行为意向是相对稳定的,而不是一个人为了符合某种恰当的环境而作出的选择。换言之,当人们面对冲突情境时,有些人希望不惜一切代价获胜;有些人则希望寻求一种最佳的解决方式;有些人则希望逃避;有些人则希望施惠于人;还有一些人则希望"同甘共苦"。

四、行为

行为阶段是大多数人在考虑冲突情境时倾向于看重和强调的阶段。因为在这一阶段中，群体冲突是显而易见的。行为阶段包括群体冲突双方进行的声明、活动和态度。群体冲突行为通常是群体冲突各方实施各自行为意向的公开尝试。但与行为意向不同，这些行为带有刺激性。而且由于判断失误或在实施过程中缺乏经验，有时外在行为会偏离原本的行为意向。

若把行为阶段视为一个相互作用的动态过程，这会对我们的理解有所帮助。例如，你提出要求，我对此提出争辩；你威胁我，我反过来予以还击，如此继续下去。其实，所有的群体冲突都处于连续体的某一位置上。若群体冲突水平升级到连续体的最顶端，则具有极大的破坏性。若群体冲突的特点是功能失调的，双方如何来降低群体冲突水平呢？反过来，当群体冲突水平过低需要提高时，双方又应采取哪些办法来提高群体冲突水平呢？而这就涉及我们下个专题的群体冲突的管理问题。

五、结果

群体冲突的结果有两种：要么是组织功能正常，提高了组织的工作绩效；要么是组织功能失调，降低了组织的工作绩效。

（1）功能正常。较低或中等水平的群体冲突有可能提高组织的有效性。若群体冲突能提高决策的质量，激励革新与创造，激发组织成员的兴趣与好奇，提供问题公开解决的渠道，培养自我评估和变革的环境，那么这种群体冲突是建设性的。有大量证据表明，在群体冲突中，由于允许百家争鸣的局面，使得一些不同寻常的建议或由少数人提出的建议在重要决策中受到重视，并因而提高决策质量。此外，群体冲突还是治疗和矫正集体思考与集体决议的办法，它不允许群体消极地、"不加思考"地赞同如下的决策：建立在不堪一击的假设基础上的决策、未充分考虑其他备选方案的决策以及拥有各种其他弊端的决策。群体冲突向现状提出挑战，并进一步产生了新思想，它促使人们对群体目标和活动进行重新评估，从而提高了群体对变革的迅速反应能力。有一些证据表明，群体冲突与生产率之间也呈正相关关系。具体而言，在群体中，当成员之间存在冲突时，比在他们总是意见一致时工作效率更高。调查者观察到，当群体针对成员个人提出的决策进行分析时，高冲突群体相比低冲突群体的改善水平平均高 73%。

（2）功能失调。群体冲突对群体或组织绩效的破坏性结果已经广为人知了。有关这方面的内容可以客观合理地概括为：失控的对立与冲突带来了不满，导致共同纽带的破裂，并最终使群体消亡。群体冲突会产生功能失调，致使组织或群体的有效性降低。这种不良结果主要表现在沟通的迟滞、群体凝聚力的降低、群体成员之间的明争暗斗成为首位而群体目标降到次位。在极端情况下，群体冲突会导致群体功能的停顿，并可能威胁到群体的生存。

扩展阅读2

人际冲突的真相

总想和某人或与理想中的自己一样，是形成矛盾、困惑与冲突的主因之一。一个困惑的心，不论做任何事、在任何一种层次上，都是一团混乱的。

——克里希那穆提

人际关系时常是建立在塑造的假象与防卫机制上。我们每个人都在为他人塑造形象，然后在这个形象上而不是在真人身上，建立所有的人际关系。例如，妻子对自己的丈夫有某种特定的形象，也许她自己并没有意识到，不过这个印象却相当实在；同样，丈夫也会对妻子形成某种印象，朋友之间亦如此。其实人们一开始塑造形象，人与人之间的真实关系就结束了。

建立在这类形象上的人际关系是绝对不会带来和平的，因为形象是虚构的，而人根本无法生活在抽象的理念之中。可是我们偏偏乐此不疲，不断为自己或他人制造出一堆概念、理论、象征及形象，然后生活在这种根本不存在的假象中。人们既然已经接受竞争、嫉妒、贪婪、需求以及侵略性为最自然的生活方式，必然也会视冲突为日常生活的一部分。一旦接受这种生活方式，自然也会接受社会的结构，而活在"面子及地位"的模式中。这就是我们大部分人所陷入的生活方式，因为我们都极度需要别人的尊重。

我们从另一个角度来看，我们永远喜欢拿"真正的我"和"应该的我"互相比较，这个"应该"是我自己投射出来的标准。一有比较之心，就有了矛盾，不只是与某人某事相比，还要与昨日的自己比较高下，从而形成了过去与当下之间的矛盾。只有停止比较，才能使自性呈现，能够活在自性中，才能有真正的平安。不论内心深藏的是悲伤、丑陋、残忍、恐惧、焦虑、孤独……只要你能彻底关照它，毫不分心，且与它安然共处，矛盾和冲突就会停止。

然而，我们却永远喜欢拿自己与那些比较富有、比较聪明、比较博学、比较热情、比较有名的此君彼君相比。"更多"、"更好"这些字眼在我们的生活中占了很重要的地位。这种不断与某人或某事较量的习惯，实在是冲突的主要原因。当我们的心停止制造矛

思考活动

1. 群体冲突的过程分为哪些阶段？
2. 举例说明"协作"行为意向。
3. 举例说明"顺应"行为意向。
4. 举例说明"折中"行为意向。

盾分裂时,会变得高智慧、高敏感度,会有无限的热情,因为"过于努力"常常冷却了人的热情。热情就是生命力,缺少了它,任何事都做不成。

若你不再和别人比较,你就会接纳自己。本来的自我才是事实,一经比较,就把这个整体肢解了,能量便消耗殆尽。能够看到自己的本来面目而不与人相比,就能产生巨大的能量去观察一切。若能够观察自己而不带比较,就已经超越了比较,这并不意味着自己的心因为自满而停滞不前,认识自己的心是如何在耗费能量,就是了解整体真相不可或缺的要素。

我并不想去发现我和谁有冲突,也不想知道我和周遭的环境之间有什么冲突,我只想知道为什么会有这样或那样的冲突。其实原因就是欲望。如果自己对一件事情不知所措,通常会借用与它相对的东西来逃避或克制它,并认为自己必须有一个与事实正好相反的理想标准,才能够应付当前的现实,也会认为只要有了理想,就能走出当前的困境,但事实上却从来没有成功过。

我不会在困惑的心境下做任何的反应了。这种不反应,就成了最完美的反应。

资料来源:http://blog.voc.com.cn/blog_showone_type_blog_id_176565_p_1.html

📖 专题小结

群体冲突的形成过程分为 5 个阶段:①潜在的对立或不一致;②认知和个性化;③行为意向;④行为;⑤结果。

专题导读

采取什么样的措施才能对群体冲突进行控制管理?怎么样才能避免进一步的冲突?哪种方式对群体冲突的管理更为有效?想必大家对这些问题会产生疑惑,别急,接下来我们将给大家答案。

链接

http://wiki.mbalib.com/wiki/冲突管理

专题三 群体冲突的管理策略

一、群体冲突的基本管理策略

群体冲突管理或群体冲突处理的策略有许多种。其中,应用最广的通用策略模式是如图 7-1 所示的美国行为科学家托马斯用二维空间所描述的群体冲突管理策略模式。

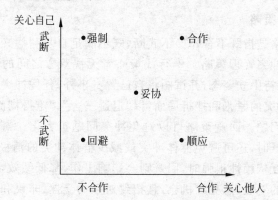

图 7-1　托马斯的群体冲突管理策略模式

如图 7-1 所示,托马斯模式中的横坐标维度"关心他人"表示冲突主体在追求自身利益过程中与对方的合作程度,即其试图使他人的关心点得到满足的程度;纵坐标维度"关心自己"表示冲突主体在追求自己利益过程中的武断程度,即其试图使自己的关心点得到满足或坚持己见的程度。托马斯以冲突主体的潜在行为意向为基础,通过这样的纵、横坐标轴,定义了如图 7-1 所示的冲突行为的二维空间,并组合形成了群体冲突通用的如下 5 种基本管理策略。

1. 强制策略

强制策略亦称为竞争策略,是一种"我赢你输"、武断而不合作的群体冲突管理策略。奉行这种策略者,往往只图满足自身目标和利益却无视他方的目标和利益,往往通过权力、地位、资源、信息等优势向对方施加压力,迫使对方退让、放弃或失败来解决群体冲突问题。这种策略难以使对方心悦诚服,不算是解决群体冲突的佳法,但在冲突主体实力悬殊或应付危机时较为有效。

竞争策略的常见表现情形有以下几种:①产生"赢—输"局势;②敌对争斗;③迫使对方认输;④运用权力等优势以达到自身目的。

竞争策略往往发生或常被使用于如下场合:①冲突各方中有一方具有压倒性力量;②冲突发展在未来没有很大的利害关系;③冲突中获胜的成本很高,赢的"赌注"很大;④冲突一方独断专行,另一方则消极而为;⑤冲突各方的利益彼此独立,难以找到共赢或相容部分;⑥冲突一方或多方坚持不合作立场。竞争策略也包含了仲裁与诉讼方式。

任何主体在决定是否采用竞争战略时,应当认真权衡实行此策略之成本与利益,并慎重回答这样一些问题:①自身有无足够实力保证一定能赢,输的概率有多大,输的结果是什么;②此策略是否导致最希望的结局;③此策略导致的结局是否能以更缓和的策略、更节省的时间或更低的成本取得;④该领域的竞争是否会导致其他领域的竞争,对自身损害可能有多大。

2. 回避策略

回避策略是指既不合作又不武断,既不满足自身利益又不满足对方利益的群体冲突管理策略。奉行此策略者无视双方之间的差异和矛盾对立,或者保持中立姿态,并试图将自己置身事外,任凭冲突事态自然发展,且回避冲突的紧张和挫折局面,以"退避三舍"、"难得糊涂"的方式处理群体冲突问题。回避策略可以避免冲突问题扩大化。当冲突主体相互依赖性很低时,还可避免群体冲突或减少群体冲突的消极结果;但当冲突双方相互依赖性很强时,回避则会影响工作,降低绩效,并可能会忽略某些重要的看法、意见和机会,且招致对手的受挫、非议和影响冲突的解决,故拟长期使用回避策略时,务必谨慎。

回避策略的常见表现情形有以下几种:①忽略冲突并希望冲突消失;②以缓慢的程序节奏来平抑冲突;③思考问题,该问题不作为主要考虑对象或将此问题束之高阁;④以保密手段或言行控制来避免正面冲突;⑤以官僚制度的政策规则作为解决冲突的方式、方法。

回避策略常被使用或往往发生在以下场合:①冲突主体中没有一方有足够力量去解决问题;②与冲突主体自身利益不相干或输赢价值很低;③冲突一方或多方不关心、不合作;④彼此缺少信任、沟通不良、过度情绪化等,不适合解决冲突。

任何主体在决定是否采用回避策略时,首先,应当检讨避免群体冲突的理由何在:是因为不相信能够达成解决冲突的协议,缺乏相互依赖的利益,缺少对问题的关心;或者是因为缺乏冲突处理的知识,惧怕对立对抗等。其次,应当判断实行回避策略对冲突问题解决的建设性影响和破坏性影响后果。最后,应依据不同情况和目标需要实施不同层次回避策略:①"不予注意"式回避——有意回避或忽视冲突存在,"冷却"冲突或寄希望于到一定时候冲突自行消失;②"中立"式回避——第一层次的回避,指的是对冲突保持"中立"立场,并限制相互作用、减少摩擦,或不表示看法与言行的做法;③"分开"或"隔离"型回避——第二层次的回避,指的是冲突双方虽存在利益冲突,但工作任务已明确划分,且双方相互关系有限。为了防止公开冲突或冲突的发展破坏,一方采取与冲突对方"隔离"或"冻结"互动关系,且独自向其他方面追寻利益的做法;④"撤退"式回避——第三层次的回避,指的是当己方实力远逊于对方,冲突失败的概率很高时,为了避免招致新的失败,并确保继续生存而采取的主动"撤退"、"避让"的做法。

3. 合作策略

合作策略指的是在高度合作精神和武断的情况下,尽可能地满足冲突主体各方利益的群体冲突管理策略模式。奉行此策略者必须既考虑自己关心点满足的程度,又要考虑使他人关心点得到满足的程度,并尽可能地扩大合作利益,以追求冲突解决的"双赢"局面。合作策略的基本观点包括以下几点:①冲突是双方不可避免的共同问题;②冲突双方相信彼此平等,应有平等待遇;③双方充分沟通、信任对方、了解冲突情境;④每一方都积极理解对方的需求和观点,并寻找"双赢"方案。

合作策略的常见表现情形有以下几种:①解决问题的姿态;②正视差异并进行思想与信息的交流;③寻求整合性解决方式;④寻找"双赢"的局面;⑤把冲突问题看作是一种挑战。

合作策略往往发生于如下场合:①冲突双方不参与权力斗争;②双方未来的正面关系很重要,且未来结果的赌注很高;③双方都是独立的问题解决者;④冲突各方力量对等或利益互相依赖。

合作策略是为了达成冲突各方的需求,而采取合作、协商,寻求新的资源和机会,扩大选择范围,"把蛋糕做大"的解决冲突问题方式。相比之下,妥协策略则局限于对固定资源、眼见的利益进行划分。实施合作解决问题的策略一般应经由以下 6 个步骤:①检查解决问题的程序与愿望;②研讨需求和利害关系;③定义问题;④拟订与评估备选方案;⑤选择各方能够接受的方案;⑥确定执行方法及监控程序等。

4. 顺应策略

顺应策略指的是一种高度合作且武断程度较低(不坚持己见),当事者主要考虑对方的利益、要求,或屈从对方意愿,且压制或牺牲自己的利益及意愿的群体冲突管理策略模式。奉行此策略者要么旨在从长远角度出发换取对方的合作,要么是不得不屈从于对手的势力和意愿。

顺应策略的常见表现情形有以下几种:①退让或让步;②屈服或顺从;③赞扬、恭维对方;④愿意改进关系,提供帮助。

顺应策略的核心是顺应,即对别人或其他群体的利益让步,或将己方需求的利益让予他人(他方)。此策略常被使用于如下的场合:①各自利益极端相互依赖,必须牺牲某些利益去维持正面关系;②力量过于悬殊,希望以让步换取维持自身利益或在未来其他问题上的合作;③己方缺乏使用其他策略处理冲突的能力;④己方对冲突结果的期望值低或低度投资,采取消极的或犹豫不决的态度。这其中有着正面和负面两类理由。

5. 妥协策略

妥协实质上是一种交易,亦称谈判策略。妥协策略指的是一种合作性和武断性均处于中间状态,适度(居中)满足自己的关心点和满足他人关心点,并通过一系列的谈判、让步,避免陷入僵局,"讨价还价"的部分满足双方要求和利益的群体冲突管理策略。妥协策略是一种被人们广泛使用的处理群体冲突方式,它反映了处理群体冲突问题的功利主义态度,且有助于改善和保持冲突双方的协作关系,尤其在促成双方一致的愿望时十分有效。当奉行此策略时,应在满足对方最小期望的同时作出让步,而且冲突双方应当相互信任并保持灵活应变的态度,着重要防止

提示

顺应策略,亦称迁就策略,或迎合策略。

满足短期利益在前,牺牲长远利益在后的妥协方案或妥协策略的消极影响。

妥协策略的常见表现情形有以下几类:①谈判;②寻求交易;③寻找满意或可接受的解决方案。

妥协策略往往用于如下场合:①冲突双方无一方有能力包赢,从而决定按各方所见的有限资源和利益来分配;②双方未来的利益有一定的相互依赖性和相容性,有某些合作、磋商或交换的余地;③双方实力相当,任何一方都不能强迫或压服对方;④双方各自独立,互不信任,且无法共同解决问题,但赢的赌注较多。

妥协中的讨价还价技巧有 4 个层级:一是不做实际承诺,但表明灵活的立场;二是做很少让步,但须等对方作出反应之后才会有实际进展;三是提供双方都能接受的具体交易条件;四是非正式地暗示对方的让步将有所报答。

二、冲突管理策略的有效性

上述 5 种群体冲突管理策略,若从冲突双方相互间的得失权衡来看,竞争为彼失己得,合作为各有所得,妥协为各有得失,回避为各无所得,顺应为彼得己失。因此,不少人认为,合作策略的有效性最高。当然,何者更为有效,人们的观点并不一致,且受到每个人哲学观的影响。事实上,影响群体冲突管理策略有效性的因素很多,每一种策略的有效性必须放到具体冲突的情形、环境、情节、矛盾、资源等实际状况中去考察,因为具体问题、具体处理、具体比较更能准确地说明问题。也有人提出,当运用某一策略处理特定冲突问题时,若它能够使组织效益的贡献、社会需要和效益、组织成员的精神需要和伦理道德需要都得到满足,那么就可以说,此时的群体冲突管理策略是有效的。

表 7-1 所示是 5 种群体冲突的管理策略的有效情境和无效情境。

表 7-1　冲突管理基本策略的有效性

策略方式	有效的情境	无效的情境
合作方式	(1) 总是很复杂 (2) 为了得到更好的解决办法,双方的结合是有必要的 (3) 为了成功实施,另一方承担一定的义务是必要的 (4) 时间上允许彻底解决问题 (5) 一方不可能单独解决问题 (6) 为了解决共同的问题,需要利用双方拥有的资源	(1) 问题或任务很简单 (2) 要求迅速作出决策 (3) 另一方不关心最终的结果 (4) 另一方没有解决问题的技巧

续表

策略方式	有效的情境	无效的情境
顺应方式	(1) 你相信自己是错的 (2) 问题对另一方更为重要 (3) 你愿意放弃某些利益以从另一方获取一定的未来收益 (4) 你是从处于弱势的角度出发处理问题 (5) 维持双方的关系非常重要	(1) 问题对你很重要 (2) 你相信自己是对的 (3) 另一方是错误的或不道德的
竞争方式	(1) 问题很琐碎 (2) 必须尽快作出决策 (3) 有必要征服执己见的下属 (4) 对你来说,另一方作出的不受欢迎的决策成本太高 (5) 下属缺乏作出技术性决策的能力 (6) 问题对你很重要	(1) 问题很复杂 (2) 问题对你并不重要 (3) 双方实力相当 (4) 一定要立即作出决策 (5) 下属的能力很强
回避方式	(1) 琐碎的问题 (2) 与另一方进行对抗的潜在破坏性超出了问题得到解决的收益 (3) 需要一定的"冷处理"的时间	(1) 问题对你很重要 (2) 作出决策是你的责任 (3) 双方都不愿意拖延,问题必须马上解决
妥协方式	(1) 双方的目标都是排他的 (2) 双方的实力相当 (3) 双方之间不可能达成一致 (4) 结合方式或强迫方式都不可能成功 (5) 需要一种解决问题的临时方案	(1) 一方更有实力 (2) 问题复杂到需要通过"解决问题"的方式来解决

扩展阅读2

化冲突为共赢的智慧

没有人喜欢冲突,但有人的地方就有冲突。值得说明的是,冲突不全是坏事,它能暴露组织中存在的问题,促进问题的公开讨论,增强企业活力,刺激良性竞争。从某种意义上讲,冲突是企业创新的重要源泉。孔子曰:君子和而不同,小人同而不和;孟子云:无敌国者,国恒亡也。冲突只是发展、变化或创新带来的副产品。

在企业中,如果两个人总是意见一致,那么其中一个人肯定是不必要的。出现冲突并不可怕,关键是如何有效化解。办法总比问题多,任何冲突都有完美解决的方案。当冲突出现时,如何化冲

思考活动

1. 群体冲突的基本管理策略有哪些?

2. 妥协管理策略的有效情境和无效情境是什么?

3. 顺应管理策略的有效情境和无效情境是什么?

4. 举例说明群体冲突的竞争管理策略。

突为共赢、化干戈为玉帛？

关键是基于立场（对与错）还是基于利益（得与失）的处理方式，即竞赛还是共赢的问题。如果要竞赛，即导致冲突的升级。基于利益的冲突处理迫使人们走向双赢的策略，即我需要的是什么、他需要的是什么，如何实现你好我好大家好。这就需拿出诚意，用同理心，采取适度的坚持，并注意妥善处理自己的负面情绪。

在处理方式上，要冷静公正、不偏不倚，且充分听取双方意见。处理时要建立共同的目标，并要有严密的规章制度。在技巧上要晓以大义，交换双方的立场，创造轻松的气氛，同时注意冷却降温的妙用，最后要给双方有台阶可下。切忌过度理性，对负面情绪视而不见，认为处理冲突是对人不对事；更不能认为处理冲突是一方的责任，只有对方需要改变；也不能等对方先行动才表达自己的善意。

在具体策略上，华略咨询首席顾问蒋小华提供 9 种方法供参考。

（1）做大馅饼。双方如何各取所需？是否存在资源短缺？如何扩大关键性资源？创造性地将原先冲突的资源扩大，产生更多的资源。

（2）滚木法。我的重要和次要问题是什么？双方的重要和次要问题是什么？我的重要问题在对方是次要问题吗？对方重要问题在我是次要问题吗？双方是否都把可以分开的问题拴在一起？

（3）交易法。对方的目的和价值观是什么？我如何才能满足对方的目的和价值观？

（4）减轻代价。我的建议给对方造成哪些风险和代价？如何降低风险、减少成本？冲突时替对方考虑，如何让对方赢。

（5）目标升级。出现冲突时，提出一个新的高层次的共同目标，而且该目标不经冲突双方的协作努力是不可能达到的。

（6）搭桥法。思考对方的建议是想要解决哪些关切点？我的建议是想要解决哪些关切点？在这些关切点中，双方的优先选择是什么？怎样才能满足双方的优先选择？总之，相互寻找共同点，建立冲突中的"桥梁"。

（7）谈判法。双方选出谈判代表，制定目标底线与期望上限，并在协议中写明我希望包括哪些内容？并彼此为对方找台阶下。同时双方要明白天下没有全赢的谈判，退一步海阔天空。

（8）调解法。调解人要清楚说明调解事由与目标，在立场上要扮演桥梁的角色，并创造互信的气氛，缓和冲突场面。调解时引导双方寻找解决之道，不宜主动提出解决的方案。应记录双方发言的重点，最后供对方确认。调解成功要将调解方案内容印发给双方,并签名负责。

（9）权威法。这一般适用于情况紧迫时。当冲突双方通过协商不能解决时,可以由上级主管部门作出裁决,按"下级服从上级"的组织原则,强制冲突双方执行上级的决定或命令。

总之,冲突管理是一门学问,无论是企业管理者,还是家庭成员都必须掌握,否则组织在内耗,家庭成员在受折磨。

资料来源：http://blog.china.alibaba.com/article/i20707904.html

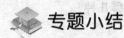

专题小结

群体冲突管理或群体冲突处理的策略模式有许多种。其中,应用最广的通用策略模式是美国行为科学家托马斯用二维空间所描述的群体冲突管理策略模式。群体冲突的基本管理策略有 5 种,分别为合作、顺应、竞争、回避和妥协。每一种管理策略模式都有各自的有效情境。

思考与练习

一、选择题

1. 下列不属于群体冲突的结构因素来源的是（　　　）。
    A. 价值观　　　　　　　　B. 组织规模
    C. 角色冲突　　　　　　　D. 奖酬制度

2. 协作行为意向是群体冲突过程的第（　　　）个阶段。
    A. 一　　　　　　　　　　B. 二
    C. 三　　　　　　　　　　D. 四

3. 当一个人在群体冲突中寻求自我利益的满足,而不考虑群体冲突对另一方的影响时,他就是采用（　　　）行为意向。
    A. 协作　　　　　　　　　B. 竞争
    C. 折中　　　　　　　　　D. 回避

4. 忽略冲突并希望冲突消失,这是（　　　）的群体冲突管理策略。
    A. 强制　　　　　　　　　B. 顺应
    C. 回避　　　　　　　　　D. 妥协

5. 当你相信自己是错的,并且认为问题对另一方更为重要时,此时你采取的是（　　　）的群体冲突管理策略。
    A. 竞争　　　　　　　　　B. 回避
    C. 顺应　　　　　　　　　D. 协作

二、填空题

1. 群体冲突依其作用性质不同可以分为＿＿＿＿＿＿＿与＿＿＿＿＿＿＿。

2. 罗宾斯认为群体冲突的来源有 3 方面：＿＿＿＿＿＿＿、＿＿＿＿＿＿＿、

_____。

3. 顺应策略的常见表现情形有_____、_____、_____。

4. 个体之间的冲突主要表现在_____、_____、_____。

5. 妥协的群体冲突管理策略的无效情境是_____、_____。

三、问答题

1. 群体冲突如何产生？

2. 群体冲突的过程可以分为哪些阶段？

3. 顺应的群体冲突管理策略的常见表现情形有哪几种？

4. 试分析群体冲突的作用。

5. 群体冲突管理策略有哪些，它们的效果如何？

推荐书目与文章列表

[1] (美)斯蒂芬·P.罗宾斯. 组织行为学[M]. 李原译. 北京：中国人民大学出版社,1997.

[2] 张莉. 组织中群体冲突的管理[J]. 商情,2012(41)：102.

[3] 郝锐,于瑢. 浅谈组织内群体冲突与组织文化的战略架构[J]. 当代经济管理,2008(9)：62-63.

[4] 黄白. 群体冲突与管理策略[J]. 河池师专学报,1998(4)：47-50.

[5] 吴宝宏. 浅谈组织中的群体冲突及克服[J]. 江苏教育学院学报,2003(2)：2-51.

第八章

领导行为

领导是一个非常引人入胜的话题。我们平时看电视、读报纸、听广播，都会关注某个国家领导人或是某些著名公司的领导人在做什么。大到国事访问，小到逸事趣闻，我们的大众传媒每天充斥着这类新闻。新闻报道或许距离我们较远，但在我们的生活中，身边也真真切切地存在着各式各样的领导现象。比如，你可能是一个企业的负责人、一个部门的经理，即使只是一名普通的员工，也要随时随地听从领导的差遣。换言之，领导行为成为工作生活很重要的组成部分，也成为组织行为学的重要研究课题。

本章将首先阐述领导行为的含义与功能，然后介绍领导行为的相关理论，再者阐述领导效能的考评与行为监控，最后探讨领导行为有效性的提升问题。

 学完本章，你将能够

1. 理解领导行为的含义与功能；

2. 了解领导行为的相关理论；

3. 掌握领导效能的考评与行为监控；

4. 学会提升领导行为的有效性。

专题导读

领导行为的含义是什么？它有何功能呢？或许大家心中存在着这些疑惑。别急，接下来我们给大家一一作答。

链接

http://baike.baidu.com/view/49575.htm 领导行为

专题一 领导行为概述

一、领导行为的含义

领导行为是指影响群体、影响他人以达成组织目标的一种行为过程。领导行为有以下两个基本前提。

(1) 领导者必须具有影响力。因为领导者的基本角色是影响他人自愿地追求确定的目标。

(2) 领导者必须具有指导和激励能力，也就是说在帮助个体或群体确认目标以及激励他们达到一定目标的过程中起着重要的作用。

对于领导行为这个概念，我们可以从如下几个方面进一步理解。

(1) 领导行为的主体。它包括党政机构的领导者、企事业单位的领导者以及广大的社会组织中的领导者。

(2) 领导行为的目标。领导行为的根本目标在于实现组织目标。

(3) 领导行为的作用方式。它有强制和非强制之分。

(4) 领导行为的客体。它主要是指组织中的下属成员。

(5) 领导行为的环境。它主要是指组织的环境，这种环境是指组织绩效会发生潜在影响的外部机构和力量。当领导行为的主体和客体一定时，环境因素的变化对领导行为和领导效果的好坏就有很大的影响。

二、领导行为的功能

领导行为的功能是指领导者在领导过程中必须发挥的作用，即领导者在带领、引导和鼓舞下属为实现组织目标而努力的过程中，所要发挥的作用。它包括如下 3 个具体的功能。

1. 组织

组织功能是指领导者为实现组织目标，合理地配置组织中的人、财、物，并把组织的三要素构成一个有机整体的功能。组织功能是领导行为的首要功能，没有领导者的组织过程，一个组织中的人、财、物只可能是独立的、分散的要素，难以形成有效的生产力。通过领导者的组织活动，

提示

领导行为只是管理活动之一，是管理活动的职能之一。

人、财、物之间的合理配置,构成一个有机整体,才能去实现组织的目标。

2. 激励

激励功能是指领导者在领导过程中,通过激励方法调动下级和职工的积极性,使之能积极努力地实现组织目标的功能。实现组织的目标是领导行为的根本任务与目标,但要完成这个任务与目标不能仅靠领导者一个人去亲自动手干。他应在组织的基础上,通过激励功能的作用,将全体职工的积极性调动起来,共同努力。"众人拾柴火焰高",领导的激励功能,形象地说就是要使众人都积极地去拾柴。

3. 控 制

控制功能是指在领导过程中,领导者对下级和职工,以及整个组织活动的驾驭和支配的功能。在实现组织的目标过程中,"偏差"是不可避免的。这种"偏差"的发生可能源自于不可预见的外部因素的影响,也可能源自于内部不合理的组织结构、规章制度、不合格管理人员的影响。纠正"偏差",消除导致"偏差"的各种因素是领导行为的基本功能。

扩展阅读1

领导与管理的联系与区别

领导与管理的联系主要体现在以下几方面。

(1) 领导是从管理中分化出来的。就领导活动自身发展的历史而言,决策与执行的分离、领导权与管理权的分离,是领导科学发展进程中的重要变革,这一具有里程碑意义的变革同样证明了领导是从管理中分化而来的。

(2) 领导和管理无论是在社会活动的实践方面,还是在社会科学的理论方面,都具有较强的相容性和交叉性。

领导与管理的区别主要有以下几方面。

(1) 领导具有战略性。领导侧重于重大方针的决策和对人、事的统御,并强调通过与下属的沟通和激励实现组织目标;管理则侧重于政策的执行,并强调下属的服从和组织控制实现组织目标。领导追求组织乃至社会的整体效益;管理则着眼于某项具体效益。

(2) 领导具有超脱性。领导重在决策,管理重在执行。工作重点的不同,使领导不需要处理具体、琐碎的具体事务,而主要从根本上、宏观上把握组织活动。管理则必须投身于人、事、财、物、信息、时间等具体问题的调控与配置,并通过事无巨细的工作实现管理目标。

资料来源:http://www.zctvu.com.cn/file_post/display/read.php? FileID=37415

思考活动

1. 如何理解领导行为的含义?

2. 领导行为有哪些功能?

3. 领导行为有哪些要素?

4. 如何发挥领导行为的激励功能?

专题小结

领导行为是指影响群体、影响他人以达成组织目标的一种行为过程。

领导行为有组织、激励和控制 3 种功能。

专题导读

在获悉领导行为的含义与功能之后，也许大家都想知道有关领导行为的研究理论有哪些？别急，接下来我们一同来了解一下领导行为理论。

链接

http://wiki. mbalib. com/
wiki/领导行为理论

专题二

领导行为理论

一、领导的特质理论

著名的历史学家托马斯曾经说过，"世界的历史就是伟人的历史。"受这种观点的影响，早期的心理学家在看待领导问题的时候从特质论入手，他们把研究重点放在了人格特质与能否成为领导的关系上，由此提出了一系列的理论。

早期的特质理论认为，领导者具有某些固有的特质，而这些特质是与生俱来的。只有先天具备这些特质的人才可能成为领导。从 20 世纪 30 年代开始，心理学家对特质论进行了大量的研究，但这些研究并没有找到一些特质因素总能将领导者和非领导者，以及成功的领导和失败的领导的特质相区分。这表明，试图找到一组独特的特质来鉴别成功的领导者的努力是失败的。但研究表明有一些特质，如智慧、支配性、自信、精力、富有专业知识，是与成功的领导者一致相关的。这说明具备某些特质确实能提高领导者成功的可能性，当然没有一种特质能保证领导者的成功。

对于领导者到底应该具有哪些特质，早期的特质理论回答是身强力壮、聪明但不能过分聪明、外向、有支配欲、有良好的调适能力以及自信。当代的特质理论则进一步扩大了特质的范围，认为领导者应该具有下列特质：对所完成的工作有责任感；在追求目标的过程中热情并能持之以恒；解决问题时勇于冒险并有创新精神；勇于实践；自信；能很好地处理人际关系并忍受挫折等。

特质理论由于存在如下一些缺陷，所以在解释领导行为方面并不十分成功。其缺陷主要表现在以下几方面。

（1）忽视了下属的需要。具有某种特质的领导者可能适合管理某些下属，但不适合管理另一些下属。

（2）未指明各种特质之间的相对重要性。成功的领导者可能需要具备许多特质，但其中某些特质更为关键。

（3）忽视了情境因素。没有考虑到工作的结构性、领导权力的大小等情境因素的影响，因而未能解释为何具有不同特质的领导者在各自的组织中都可以工作得非常出色。

（4）未区分原因和结果。特质与绩效之间的相关研究并未能解释是因为具有某些特质才导致成功，还是因为成功才建立了这些特质。例如，虽然研究可能发现丰富的专业知识与高的管理绩效之间有很好的相关关系，但这并不能表明到底是因为有较高的专业知识才获得了管理的高绩效，还是因为担任管理职位才获得了丰富的专业知识。

二、领导的行为理论

由于特质理论在解释领导行为方面并不十分成功，所以学者由对先天特质的研究转而研究领导者的具体行为表现。行为理论旨在探讨有效的领导是否具有独特的行为风格。例如，比较民主，还是比较专制。

特质理论认为领导是天生造就的，一个人或者是领导，或者不是，所以这种理论对领导的培养与开发并不能提供指导和建议。而行为理论强调的是具体的行为方式，而非先天的品质。就此而言，若行为理论找到了领导方面的关键因素，则可以培养和训练这些行为模式。

俄亥俄模式是经典的领导的行为理论，也是其他的领导的行为理论的基础。俄亥俄大学的研究人员通过对一千多个领导行为进行浓缩聚焦，最后将领导行为归纳为两大类：工作管理和关心人。

工作管理是指领导者为了达到目标而在规定或确定自己与部属的角色时所从事的行为活动，包括组织工作任务、工作关系、工作目标。高度工作取向的领导者关注员工的工作，要求维持一定的绩效水平，并强调工作的最后期限。

关心人是指领导者注重人际关系，尊重和关心下属的建议与情感，更愿意建立相互信任的工作关系。高度关心人取向的领导者帮助下属解决个人问题，友善而平易近人，公平对待每一个下属，关心下属的生活、健康、地位和满意度。

工作管理和关心人构成了领导行为的两个维度。许多研究发现，高度工作取向且高度关心人取向的领导，比其他类型的领导（在两个维度上都低，或在一个维度上低，在另一个维度上高）更能促使员工有高绩效和高工作满意度。

提示

领导方式一般分为民主、专制和放任3种类型。

三、领导的权变理论

与行为理论和特质理论不同,权变理论主张因具体情况而改变领导方式,具体的权变理论主要有如下3个。

(一)费德勒的权变理论

费德勒的权变理论认为,团队绩效取决于领导者与情境因素是否搭配。费德勒也是将领导方式分为工作取向和人际取向两类。为了测量一个人的领导风格,费德勒发明了"最不喜欢的工作伙伴"量表。如表8-1所示,该量表由16组形容词组成,首先让领导者回想自己所共事过的同事中最难共事的一个同事,然后用该量表对这个同事进行评价。若一个人对他最不喜欢的工作伙伴也用肯定性的形容词去描绘,说明他乐于与同事形成良好的人际关系,是人际取向的。反之,则认为领导者主要关心生产,是工作取向的。

表 8-1　不同领导风格不同情境下的效能

情境类型标号		一	二	三	四	五	六	七	八
情境维量	上下级关系	好	好	好	好	坏	坏	坏	坏
	工作结构	高	高	低	低	高	高	低	低
	职权	大	小	大	小	大	小	大	小
领导效能	关系取向	低			高		一般		低
	工作取向	高			低		一般		高

费德勒认为情境性的因素分为3个维度:一是领导者与下属的关系,即下属对领导者信任、信赖和尊重的程度;二是工作结构,即工作程序化、规范化的程度;三是职权,即领导者在甄选、训练、调薪、解聘等人事方面有多大的影响力和权力。

这3个维度互相组合,可以产生8种不同的情境。费德勒认为两种领导风格在8种不同的情境下有不同的效能(表8-1)。例如,汽车总装生产线的班组的工作是结构化的,主管的职位权力非常强。若领导者与成员关系是正面的,该环境更适合于工作取向的领导。

费德勒的模型表明,在高度非结构化环境下,领导者的结构和控制可以解决该情境下的模糊和焦虑问题,所以结构化的方法更能得到员工的喜爱。在任务高度程序化以及领导者与员工的关系很好的情况下,他们会觉察到任务导向更加有助于工作绩效。其余的情况下需要建立更好的领导者—成员关系,于是更加关心人的、员工导向的领导者是有效的。

(二)赫塞和布兰查德的情境领导理论

保罗·赫塞和布兰查德发展出的情境领导(又称生命周期)模型认

为,影响领导者风格选择的重要因素是下属的成熟程度。在他们看来,成熟度是指个体对自己的行为负责任的能力与意愿,包括如下两个方面。

(1)工作成熟度。这是指一个人的知识和技能水平。工作成熟度越高,执行任务的能力越强,越不需要他人的指挥。反之,则需要对工作进行指导。

(2)心理成熟度。这是指从事工作的意愿或动机。心理成熟度越高,自觉性越高,越不需要外力推动。反之,则要规定员工的工作任务和角色职责。

赫塞和布兰查德将工作取向和关系取向两个维度相结合,得出如下4种领导风格。

(1)指导式(高工作—低关系)。领导者规定工作任务、角色职责,并指示员工做什么,如何做。

(2)推销式(高工作—高关系)。领导者不仅表现出指导行为,而且富有支持行为。

(3)参与式(低工作—高关系)。领导者与下属共同决策,并提供便利条件和沟通。

(4)授权式(低工作—低关系)。领导者提供较少的指导或支持,并让下级自主决定。

情境理论与其他权变理论的不同之处在于,它强调了被领导者,并指出对于不同成熟构型的员工,应采取不同形式的领导方式,以求得最佳绩效(表8-2)。但情境理论并未得到理论界的重视,也缺乏足够的研究证据的支持。

表8-2　被领导者的成熟度所适应的领导风格

成　熟　度	建议的风格
1. 能力低；意愿低	指导式
2. 能力低；意愿高	推销式
3. 能力高；意愿低	参与式
4. 能力高；意愿高	授权式

(三)路径—目标理论

路径—目标理论是由罗伯特·豪斯提出的,该理论采纳了俄亥俄模型的工作取向和关系取向,并同激励的期望理论相结合。该理论认为,领导者的主要任务是帮助下属达到他们的目标,并提供必要的指导和支持以确保下属的目标与群体或组织的目标相互配合。换言之,领导者的行为要想被下属接受,就必须能够为员工提供现时的和未来的满足感。

该理论认为领导者的激励作用在于以下两点:①使绩效的实现与员

工需要的满足相结合；②提供有效的工作绩效所必需的辅导、指导、支持和奖励。为此，豪斯提出了如下 4 种领导行为。

（1）指导式领导。让员工明了别人对他的期望、成功绩效的标准和工作程序。

（2）支持型领导。努力建立舒适的工作环境，亲切友善，并关心下属的要求。

（3）参与式领导。主动征求并采纳下属的意见。

（4）成就取向式领导。设定挑战性目标，并鼓励下属展现自己的最佳水平。

豪斯假定领导者具有变通性，能依据不同情况而表现出上述各种不同的领导行为。路径—目标理论提出了以两个权变因素作为领导行为与结果之间的中间变量：一是下属控制范围之外的环境因素，如工作结构、正式的权力系统、工作团队等；二是下属的个人特征，如经验、能力等。

不同的领导行为适合不同的环境因素和个人特征。例如，下属的工作是结构化的，则支持型的领导可以带来高的绩效和满意度，而对于能力强或经验丰富的下属，指导式的领导可能被视为多余的；相信自己能够控制命运的内控型下属对参与型领导更为满意，而外控型下属对指导式领导更为满意。

对路径—目标理论的研究支持了该理论背后的逻辑，即若领导者能补偿员工或工作环境方面的不足，则会促进员工的工作绩效和满意度。若工作结构明确、任务清楚，且员工有能力和经验处理工作，则不必浪费时间进行指导，否则会被视为是多余的。

思考活动

1. 如何评价领导的特质理论？

2. 你如何理解领导者的行为风格？

3. 举例说明费德勒的权变理论。

4. 领导的权变理论的主要特点是什么？

扩展阅读 2

拿破仑为何兵败滑铁卢

众所周知，拿破仑是法国历史上一位机智勇敢、能征善战的杰出的军事家。但这位叱咤风云的人物却在 1815 年 6 月的"滑铁卢"战役中一败涂地，被流放到大西洋中的圣赫勒拿岛，直至后来病死。那么，他为什么会兵败滑铁卢呢？这还得从头说起。

1815 年 2 月 26 日，拿破仑从流放地——厄尔巴岛逃回法国，法国人民欢呼雀跃，并拥戴拿破仑奇迹般地重新登上皇位。欧洲封建军队和英国统治阶级对拿破仑的东山再起深感恐惧，于是立即组织了英、俄、普、奥、意五国反法联盟向法国进攻。法国人民深深懂得，只有拿破仑才能保卫资产阶级革命的胜利果实，于是他们将 30 万热血男儿交给了拿破仑。

战争迫在眉睫，拿破仑认为，只要能击败反法联盟的主力英、普二军就能瓦解反法联盟，因此他决心争取主动。6 月 15 日，他出其不意地开赴比利时,并打败了布吕歇尔领导的普鲁士军队。随后,拿破仑命令骑兵将领格鲁希追击普军。他说:"格鲁希,你的任务就是将可恶的普鲁士人赶回老家,最好是提着布吕歇尔的脑袋来见我,其他的事就由我来做好了。""是,陛下!"格鲁希坚定地回答。

6月18日,法军向英军发动了猛烈的进攻,由于惠灵顿进行了周密的部署,双方伤亡都很惨重,这时战斗处于胶着状态,而援军就成了决定胜负的关键。

遗憾的是率先出现的是普鲁士军队。原来,格鲁希由于行动缓慢使布吕歇尔逃脱,这时面对远处传来的枪炮声,布吕歇尔立即命令部队开赴战场,而格鲁希却无动于衷。当手下的将领向他建议,放弃追击普军,转而支援拿破仑时,格鲁希竟说:"军人以服从命令为天职,陛下(拿破仑)只授予我追击布吕歇尔的权力,但没有授予我改变计划的权力,你们懂吗?"就这样,格鲁希无视将领们的苦苦哀求和远处传来的愈来愈激烈的枪炮声,依然命令部队按原来方向追击,于是白白将有利的战机送给了普军,这时拿破仑在英普军队的夹击下,寡不敌众,大败而归。

资料来源:http://www.gs5000.com/gs/sj5000/mi/2894.html

 ## 专题小结

领导行为主要有如下3种理论:领导的特质理论、行为理论和权变理论。其中,特质理论认为,领导者具有某些固有的特质,这些特质是与生俱来的,只有先天具备这些特质的人才可能成为领导;行为理论强调的是具体的行为方式,而非先天的品质;权变理论主张因具体情况而改变领导方式。

专题三
领导效能考评与行为监控

一、领导效能的含义与特点

领导效能是指领导者在实施领导过程中的行为能力、工作状态和工

专题导读

从上个专题可以看出,有关领导行为方面的理论研究,其目的在于提高领导效能。而领导效能是什么?有何特点?又是如何被考评的?另外,为了保证领导效能,又是如何对领导行为进行监控的呢?或许大家都有这样的疑惑。别急,接下来我们给大家一一作答。

链接

http://web2.openedu.com.
cn/mod/resource/view.php?
id= 12096 领导效能

作结果,即实现领导目标的领导能力和所获得的领导效率与领导效益的系统综合。显然,领导效能包括 3 个要素:①领导能力,即领导者的行为能力;②领导效率,即已经实现的领导任务(或目标)与时间之比和完成一定数量和质量的领导任务(或目标)的速度;③领导效益,即领导活动投入与领导活动结果之比。简言之,领导行为的最终结果包括经济效益、政治效益、文化效益、人才效益以及社会效益等,因而是一个综合性的指标。

作为一个复杂的、广泛的综合性体系,领导效能的特点主要表现在如下 6 个方面。

(1) 综合性。领导效能的高低优劣取决于多种因素:首先包括领导者的自身因素;其次包括领导群体的因素;再次包括被领导者的自身因素;最后包括领导活动得以进行的客观环境因素。

(2) 社会性。一方面,领导活动作为一种有组织的社会活动,是社会活动的有机组成部分,这就使领导效能不可避免地受到各种社会因素的影响与制约;另一方面,领导活动作为一种有目的的社会活动,其最终目标是为促进整体社会的发展服务。

(3) 历史继承性。领导效能所反映和体现的,总是在某一特定的时间和空间里,某一个领导者或领导群体率领被领导者,在一定的环境与条件下改造客观世界所取得的工作成果与所释放的领导能力。然而,这些成绩的取得,无不是建立在前人或前任已进行的工作或已创造的条件的基础之上,同时现任领导者或领导群体在某一特定的时间和空间里所取得的,又会为后来者创造条件,提供契机。

(4) 主观与客观统一性。总体来说,领导活动必须首先在一定的自然与社会环境中进行,因而领导效能的取得必然受到所处客观环境的影响与制约。同时,人具有改变客观世界的主观能动性,因此在一定的时期和一定的条件下,在认识并掌握客观世界规律的前提下,人是可以利用并进一步改造客观环境因素的。

(5) 动态变化性。一方面领导群体或个体的绩效随着时间的推移而不断变化,另一方面,人的主观行为对社会经济发展的作用需要一定的时间才能显示出来,因而领导者在不同的时间其工作效能是有差异的。因此,要准确评价一个领导者的效能,必须对他在一段时间内的效能进行多次的评价和衡量,并且要根据工作性质的不同而改变效能评价的次数。

(6) 形式多样性。从事不同类型工作的领导者,其工作结果的表现是不同的,因而其工作效能的表现形式亦有很大的差异。因此,在进行效能评价时,应考虑不同类型领导者的特点。

二、领导效能的考评方法

（一）目标考评法

任何领导活动都要追求并达到一定的目标。目标考评法，亦称目标对照法，就是按照领导活动中预定的目标项目指标，检查其完成情况，从而评定被考评者的工作成效。由于目标具有可分性、层次性、阶段性和综合性的特点，所以目标考评可以从内容上、层次上和时间上分项、分层、分段地进行，也可以综合地进行。

使用目标考评法的前提条件是各个组织不仅要为本单位制定规范、综合和全面的目标，还应为领导者制定分项、分层项目指标；不仅要制定总体目标，还要把总体目标分解为相互联系、相互制约、多层次和多样性的具体目标项目，以形成领导组织的目标体系。

例如，在某领导活动开始前或初期，侧重评定领导者的知识素质和能力素质（预先评定）；在工作过程中，侧重评定领导者的工作态度和工作作风（过程评定）；工作结束后，又侧重评定其工作效率、成绩和社会效益（终点评定）。最后将各段评定的结果进行全面的综合分析整理，形成最终的考核结论。

目标作为领导活动中一个基本要素，既是领导活动的起点又是领导活动的归宿。在目标考评法中，一定要严防"目标替换"现象的发生。对于执行决策的部门和下属来说，在对他们的工作效绩进行考评时，也要注意其子目标与总目标之间的关系。因此，在对其工作效绩进行考评时，不能因为他们已经实现了分目标，而断言他们有着较高的效绩，即不能以他们实现的分目标替代整个组织的总目标。

（二）员工评议法

员工评议法，就是通过员工测评、民意测验等方式对被考评者进行评议，以获得被考评者的总体情况的方法。它是以标准化的等级量表"很称职"、"称职"等进行投票评价，包括对话法、问卷法等。对话法是指由考评者找个别人谈话，或召开小型座谈会，直接了解对被考评者的评价。问卷法则是将考评指标项目分级分类列表后发放，要求被调查者填好后送回，然后由考评者进行数据处理和综合分析。这一方法的有效性依赖于问卷设计的科学性和被调查者的配合程度。

（三）定量分析法

任何领导活动的效能都反映在质和量两个方面，既可以在质上定性，也可以从量中分析。对领导效能进行定量分析，具体可以围绕用人、办事、整体贡献和时间节约进行，并从中找出有效量与总量之间的比率。

比率高,说明领导效能高;反之,则说明领导效能低。

（1）时间效能方面。时间效能可以从领导者自己的时间有效利用率、部属的时间有效利用率和组织整体的时间有效利用率3个方面进行分析。时间的有效利用率是指有效工作时间与法定工作时间之间的比例。领导者时间效能不仅要求自己有较高的时间利用率,还应使部属有较高的时间利用率,更重要的是组织整体也要有较高的时间利用率。

（2）用人效能方面。用人效能指领导者对部属的培养、选拔、配备、使用等方面的成效。领导者用人效能的考评,一是看用人恰当数与总数之间的比例关系。在用人总数中,使用恰当的人数越多,比率越高;反之,就越低。二是看部属能力发挥情况与潜在能力之间的比例关系。部属中蕴藏的潜力发挥得越充分,比率越高;反之,部属的潜力发挥不出来,比率就低。这两种比率都可以说明领导者用人效能的高低。

（四）比较考评法

比较考评法,就是通过选择一定的参照系来对比评价领导者效能的方法。比较的方式很多,可以进行纵向的比较,例如现在同过去比较,新班子与老班子比较,年度间的比较,现在与未来之间的比较,完成任务进度与目标的比较等;也可以进行横向的比较,例如同一领导组织中领导者之间的比较,不同领导组织的同类领导者、同类领导班子的比较,同类地区、部门、单位的比较;还可以进行多视角、多层次、全方位的比较。既可以比量,也可以比质;既可以比速度、进度,也可以比效果、效益;既可以比综合指标,也可以比几项或单项指标。主客观条件较类似的,可比综合指标;差异较大的,则选择单项或几项可比的指标进行比较。

（五）模拟考评法

模拟考评法,就是让被考评者进入一个模拟的工作环境,并要求他按照给定的条件进行模拟操作,然后用多种方法观察他的行为方式、心理素质、反应能力等,并根据这些观察来测评他的各种能力。模拟考评法目前已成为欧美等发达国家流行的挑选和训练管理人员的重要方式。

三、领导行为的监控

领导行为的监控是指对领导者的管理行为进行监督和修正。当然,领导行为的监控重心在于事后监控。而这种事后监控主要包括如下3种方法。

（一）引咎辞职

引咎辞职是指领导干部由于直接或间接的责任,造成一定损失或社

领导行为的监控分为事前监控、实时监控和事后监控3种。

会不良影响,从而主动承担责任的一种自律或自纠行为。

引咎辞职本身的复杂性决定了它在权力行使或行政过程中会造成多种可能性,且从不同角度影响着行政权力的行使。从宏观上去剖析,引咎辞职制是我国政治体制改革进程中的一个重要标志。在某种意义上,它体现了政治民主、依法治国和以德治国的统一。

(二) 问责制

问责制是和权力密不可分的,它的逻辑基础是有权力就必然要负责任,只要在权力范围内出现某种事故,就必须有人为此承担责任。严格意义上的问责制度的前提,就是拥有清晰的权责,合理地配置和划分管理权力以及合理的进退制度。让责任"归位",使监督"强硬",对失职和渎职的领导人员一律追究责任,使领导人员树立一种高度的责任意识和危机意识,处理好权与责的关系,促进从严治企,依法行企,是十分必要的。

(三) 弹劾制

弹劾,是指由法律或宪法设定的,当享有特别权利(或豁免权)的政府高级官员或者法官等有特定的违法行为(如叛国、腐败或与其职业道德不相符的行为等)时,对其进行刑事追诉的一种程序。

扩展阅读3

领导效能考评的原则

1. 全面系统原则

领导效能考评的直接目的在于对领导者作出全面、客观、公正的评价。全面系统原则,一方面要求要对领导者自身内在条件和外在表现进行全方位的考核和评价,对领导者的德、能、勤、绩各个方面进行综合测评。另一方面则要求在考评时,应考虑和重视环境因素对领导者的制约作用。

2. 客观公正原则

客观就是要以实事求是的态度对领导者的实际效能加以测量,并避免掺杂个人主观因素,以保证测量结果的真实性。公正是要对被测评者一视同仁、公平对待、依据同样的标准作出评价。客观公正是考评结果准确可信的根本保证,违背客观公正原则,就有可能造成考评结果的不准确,降低其可信度,削弱领导考评的权威性。

3. 民主公开原则

民主是要求广泛动员群众参与领导考评工作,并在具体考评过程中注意听取群众意见。公开就是要求领导考评活动要保证一定的透明度,过程公开、标准公开、结果公开、避免暗箱操作。坚持民主公开原则最关键的是要实现民主和公开的制度化和规范化,

思考活动

1. 领导效能包括哪些要素?

2. 领导效能有哪些特点?

3. 如何对领导效能进行科学的评估?

4. 对领导行为的监控有哪些方法?

如建立健全民主评议、民意测验、领导述职报告等制度。有了规范化、制度化的具体措施和办法，才能保证民主公开的真正落实，才能增强群众的参与意识，从而更好地保证领导考评的客观性、公正性和准确性。

4. 定性与定量统一原则

任何事物都有质的规定性，也有量的规定性，是质和量的统一。领导效能考评也是如此，不仅要注意领导绩效的质的方面，而且还要注意领导绩效的量的方面，两者不可偏废。考评领导效能如果只注意质，而忽视量的综合计算与分析，这种质就会由于缺乏客观依据而无法真正确定。相反，如果只注重量的分析，而缺乏质的考评，那就容易被大量表面现象所迷惑，而无法弄清真正的质。只有坚持定性分析与定量分析相结合的原则，才能避免对领导效能抽象肯定或抽象否定，从而对领导绩效作出全面、公正、合理的评价。

资料来源：http://baike.baidu.com/view/2142718.htm#5

专题小结

领导效能是指领导者在实施领导过程中的行为能力、工作状态和工作结果，即实现领导目标的领导能力和所获得的领导效率与领导效益的系统综合。它包括领导能力、领导效率和领导效益3个要素。

领导效能作为一个复杂的、广泛的综合性体系，其特点包括综合性、社会性、历史继承性、主观与客观统一性、动态变化性、形式多样性。

领导效能的考评方法有目标考评法、员工评议法、定量分析法、比较考评法、模拟考评法。对领导行为的监控有3种办法：引咎辞职、问责制、弹劾制。

专题导读

了解领导效能及其考评之后，我们就可以知道如何来提升领导行为的有效性了。那具体如何来提升领导行为的有效性呢？接下来，我们将从领导者、被领导者以及环境3个方面来回答。

专题四

领导有效性的提升

一、领导者层面

领导者应该明确组织对领导工作的要求，并科学地配备领导班子（集团），且不断地提高自身的领导素质和掌握领导艺术等。领导者是领导活动的主体，是集权、责和服务为一体的人。领导者要用好职权（惩罚权、奖赏权、合法权），并充分发挥权威（模范权、专长权）的作用。且依照特性（素质）理论的要求，不断地提高自身的素质，使自己在政治素质、知识素质、能力素质和身心素质等方面具有较高的水平。具体要注意如下4个方面。

（1）明确组织对领导工作的要求。这具体包括以下几方面：①要求领导者及时为组织成员指明目标，并使个人目标与组织目标取得协调一致；②要求领导者在领导过程中所发布的命令要一致，即实行统一指挥；③要求领导者加强直接管理；④要求领导者加强组织内外信息沟通联络，并保证沟通渠道的畅通；⑤要求领导者掌握激励理论，并运用适宜的激励措施和方法，以调动群众的积极性；⑥要求领导者不断地改进和完善自己的领导方法。

（2）加强领导班子（集团）结构建设，全面地提高领导班子（集团）的整体效能。为提高领导的有效性，领导班子结构配备是否合理是至关重要的。领导班子结构是指为了实现领导班子的预定目标，把不同类型的领导者按照一定的程序和比例进行有机的组合。领导班子结构是否合理，对一个组织的效能有很大影响。依据领导班子合理结构的基本标准，一个合理化的领导班子应该具有梯形的年龄结构、互补的知识结构、配套的专业结构、叠加的智能结构以及协调的气质结构等。

（3）科学地运用领导艺术。现代组织在复杂多变的环境中生存和发展，这要求组织的领导者不但要运用科学的理论和方法进行工作，而且还必须依靠丰富的经验和直觉判断来处理问题，这就要求有高超的领导艺术。所谓领导艺术，是指领导者在行使领导职能时，所表现出来的技巧。它是建立在一定知识、经验基础上的，非规范化、有创造性的领导技能。领导者需要掌握待人艺术和提高工作效率的艺术。

（4）不断提高领导者（领导班子）的素质。领导者的素质水平是影响领导活动效果的最重要因素之一。面对市场的激烈竞争和领导队伍的现实状况，尽快地提高领导者的素质水平是整个领导活动中的关键一环。它既是当务之急，又是百年大计。总体而言，提高领导者的素质不外乎两个基本的途径，即理论学习和亲身实践。理论学习和亲身实践这两条途径必须辩证结合，不可偏废。

二、被领导者层面

应该不断地提高被领导者的素质，使他们不断地从不成熟到成熟。被领导者是领导活动的基础。光有高水平的领导者而没有一定水平的被领导者与之相配合，领导工作也不会达到有效的结果。领导者应依据

链接

http://web2.openedu.com.cn/mod/resource/view.php?id= 11918 提高领导的有效性

提示

待人艺术包括知人善任、批评教育、相互沟通等；提高工作效率艺术则包括不断总结经验教训、明确职责范围、提高会议效率、善于运筹时间、精兵简政等。

被领导者的个性、能力、经验、知识、价值观、对自主的要求、职业倾向、期望和士气等不同,采取多种多样的措施和不同的领导方式来调动被领导者的自觉性、主动性和积极性。

三、环境层面

应该不断地创造一种和谐的环境。环境主要包括任务结构和组织情境。其中,任务结构主要包括任务明确程度、复杂程度、工作方法、有无信息反馈。而组织情境则包括组织文化、正规程度、灵活性、人际关系、组织声誉、奖酬机制等。

思考活动

1. 组织对领导者工作的要求是什么?

2. 合理的领导班子应该具有哪些特征?

3. 领导者如何使用领导艺术来提升领导行为的有效性?

4. 如何创造有助于提升领导行为有效性的环境?

扩展阅读4

科学发展观是提升领导行为有效性的基本途径

改革开放以来我国社会的发展、经济的发展、管理的发展实践已经充分证明,任何事物的顺利发展,必须讲科学,必须按科学规律办事。这就要求各级领导者和管理者在实践中必须牢固树立科学发展观。科学发展观是指导现代组织管理理论发展的基石,是提升领导行为有效性的基本途径。对于各类部门、各级企事业单位的组织管理而言,科学发展观的内涵,就是强调各级领导者在领导实践中要牢固树立科学观念,系统学习科学理论,并充分运用科学的手段方法,按科学规律办事,从而全面实现组织管理的科学化。

应该明确,科学观念对于人们的行为表现具有决定性的导向作用和制约作用,没有科学观念,就不可能开拓前进,不可能实施科学化管理。当前,我国的各类企事业单位,要实现组织管理的科学化,要提高各级干部的领导水平和管理水平,首先应解决科学观念问题。

在现代组织管理领域中,关联比较多的科学观念主要有两个:一为整体观念,二为系统观念。在心理学的理论中,所谓整体观念就是强调人们对任何事物的认知规律往往都是从事物的整体出发,并以最终认知事物的整体为目的。而在认知外界事物的过程中,若偏离整体观念,则不可能对所要认识的事物得出清晰、完整、正确的认知结论。以往,我们在人力资源管理实践中,在人才的选拔、评价方面经常产生许多偏颇,甚至会出现认错人、选错人、用错人的情况,其根本原因就在于当时的领导者在选人、用人过程中缺乏科学的整体观念。为了在人才评价中防止以上偏差,应该确立包括品格、态度和能力3个维度的考核评价方法。在这个方法中,第一个维度是品格,即首先要评价预选人才的心理健康程度。这里不仅要讲为人的诚实性,还要注意情感的丰富性和情绪的稳定性。第二个维度是指被评价者对工作、对他人以及对自己的态度。第三个维度是能力,包括工作能力、交往能力和宽容能力。实践证明这种评价人才的结构模式比较科学合理,具有实用价值。

在现代社会里,人力资源的发挥和利用程度将直接关系到社会经济的发展水平和公司企业经营的成败。这就要求各级领导者和管理者必须广泛掌握运用社会学、心理学、管理学的理论知识,建立科学的激励机制,并运用科学的手段方法,最大限度地调动人们的积极性、主动性和创造性。

现代组织管理是一种特殊的社会活动,这种活动是在管理者与被管理者相互作用的过程中进行的。组织管理的目标也要通过人们的相互作用去实现。领导者的重要职能就是如何协调好人际关系,并科学有效地调动下属的积极性。这就更要求各级领导者要注重心理学与管理心理学理论成果的应用。

资料来源:http://news. ifeng. com/gundong/detail _ 2012 _ 08/30/17222928_0. shtml? _from_ralated

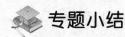 专题小结

欲提升领导行为的有效性,应该从领导者自身、被领导者以及环境3方面入手。

思考与练习

一、选择题

1. 实行有效领导的最明显、最有效的行为是(   )。

    A. 激励   B. 引导

    C. 指挥   D. 有效沟通

2. 在领导方式诸因素中,处于主导性因素的是(   )。

    A. 被领导者   B. 环境

    C. 领导者   D. 组织结构

3. 根据生命周期理论,当下属的成熟度处于不成熟阶段时应采取的领导方式是(   )。

    A. 高关系低工作   B. 命令式

    C. 参与式   D. 低工作低关系

4. 领导工作的基本手段是( )。

  A. 计划、指挥、控制   B. 指挥、引导、激励

  C. 指挥、激励、有效沟通 D. 指导、命令、协调

5. 领导方式主要理论类型没有( )。

  A. 领导品质理论   B. 领导行为理论

  C. 期望理论   D. 领导权变理论

二、填空题

1. 一个合理化的领导班子应该具有_____，_____，_____，_____，_____以及_____。

2. 领导效能是指领导者在实施领导过程中的行为能力、工作状态和工作结果，即实现领导目标的领导能力和所获得的_____与_____的系统综合。

3. 在俄亥俄模式中，_____和_____构成了领导行为的两个维度。

4. 领导者需要掌握_____艺术和_____艺术。

5. 领导行为的监控是指对领导者的管理行为进行_____和_____。

三、问答题

1. 领导的三要素是什么？它们对领导行为分别有什么影响？

2. 领导者的责任和作用是什么？

3. 特质理论包括哪些内容？一个优秀的领导者应具备哪些基本素质？

4. 领导效能包括哪些要素？如何科学有效地考核领导效能？

5. 对领导行为进行监控的方法有哪些？

推荐书目与文章列表

[1] （美）斯蒂芬·P. 罗宾斯. 组织行为学[M]. 李原译. 北京：中国人民大学出版社，1997.

[2] （美）约翰·科特. 现代企业的领导艺术[M]. 史向东，颜艳译. 北京：华夏出版社，1997.

[3] 郭宝林. 领导理论研究综述[J]. 山西经济管理干部学院学报，2002(3)：31-33.

[4] 孙晓，曲敬一. 浅析领导行为理论与应用[J]. 人力资源管理，2012(11)：136-138.

第九章

组织设计与组织文化

　　作为一种行为主体,组织首先是一种具备硬件和软件的实体。组织的硬件,就在于其组织结构形式。在现实生活中,我们往往可以看到不同组织具有不同的结构形式,而这涉及组织设计问题。组织的软件,则是组织的文化。组织文化作为一种观念形态的价值,对组织行为起着重要的引导作用。总之,组织设计与文化是组织行为研究的重要内容。

　　本章首先介绍组织结构的含义及其设计的程序与影响因素,然后阐述组织文化的含义、特征、功能以及组织文化建设问题。

 学完本章,你将能够

　　1. 掌握组织结构的含义;

　　2. 熟悉组织设计的程序与影响因素;

　　3. 掌握组织文化的含义、特征与功能;

　　4. 了解组织文化的建设。

专题导读

作为组织行为的硬件,组织结构是什么?它是如何设计的?哪些因素会影响到它的设计呢?或许大家心中存在疑惑,别急,接下来我们将给大家一一作答。

链接

http://wiki.mbalib.com/wiki/组织设计

提示

所谓管理幅度,亦称管理宽度,是指在一个组织结构中,管理人员所能直接管理或控制的部属数目。这个数目是有限的,当超过这个限度时,管理的效率就会随之下降。

专题一

组织设计

一、组织结构

组织结构是指一个组织内部各构成要素及其之间相互关系确立的系统框架,意在对工作任务进行分工、分组和协调工作。

一般而言,组织结构包括如下 4 个方面的内容。

(1) 职能结构。它是指实现组织目标所需的各项业务工作以及比例和关系。职能结构的考量维度包括职能交叉(重叠)、职能冗余、职能缺失、职能割裂(或衔接不足)、职能分散、职能分工过细、职能错位、职能弱化等方面。

(2) 层次结构。它是指管理层次的构成及管理者所管理的人数,其涉及的是组织的纵向结构。层次结构的考量维度包括管理人员分管职能的相似性、管理幅度、授权范围、决策复杂性、指导与控制的工作量、下属专业分工的相近性等方面。

(3) 部门结构。它是指各管理部门的构成,其涉及的是组织的横向结构。部门结构的考量维度主要是看一些关键部门是否缺失或优化。

(4) 职权结构。它是指各层次、各部门在权力和责任方面的分工及相互关系。职权结构的考量主要是看部门、岗位之间的权责关系是否对等。

二、组织设计的程序

组织结构的设计是一个动态的工作过程,它包含了众多的工作内容。科学地进行组织设计,要依据组织设计的内在规律性有步骤地进行,才能取得良好效果。一般而言,组织设计的具体程序如下。

(一) 准备阶段

个人和组织一般都倾向于维持现状,只有在对现状十分不满,并确切地了解将要到来的组织设计实现的程度和方向以及为其带来的好处之后,他们才会投入精力支持组织设计的实现。因此,进行组织设计的前提,就是员工对现状产生不满意的感觉。另一方面,就是组织成员能够清楚地表述组织的未来,且能够提供组织设计实现的正面预期。

1. 面对现实

(1) 确定基准。为了了解当前的现状,组织必须积极地依据顾客的期望、竞争者的优势以及本行业和其他行业的领先者来确定自己的基准,组织可以与之进行对比,以发现自己的不足之处。

(2) 分析组织的优势与弱点。所有的组织都有与特定的绩效状况或系列战略目标相关联的优势和弱点。人们在收集组织运营现状,并与期望的状况进行对比的过程中,可以发现企业已经到了必须进行巨大的改革的程度,这样就会产生支持改革的动力。

2. 创造组织愿景

准备阶段的第二项工作就是要创造一个组织愿景,并传递组织设计实现带来的正面预期。愿景可以由两部分组成:一是组织的核心意识形态,二是一个生动的未来前景。

(1) 描述组织的核心意识形态。组织愿景的基础就是组织的核心意识形态,它描述了组织的核心价值观和目的并且在较长时期内是相对稳定的。核心意识形态能够为实施方案选择提供终极目标。

(2) 构建可见的将来。典型可见的未来包括以下的几个基本要素:第一,有价值且鼓舞人心的目标;第二,渴望的未来状态。此要素以生动的细节具体地描绘新的组织设计方案是如何实现上述大胆的有价值的成果的,而且它从成员的感情方面激励他们支持组织设计的实现。

(二) 实施阶段

组织设计的实现不会自动发生,其需要投入大量的精力和行动。管理者必须清楚需要多少资源来完成组织设计的实施:资金是否充足,能够使用的时间是多少,是否拥有执行新任务的人员。在实施阶段,高层管理人员还要弄清谁掌握着这些资源,以便综合调度使用。另外,组织设计的实现要遵循一定的实施步骤,并要按"图纸"的要求精心组织实施。

1. 获取资源支持

这一阶段要努力辨别关键的利益相关者,并对其进行影响,使其支持组织设计的实施。

(1) 辨别利益相关者。组织设计实施的推动者应努力发现那些从组织设计的实现中获益或受损的重要个体和团队,获得这些信息能使实施的推动者知道应该对哪些人和哪些集团施加影响,使他们接受并支持新的设计方案。

（2）影响利益相关者。常用的影响利益相关者的策略有以下两种：第一种策略是确定特定利益相关者的需要，并提供新方案给他们带来的好处的信息；第二种策略是与别的有势力的个体和集团形成联盟或联合，直接与关键利益相关者交往以及通过各种渠道来影响关键利益相关者，使其支持实施活动。

2. 管理组织设计的实施

（1）制订行动计划。为了推行组织设计的实施，组织应制订一个行动计划，这个计划应当包括如何帮助企业每个人从自己目前的位置走向目标点的机制，应当涵盖情感、认知及行为等多个维度。

（2）建立协调机制。在实施过程中，除了保证企业运营的各种组织和机制以外，还需要建立协调机制以协调企业各部分同时发生的转变。协调机制的另一个作用是使组织结构方面的调整尽量不要影响正在向客户提供的产品和服务，否则组织设计的实施也就失去了其本意。

（三）评估阶段

一旦组织设计方案开始实施，就应对其进行评估，评估不但包括实施完成后对实施效果的评估，还包括实施过程中的评估。

1. 对组织设计实现的结果评价

组织设计新方案的总体效果是很难全面衡量的，我们选择了常用的两种评价方法，一种是效果的权变评价法，另一种是效果的平衡评价法。

（1）效果的权变评价法

效果的权变评价法包括以下几种。

① 目标评价法。它包括识别组织的产出目标以及测评组织在何种程度上实现了这些目标。这种方法的优点在于，产出目标易于衡量。而缺点则在于，组织的目标是多重的，而且有些是难以定量的主观指标。因此，衡量这些目标完成程度的客观性问题是这一评估方法需要注意的。

② 资源评价法。通过考察组织获取转换过程所需资源并成功加以整合和管理的能力来衡量组织的效能。这种评价方法的优点在于，当效果从其他方面的评价指标中难以取得时，这种方法就非常有用。而缺点则在于，这种方法对组织与外部环境中顾客需要的联系考虑不清。因此，资源评价法最适合在目标达成情况难以衡量时使用。

③ 内部过程评价法。这种方法通过组织内部的健康状况和效率来衡量组织效果。这种评价方法的优点在于，同时考虑资源利用率与内部功能的协调性。而缺点则在于，它没有评价总产出和组织与外部环境的关系，另外对内部健康和运行状态的评价往往带有主观性。

（2）效果的平衡评价法

效果的平衡评价法主要有以下几种。

① 利益相关者评价法。这是一种综合考虑组织的各种不同活动的评价方法,它把利益相关者的满意程度作为评价组织绩效的尺度。这种评价方法的优点在于,它能够全面地反映组织的效果,特别是适应性方面。它既考虑了组织内部因素也考虑到了环境因素,并且把对社会的责任也考虑了进去。而其缺点在于,有些指标难以衡量,如员工的满足、社区服务等,因此只能采取主观方法进行评价,这影响了评价结果的准确性。

② 冲突价值评价法。它综合考虑了管理人员和研究人员所采用的各种不同的绩效标准,并总结出能反映组织中持有相互冲突的管理价值观的人们对效果评价标准的各自不同的侧重。价值观标准的第一个维度是组织的关心点,指的是组织的主导价值观是关注内部因素还是外部因素。价值观标准的第二个维度是组织的结构,指的是结构设计的主要注重面是稳定性还是灵活性,将结构和关心点这两个维度结合起来,就形成了组织效果评价的 4 种模式。这种评价方法的主要贡献有以下两点:一是它将效果的几个方面的不同认识有机地结合到一个模式中,且综合了产出目标、资源获取、人力资源开发等思想,并把这些作为组织将要力图实现的目标。二是这种方法将效果标准提高到了价值观的高度来认识,并说明了各种看似对立的价值观是如何并存的。

2. 对组织设计实现的过程评价

仅仅对组织设计实现的结果进行评估是不够的,还需要对改革过程本身进行评估。组织设计实现过程的评估包括两个方面的内容:一是组织设计实现过程是否保持原定规划进行;二是组织设计实现过程的效率和效果。组织设计实现过程中可能出现两类问题:一类是执行偏离原方案;一类是方案与实际脱节。组织设计的实施执行机构应该区分不同的问题,并采取不同的办法解决这类问题,组织设计的实现过程的效率和效果可以从 3 个方面进行评估,即组织设计的实现的成本,组织设计的实现的速度以及未预料到的行动和事件。

(四)建立有效的反馈机制

在整个组织设计实现的上述 3 个阶段当中,为了获得有关实现进程的信息,组织需要建立超越日常经营所需的多种反馈机制。这种反馈机制能够以一种连续、及时和可靠的方式从高层领导、中层管理人员、一线管理人员、雇员以及顾客和主要的利益相关者那里获得设计实现情况的信息。组织应在各个层次中设立情报收集中心和信息评审机制,以便对在向目标状态过渡的过程中出现的变化有充分的了解并作出及时的反应。

三、组织设计的影响因素

由于组织的各种活动总是要受到组织内外部各种因素的影响,因此组织结构的确定和变化都受到许多因素的影响。其中,如下 3 类是组织设计比较重要的影响因素。

(一)环境

任何组织都是在一定的环境之中的。因此,组织的外部环境必然会对组织的内部结构形式产生一定程度的影响。这种影响主要表现在以下几方面。

(1)对职务和部门设计的影响。组织是社会经济大系统中的一个子系统,它与组织外部存在的其他社会子系统之间存在着分工问题。而社会分工方式的不同,决定了组织内部工作内容、所需完成的任务、所需设立的职务和部门的不同。

(2)对各部门关系的影响。环境不同,组织中各项工作完成的难易程度以及对组织目标实现的影响程度亦不同,从而组织的工作重点及各部门的重要程度亦有差别。

(3)对组织结构总体特征的影响。稳定的环境,要求设计出一种各部门权责关系相对固定、等级结构严密的稳固的组织结构;而多变的环境则要求设计出一种灵活的组织结构。

(二)战略

战略是关于组织长远目标、发展方向及相应的行动方案,以及资源配置的设想与筹划。组织设计必须服从组织所选择的战略的需要。不同的战略选择,能够在两个层次上影响组织结构:不同的战略要求不同的业务活动,从而影响职务的设计;战略重点的改变,会引起组织的工作重点、各部门与职务在组织中重要程度的改变,因而要求各管理职务以及部门之间的关系作相应的调整。

(三)技术

技术以及技术设备的水平,不仅影响组织活动的效果和效率,而且会对组织活动的内容划分、职务的设置以及工作人员的素质要求等产生很大的影响。

(四)规模

组织的规模不同,与之相适应的组织结构形式亦有很大的差别。另外,组织的规模往往与组织的发展阶段相联系,因而它们都是影响组织设计的重要因素。

扩展阅读1

组织设计的原则

组织设计是一个复杂的动态过程，它不仅需要遵循一定的程序，同时也应遵守一定的原则。关于组织设计应遵循的原则，许多人指出应该包括以下几方面。

1. 拔高原则

拔高原则，即整体设计应紧扣组织的发展战略，并充分考虑组织未来所要从事的行业、规模、技术以及人力资源配置等，从而为组织提供一个几年内相对稳定且实用的平台。

2. 优化原则

任何组织都存在于一定的环境之中，而且组织的外部环境必然会对内部的结构形式产生一定程度的影响，因此组织结构的重新设计要充分考虑内外部环境，以使组织结构适应外部环境，并谋求内外部资源的优化配置。

3. 均衡原则

组织结构的重新设计应力求均衡，不能因为组织现阶段没有要求而合并部门和职能，或在组织运行一段时间后又要重新进行设计，牢记一句话：职能不能没有，岗位可以合并。

4. 重点原则

随着组织的发展，环境的变化也会使组织中各项工作完成的难易程度以及对组织目标实现的影响程度发生变化，组织的工作中心和职能部门的重要性亦随之变化，因此在进行组织结构设计时，要突出组织现阶段的重点工作和重点部门。

5. 人本原则

设计组织结构前要综合考虑组织现有的人力资源状况以及组织未来几年对人力资源素质、数量等方面的需求，并以人为本进行设计，切忌拿所谓先进的框架往组织身上套，更不能因人设岗，因岗找事。

6. 适应原则

组织结构的重新设计要适应组织的执行能力和一些良好的习惯，以使组织及其成员在执行起来容易上手，且不能脱离组织实际进行设计，以防组织为适应新的组织结构而严重影响正常工作的开展。

7. 强制原则

重新设计的组织结构必然会因组织内部认识上的不统一、权

思考活动

1. 如何理解组织的结构？

2. 组织设计分为哪些步骤？

3. 组织设计有哪些影响因素？

4. 组织设计应该遵循什么原则？

利重新划分、人事调整、责任明确且加重、考核细致并严厉等现象的产生而导致管理者和员工的消极抵制甚至反对。在这种情况下,设计人员和组织领导者要有充分的心理准备,并采取召开预备会、邀请成员参与设计、舆论引导等手段,以消除阻力。在最后实施时,必须强制执行,且严厉惩罚一切违规行为,以确保整体运行的有序性,而某些被证明不适合组织的设计可在运行两三个月后再进行微调。

资料来源: http://wiki.mbalib.com/wiki/组织设计

 专题小结

组织结构是指一个组织内部各构成要素及其之间相互关系确立的系统框架,意在对工作任务进行分工、分组和协调工作。它包括职能结构、层次结构、部门结构以及职权结构4四个方面的内容。

组织设计的具体程序步骤包括准备阶段、实施阶段、评估阶段、建立有效的反馈机制。

组织设计的影响因素主要有环境、战略、技术和组织规模等。

专题二

组织文化

专题导读

作为组织行为的软件,组织文化是什么?它有何特征和功能呢?如何进行组织文化建设呢? 或许大家心中存在着疑惑,别急,接下来我们将给大家一一作答。

 链接

http://www.kui.cc/jingjishi/fudao/293128.html 组织文化的内容和结构

一、组织文化的含义

组织文化有广义与狭义之分。广义的组织文化是指组织在建设和发展中形成的物质文明和精神文明的总和,它包括组织的硬件和软件两部分。而狭义的组织文化只涉及组织的软件部分,它是指一个组织由其共有的价值观、仪式、符号、处世方式和信念等组成的特有的文化形象。一般而言,在组织行为学中,组织文化是指狭义上的。

组织文化包括如下 8 个方面的内容。

(1) 组织哲学。它是指一个组织特有的从事活动的方法论原则,是指导组织行为的基础。例如,"讲求经济效益,重视生存的意志,事事谋求生存和发展"是日本松下公司的组织哲学。

（2）价值观念。它是指组织成员对组织存在的意义、经营目的、经营宗旨的价值评价和为之追求的整体化、个异化的群体意识，是组织全体成员共同的价值准则。它决定着组织成员的行为取向，关系着组织的生死存亡。

（3）组织精神。它是指组织基于自身特定的性质、任务、宗旨、时代要求和发展方向，并经过精心培养而形成的组织成员群体的精神风貌。组织精神要通过组织全体成员有意识的实践活动体现出来。因此，它又是组织成员观念意识和进取心理的外化。组织精神是组织文化的核心，且在整个组织文化中起着支配的地位。组织精神以价值观念为基础，以价值目标为动力，并对组织经营哲学、管理制度、道德风尚、团体意识和企业形象起着决定性的作用。例如，北京西单商场的"求实、奋进"组织精神，体现了以求实为核心的价值观念和真诚守信、开拓奋进的经营作风。

（4）组织道德。组织道德是指调整组织之间、组织与顾客之间、组织成员之间关系的行为规范的总和。它是从伦理关系的角度，以善与恶、公与私、荣与辱、诚实与虚伪等道德范畴为标准来评价和规范组织的。

（5）团体意识。团体意识是指组织成员的集体观念，是组织内部凝聚力形成的重要心理因素。组织团体意识的形成使每个成员把自己的工作和行为都看成是实现组织目标的一个组成部分，并使他们对自己作为组织的成员而感到自豪，对组织的成就产生荣誉感，从而把组织看成是自己利益的共同体和归属。因此，他们就会为实现组织的目标而努力奋斗，并自觉地克服与实现组织目标不一致的行为。

（6）组织形象。它是组织通过外部特征和经营实力表现出来的，并被公众所认同的组织总体印象。由外部特征表现出来的组织形象称表层形象，如招牌、门面、徽标、广告、商标、服饰、工作环境等，这些都给人以直观的感觉，容易形成印象；通过经营实力表现出来的形象称深层形象，它是组织内部要素的集中体现，如人员素质、生产经营能力、管理水平、资本实力、产品质量等。当然，表层形象是以深层形象为基础的，没有深层形象这个基础，表层形象就是虚假的，也不能长久地保持。

（7）组织制度。它是在组织活动中所形成的，对人的行为带有强制性，并能保障一定权利的各种规定。组织制度作为成员行为规范的模式，使成员个体的活动得以合理进行，内外人际关系得以协调，成员的共同利益受到保护，从而使组织有序地组织起来为实现组织目标而努力。

（8）组织使命。它是指组织在社会经济发展中所应担当的角色和责任，是组织的根本性质和存在的理由。它说明了组织的活动领域、活动思想，并为组织目标的确立与战略的制定提供依据。

　　许多人用"企业文化"直接代替"组织文化"表述。为了避免误会，我们这里采用"组织文化"表述，以示不仅仅包括企业组织的文化，亦包括其他类型组织的文化。

二、组织文化的特征

（一）组织文化的意识性

在大多数情况下，组织文化是一种抽象的意识范畴，它作为组织内部的一种资源，应属于组织的无形资产之列。它是组织内的一种群体意识现象，是一种意念性的行为取向和精神观念，但这种文化的意识性特征并不否认它总是可以被概括性地表述出来。

（二）组织文化的系统性

组织文化是由组织哲学、组织精神、价值观念、团队意识、组织制度等一系列内容构成的一个系统，且各要素之间相互依存、相互联系。因此，组织文化具有系统性。同时，组织文化总是以一定的社会环境为基础的，是社会文化影响渗透的结果，并随社会文化的进步和发展而不断地调整。

（三）组织文化的凝聚性

组织文化总可以向人们展示某种信仰与态度，它影响着组织成员的处世哲学和世界观，而且也影响着人们的思维方式。因此，在某一特定的组织内，人们总是为自己所信奉的哲学所驱使，它起到了"黏合剂"的作用。良好的组织文化同时意味着良好的组织气氛，它能够激发组织成员的士气，并有助于增强群体凝聚力。

（四）组织文化的导向性

在某种意义上，组织文化实际上规定了人们行为的准则与价值取向。它对人们行为的产生有着最持久、最深刻的影响力。因此，组织文化具有导向性。而英雄人物往往是组织价值观的人格化和组织力量的集中表现，它可以昭示组织内提倡什么样的行为，反对什么样的行为，并使自己的行为与组织目标的要求相互匹配。

（五）组织文化的可塑性

对于一个具体的组织而言，其组织文化并不是生来具有的，而是在组织生存和发展过程中逐渐总结、培育和积累形成的。组织文化是可以通过人为的后天努力加以培育和塑造的，而对于已形成的组织文化也并非一成不变的，是会随组织内外环境的变化而加以调整的。

（六）组织文化的长期性

组织文化的长期性是指组织文化的塑造和重塑的过程需要相当长

的时间,而且是一个极其复杂的过程,组织的价值观念、团队意识的形成不可能在短期内完成,在这一创造过程中,涉及调节组织与其外界环境相适应的问题,也需要在组织内部的各个成员之间达成共识。

三、组织文化的功能

组织文化的功能是指组织文化发生作用的能力,即组织这一系统在组织文化导向下进行活动的作用。组织文化有助于提高组织承诺,影响组织成员,也有利于提高组织效能。具体而言,组织文化具有如下 6 个方面的功能。

组织文化有正面的功能,亦有负面的功能。这里我们只提及其正面功能。

(一)组织文化的导向功能

组织文化的导向功能,是指组织文化能对组织整体和组织每个成员的价值取向及行为取向起引导作用,使之符合组织所确定的目标。组织文化只是一种软性的理智约束,它通过组织的共同价值观不断地向个人价值观渗透和内化,并使组织自动生成一套自我调控机制,以一种适应性文化引导着组织的行为和活动。

(二)组织文化的约束功能

组织文化的约束功能,是指组织文化对每个组织员工的思想、心理和行为具有约束和规范的作用。组织文化的约束不是制度式的硬约束,而是一种软约束,这种软约束等于组织中弥漫的组织文化氛围、群体行为准则和道德规范。

(三)组织文化的凝聚功能

组织文化的凝聚功能,是指当一种价值观被该组织员工共同认可之后,它就会成为一种黏合剂,从各个方面把其成员团结起来,从而产生一种巨大的向心力和凝聚力。而这正是组织获得成功的主要原因,"人心齐,泰山移",凝聚在一起的员工有共同的目标和愿景,就可以推动组织不断前进和发展。

(四)组织文化的激励功能

组织文化的激励功能,是指组织文化具有使组织成员从内心产生一种高昂情绪和奋发进取精神的效应,它能够最大限度地激发员工的积极性和首创精神。组织文化强调以人为中心的管理方法。它对人的激励不是一种外在的推动而是一种内在引导,它不是被动消极地满足人们对实现自身价值的心理需求,而是通过组织文化的塑造,使每个组织员工从内心深处为组织拼搏、献身。

（五）组织文化的辐射功能

组织文化的辐射功能，是指组织文化一旦形成较为固定的模式，它不仅会在组织内发挥作用，对本组织员工产生影响，而且也会通过各种渠道对社会产生影响。组织文化向社会辐射的渠道是很多的，但主要可分为利用各种宣传手段和个人交往两大类。一方面，组织文化的传播对树立组织在公众中的形象有帮助；另一方面，组织文化对社会文化的发展有很大的影响。

（六）组织文化的调适功能

组织文化的调适功能，是指组织文化可以帮助新晋成员尽快适应组织，使自己的价值观和组织相匹配。在组织变革的时候，组织文化也可以帮助组织成员尽快适应变革后的局面，从而减少因为变革带来的压力和不适应。

四、组织文化建设

如前文所述，长期性是组织文化的重要特征之一。该特征说明的是组织文化塑造的长期性。因此，组织文化建设是组织的长期任务所在。那么，如何加强组织文化建设呢？接下来，我们简要介绍一下大概的思路。

（一）组织文化需求分析

在进行组织文化建设时，首先需要结合组织历史、当前发展状况、组织战略、文化传统、管理氛围、管理水平、外部环境、内部成员反映等多方面因素，分析组织文化的优势和劣势，并探究其深层次原因。基于此基础之上，再来建设符合组织当前及今后发展需要的组织文化。

（二）建立科学的组织文化管理体系

在组织文化需求具体内容明晰之后，就可以建立和组织相适应的组织文化管理体系。组织文化管理体系的建立，一般遵循如下步骤。

（1）建立组织理念识别系统（Mind Identity System）。它是由组织领导者积极倡导、全体成员自觉实践，从而形成的代表组织信念、激发组织活力、推动组织活动的团体精神和行为规范。

（2）建立组织行为识别系统（Behavior Identity System），不断强化组织的行为规范。组织行为识别系统是组织所有成员行为表现的综合，组织制度对所有成员的要求及各项活动的再现等。它是以组织哲学、理念为内在动力，显现出组织内部的管理方法、组织建设、教育培训、公共关系、工作制度等方面的创新活动,最后达到塑造组织良好形象的目的。

(3)建立组织视觉识别系统(Vision Identity System),形成活泼鲜艳的视觉形象。组织视觉识别系统是在理念识别和行为识别的基础上,通过一系列形象设计(如品牌),将组织经营理念、行为规范等,即组织文化内涵,传达给社会公众的系统策略,是组织全部视觉形象的总和。

(4)以组织文化理念与价值观念为导向,重新梳理现有管理制度。

(5)建立组织环境识别系统(Environment Identity System),营造良好的组织环境。组织环境识别系统是对人所能感受到的组织环境系统实行规范化的管理。

(三)组织文化实施与考核

组织文化管理体系建立的根本目的,是让所有组织成员理解并实施,且在工作中表现、在行为中体现。因此,在组织文化管理体系建立之后,更重要的是对组织文化的实施及考核。组织文化实施与考核一般遵循先宣传、培训,后执行,再考核的过程。

(四)组织文化的升级与发展

随着社会环境的不断变化、组织自身的不断发展,组织文化需要随之进行调整、升级。不同的时期、不同的组织战略、不同的成员队伍、不同的产品结构,都需要不同的组织文化与之相适应。组织文化不是一成不变的,它需要随环境的变化而不断升级、发展。

扩展阅读2

吉尔特·霍夫斯泰德的组织文化理论

许多学者从各个层面对组织文化进行了深入的研究,其中荷兰学者霍夫斯泰德(Hofstede)在组织文化理论对管理决策影响巨大且被广泛接受。他认为,影响管理活动或管理决策模式的文化层面主要有4个方面:个人主义和集体主义;权力差距;不确定性规避;价值观的男性维度与女性维度。

1. 个人主义与集体主义

文化的个人主义和集体主义层面反映的是不同的社会对集体主义态度的不同。在集体主义盛行的国家中,每个人必须考虑他人利益,而且组织成员对组织具有精神上的义务和忠诚。而在推崇个人主义的社会中,每个人只顾及自身的利益,而且每个人自由选择自己的行动。

管理决策方式在这一文化层面上所呈现的差异如下。

思考活动

1. 组织文化能够决定一家企业的发展吗?

2. 组织文化有哪些功能?

3. 组织文化有哪些特征?

4. 若你是企业老板,你会如何进行企业文化建设呢?

一般来说,在集体主义倾向的公司,管理者在决策时常鼓励员工积极参与决策,因此决策达成时间较长,但执行和贯彻决策迅速,因为几乎每个员工都参与了决策过程,并明白决策的目的和内容。而个人主义倾向强烈的公司管理者,常常自己独立决策,虽然决策迅速但执行贯彻时间较长,因为他们不得不用更多的时间向员工来"推销"自己的决策目的、内容等。

2. 权力差距

权力差距在组织管理中常常与集权程度、领导和决策联系在一起。在一个高权力差距的组织中,下属常常趋于依赖其领导人,在这种情况下,管理者常常采取集权化决策方式,即管理者做决策,下属接受并执行。而在低权力差距的组织中,管理者与下属之间,只保持一个较低程度的权力差距,下属则广泛参与影响他们工作行为的决策。

3. 不确定性规避

不确定性规避倾向影响一个组织使其活动结构化需要的程度,也就是影响到一个组织对风险的态度。在一个高不确定性规避的组织中,组织就趋向建立更多的工作条例、流程或规范以应付不确定性,管理也相对是以工作和任务指向为主,管理者决策也多为程序化决策。在一个弱不确定性规避的组织中,很少强调控制,工作条例、流程规范化和标准化程度较低。

4. 价值观的男性维度与女性维度

文化的价值观中,男性维度与女性维度的长期取向也在不同程度上影响到管理者的决策方式。

从某种意义上说,各国公司在决策方式上的差异从根本上都可以归因于多维且相互作用的各个文化尺度上。

资料来源:http://www.kui.cc/glzxs/fudao/239059.html

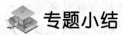 ## 专题小结

组织文化是指一个组织由其共有的价值观、仪式、符号、处世方式和信念等组成的特有的文化形象。它包括组织哲学、价值观念、组织精神、组织道德、团体意识、组织形象、组织制度以及组织使命等内容。

组织文化具有意识性、系统性、凝聚性、导向性、可塑性和长期性等特征。

组织文化具有导向、约束、凝聚、激励、辐射以及调适等功能,从而有助于提高组织承诺,影响组织成员,也有助于提高组织效能。

组织文化建设可以从组织文化需求分析,建立科学的组织文化管理体系,组织文化的实施与考核以及组织文化的升级与发展等方面入手。

思考与练习

一、选择题

1. 管理幅度涉及的是组织结构中的（　　）。
    A. 职能结构　　　　　　　　B. 层次结构
    C. 部门结构　　　　　　　　D. 职权结构

2. 不同的社会分工方式决定了不同的组织结构设计，这涉及的是组织设计中（　　）影响因素。
    A. 技术　　　　　　　　　　B. 环境
    C. 战略　　　　　　　　　　D. 规模

3. 下列不属于组织文化的是（　　）。
    A. 组织哲学　　　　　　　　B. 价值观念
    C. 组织结构　　　　　　　　D. 团队意识

4. 品牌是属于企业的（　　）系统。
    A. 理念识别　　　　　　　　B. 行为识别
    C. 环境识别　　　　　　　　D. 视觉识别

5. 组织文化的核心是（　　）。
    A. 组织使命　　　　　　　　B. 团体意识
    C. 组织精神　　　　　　　　D. 价值观念

二、填空题

1. 组织文化是指一个组织由其共有的 _____、_____、_____、_____ 和 _____ 等组成的其特有的文化形象。

2. 组织设计的具体程序步骤包括 _____、_____、_____、_____。

3. _____ 是指调整组织之间、组织与顾客之间、组织成员之间关系的行为规范的总和。

4. _____ 是组织所有成员行为表现的综合，组织制度对所有成员的要求及各项活动的再现等。

5. 组织文化具有 _____、_____、_____、_____、_____ 以及 _____ 等功能。

三、问答题

1. 组织设计有哪些影响因素？

2. 如何理解组织文化的含义？

3. 组织文化的负面功能是什么？

4. 如何保证组织设计的科学性？

5. 如何进行组织文化管理？

6. 举例说明组织文化的激励功能？

推荐书目与文章列表

[1] (美)理查德·L.达夫特.组织理论与设计[M].李维安等译.北京：清华大学出版社,2003.

[2] (美)斯蒂芬·P.罗宾斯.组织行为学[M].李原译.北京：中国人民大学出版社,1997.

[3] 罗长海.企业文化学[M].北京：中国人民大学出版社,1999.

[4] 赵日磊.从组织结构谈绩效管理[J].中国卫生人才,2012(10)：92.

[5] 蒋珊珊."组织文化"论[J].文教资料,2011(3)：72-73.

第十章
组织变革与组织发展

不变是相对的,变化是绝对的。当前我们正处于一个瞬息万变的时代,而且各种社会组织之间的竞争日趋激烈。任何一个组织都是开放的社会大系统的一部分,有效的组织必须随着外部环境、自身功能角色、组成成员状况等的变化相应作出调整和改革,而静止的或不能适应形势变化的组织将很难获得生存和发展的机会。在某种程度上来说,组织能否成功地改革和顺利地发展,将决定着组织的未来。然而在现实生活中,组织变革和发展会面临着来自组织内外部的障碍和阻力,而且很多组织因此陷入窘境甚至走向失败。因而,系统科学地对组织进行规划、诊断、调整和变革,对于提高组织适应环境的能力便显得尤为重要。

本章首先阐述了组织变革的含义、动因、类型、阻力和方法,然后陈述了组织发展的含义、过程、技术和趋势,最后向大家介绍了组织变革发展评估的原因、程序步骤和组织变革制度化的原因、框架内容,以帮助大家进一步理解如何对组织发展战略进行诊断和调整。

学完本章,你将能够

1. 掌握组织变革的含义、动因、类型、阻力和方法;

2. 掌握组织发展的含义、过程、技术和趋势;

3. 理解组织变革发展评估的原因、程序步骤以及组织变革制度化的原因和框架内容。

专题导读

组织为什么要不断地进行变革呢？组织变革都有哪些基本类型？组织变革过程中会遇到哪些阻力？我们可以采取哪些方法进行组织变革？想必大家对这些问题会产生疑惑，别急，接下来我们将给大家一一作答。

专题一

组织变革

一、组织变革的含义

组织变革是组织发展过程中的一种经常性活动，是组织为了适应形势变化的需要所作出的适应性的反应。20 世纪 80 年代以来，组织变革的理论研究在组织管理的实践活动中逐渐探索、发展起来。目前对于组织变革的定义，国内外相关专家和学者也是莫衷一是、各不相同，主要有如下一些观点。

（1）过程说。认为组织变革是通过行为科学、心理学、社会学、文化人类学以及其他相关学科知识的运用，促进组织有计划的变化和改善，以提高组织效益的活动过程。

（2）学科说。认为组织变革是适应变化的过程，是应用行为科学的知识，以帮助组织适应内外环境的变化而建立起来的一门新学科。

（3）均衡说。认为组织变革是组织受到外在环境的冲击，并配合内在环境的需要，而调整其内部的若干状况，以维持本身的均衡。

综上所述，我们认为的组织变革是指组织发展过程中的一种经常性活动，是组织针对外部环境、内部人员等状况变化而积极主动地作出回应和适应的活动过程。它包括如下的基本特征：①内外部环境状况的变化构成了组织变革的基本动力；②组织变革的目标是提高组织及其成员的环境适应性和组织绩效，以便更好地完成组织任务；③组织变革往往需要运用组织行为学、社会学、心理学等相关学科的知识和方法。

二、组织变革的动因

组织变革作为组织与组织内外部环境实现动态平衡的重要手段，对于维持组织稳定和促进组织发展意义重大。一个组织若不在合适的时机进行相应的变革，将很难生存下去。然而组织变革不是自发形成的，它需要寻求一定的动力支持。一般而言，促成组织变革的动因主要有如下几个方面。

链接

http://www.jiangshi.org/course/22036.html 组织变革培训在线

（一）组织外部环境的变化

组织作为整个社会大系统的一个子系统，必然受到整个宏观环境的影响和制约。这里既有社会因素的影响，也包括自然因素的影响。具体而言，主要包括如下一些方面。

（1）社会政治因素：政权更迭、政治体制改革、政治局势变动、民主与法制建设遭到破坏、政府政策调整等。

（2）社会经济因素：国民经济增长速度、经济体制改革、产业结构调整、跨国公司、经济全球化、市场竞争等。

（3）社会文化因素：多元文化、宽容、责任、诚信、法制、道德、职业操守、价值观等。

（4）科学技术因素：计算机网络技术、新能源、新材料、新工艺、新设备、新管理技术方法等。

（二）组织内部条件的变化

组织内部条件的变化是组织变革的持久动力和有效支持。组织内部条件主要包括结构因素、技术因素、人员因素、管理因素、心理因素5个方面。

（1）组织结构因素。职能部门的数量、管理层级、管理幅度、临时机构的数量、运转是否顺畅、组织决策的执行力等。

（2）组织技术因素。新工艺、新设备、科研投入、科研人才引进、信息化水平、产品专利数量等。

（3）组织人员因素。教育水平、年龄结构、性别结构、个人素质、团队协作能力、科研开发能力、专业知识、管理能力等。

（4）组织管理因素。管理者队伍、管理者文化水平、管理者素质、先进的管理技术和方法、管理者培训、人员晋升等。

（5）组织心理因素。员工观念、工作态度、工作动机、组织群体动力、人际关系、组织内聚力、组织士气等。

（三）组织自身成长的要求

一般而言，组织自身发展是经过诞生、发育、成熟、衰减、死亡的周期循环往复的过程。组织处于不同的发展阶段，对组织结构的要求也各不相同。组织变革是在改革成熟时期时发生的。小的企业发展为中型和大型的企业就要求组织管理模式、组织结构、人员素质、发展战略等作出一系列重大的调整。跨国企业走出国门也要注意结合目标国家和地区国家政策和法规、社会文化、民众心理等作出相应的战略和结构调整。

三、组织变革的类型

依据不同的划分标准,组织变革可以分为不同的类型。而处于不同时期、不同情势下的组织可以采取不同的变革类型。

(一)依据变革速度和激烈程度的分类

(1)激进式变革。它是指打破组织原有的框架,采用全新的方法,使组织产生根本性的变化,并以较快的速度达成组织变革的目标。例如,苏联的"休克疗法"。这类的变革往往会带来组织的震荡和不稳定。

(2)渐进式变革。它是指在原有结构和框架内采用持续的、小幅度的改革来达成组织改革的目的。例如,"摸着石头过河"的提法。这类变革只是在原有基础上的修修补补,变动较小,有利于保持组织的稳定性。

(二)依据变革性质的分类

(1)战略性变革。它是指组织对其长期发展战略或使命所作的变革。

(2)结构性变革。它是指组织根据环境的变化适时对组织的结构进行的变革。

(3)业务流程变革。它是指组织紧密围绕其关键目标和核心能力,并充分应用现代信息技术对业务流程进行重新构造。

(4)人员变革。它是指组织通过对员工的培训、教育等引导,使他们能够在观念、态度和行为方面与组织达成一致。

(三)依据变革范围的分类

(1)封闭的变革。对发生的变化、变化的原因、需要做的事都要提前确定好。

(2)有范围的变革。对发生的变化、变化的原因、需要做的事做适当规定。

(3)无限的变革。对发生的变化、变化的原因、需要做的事不做规定。

(四)依据变革内容的分类

(1)结构变革。它包括合并科室、调整职能部门、建立股份公司、成立特别委员会和任务小组等。

(2)技术变革。它包括引进新设备、新工具、新手法;实现自动化和计算机化;加大科研研发投入;培养科研人才。

（3）物理环境变革。它包括重新规划工作场所的空间结构、内部设计、设备安置并注意保持清洁等。

（4）人员变革。它包括合并、分流、晋升、轮岗、培训、惩戒等。

四、组织变革的阻力

组织变革并不是一帆风顺的，它会受到来自各方面的重重阻力。组织变革带有革故鼎新的性质，必然会伴随着不同思想观念、利益关系的交锋和冲突，其难度可想而知。总体而言，影响组织变革的阻力主要有以下几种。

（一）个体层面

组织变革中来自个体的阻力主要源自人性的基本特征，如知觉、个性和需求等。个体抵制组织变革的原因主要包括如下几个方面。

（1）知觉。一旦个体建立了对现实的理解，就可能会抗拒改变它。

（2）个性。若一个人对他人有较强的依赖性就可能导致他抗拒变革。

（3）习惯。组织成员因为长期的组织生活习惯会逐渐产生抵制改革的惰性。

（4）安全。担心其权力和影响力因为变革受到威胁。

（5）害怕未知。多数组织成员面对未知的事物会感到焦虑，因而惧怕变革。

（6）经济因素。组织变革会直接或间接地导致部分成员收入降低，必然受到抵制。

（二）组织层面

组织具有天然的惰性和保守性，有时可能会成为变革的阻力。组织产生抵制变革的阻力的原因主要有以下几方面。

（1）结构惯性。组织有其固有的结构和机制来保持其稳定性，而这种稳定性可能会与一些新观点、新主张相冲突。

（2）群体惯性。组织都有其共同遵循的不成文的规范，要想进行变革可能会受到抵制。

（3）组织文化。组织文化具有持久性和沉淀性，不容易被修正，可能会阻碍组织变革的进程。

（4）资源限制。变革需要的资本、时间和胜任的员工在特定时间内总是有限的。

（5）有限的变革点。若只对一个或一小部分子系统实施变革，且期望不影响到其他子系统往往很难，也会使系统的问题更大而无效。

提示

勒温的"力场分析法"

勒温指出，任何一个组织中都存在两种力量。

（1）推动变革的力量：顾客的要求；新管理团队；新竞争者。

（2）阻碍变革的力量：对失业的恐惧；对能力的恐惧；同事阻碍变革的压力；对现有行为或结果的奖励。

五、组织变革的方法

变革的阻力是无法完全消除的，但我们可以运用科学合理的变革方法将这些阻力最小化或将其负面影响最小化。勒温采用"力场分析法"总结归纳出组织变革行为方法的 3 个步骤。

（一）解冻现状

这一步通常是避免保持组织行为现状的力量。在这一阶段中，管理层认识到了现在情况已经不能适应组织的发展，必须以全新的做法打破现有模式，即解冻。在此阶段中，一项重要任务就是使组织成员明白变革的重要性和迫切性，并使其对现状产生不满，自愿地要求组织进行变革，且积极投身于组织变革。

（二）改变

此阶段是组织改革真正实施的阶段，其主要任务是指出改变的方向，实施改革，并促使组织成员产生新的态度和行为。其主要包括通过组织结构和过程的变革来发展新的行为、价值观和态度。在转变的过程中，高层管理者特别要注意采取措施解冻过去的组织文化，必须要让人们认识到原来的某些思维方式、感知方式和行为方式已经过时了。

（三）重新解冻

这一步使支撑组织变革的新行为得到强化，而且在新的平衡状态下稳定下来。再次解冻涉及建立支持变革的控制体系，以强化变革日程中所支持的行为和表现。管理部门应该对顺应趋势的转变给予支持和鼓励，并利用必要的强化方法使新的态度和行为方式固定下来，防止出现倒退现象。

此外，除了以上几种方法，现实中还有一些成功处理变革的方法。

（1）移情和支持。理解员工怎样体验变革是有用的。当员工感到那些管理变革对他们的问题开放时，他们更愿意提供信息。

（2）沟通。有效沟通能够降低流言蜚语和无根据的恐惧，而充分的信息有助于员工准备好变革。

（3）参与和投入。克服变革的一个有效方法是让员工直接参与计划和实施变革，因为参与的员工比没参与的员工更乐于承担义务去实施计划好的变革。

扩展阅读1

组织变革的5个故事

故事1

可能很多人听过煮青蛙的故事。故事是这样的:将一只青蛙放在大锅里,里头加水再用小火慢慢加热,青蛙虽然约略可以感觉外界温度慢慢变化,却因惰性没有立即往外跳,最后被热水煮熟而不自知。企业竞争环境的改变大多是渐热式的,如果管理者与员工对环境之变化没有疼痛的感觉,企业最后就会像这只青蛙一样,被煮熟、淘汰了仍不知道。

故事2

提到组织变革,另外有一个4只猴子的寓言。科学家将4只猴子关在一个密闭房间里,每天喂食很少食物,让猴子饿得吱吱叫。几天后,当实验者从房间上面的小洞放下一串香蕉时,一只饿得头昏眼花的大猴子一个箭步冲向前,可是当它还没拿到香蕉时,就被预设机关所泼出的热水烫得全身是伤,当后面3只猴子依次爬上去拿香蕉时,一样被热水烫伤。于是众猴只好望"蕉"兴叹。几天后,实验者换一只新猴子进入房内,当新猴子肚子饿得也想尝试爬上去吃香蕉时,立刻被其他3只老猴子制止,并告知有危险,千万不可尝试。实验者再换一只猴子进入,当这只新猴子想吃香蕉时,有趣的事情发生了,这次不仅剩下的两只老猴子制止,连没被烫过的半新猴子也极力阻止。实验继续,当所有猴子都已换新之后,没有一只猴子曾经被烫过,而且上头的热水机关也取消了,香蕉唾手可得,却没一只猴子敢前去享用。企业禁忌经常故老相传,虽然时过境迁、环境改变,大多数的组织仍然恪遵前人的失败经验,最终平白错失大好机会。

故事3

老鹰是所有鸟类中最强壮的种族,根据动物学家所作的研究,这可能与老鹰的喂食习惯有关。老鹰一次生下四五只小鹰,由于它们的巢穴很高,所以猎捕回来的食物一次只能喂食一只小鹰,而老鹰的喂食方式并不是依平等的原则,而是哪一只小鹰抢得凶就给谁吃,在此情况下,瘦弱的小鹰吃不到食物都死了,而最凶狠的存活下来,代代相传,老鹰一族愈来愈强壮。这个故事告诉我们,"公平"不能成为组织中的公认原则,组织若无适当的淘汰制度,常会因小仁小义而耽误了进化,最终在竞争的环境中遭到自然淘汰。

故事4

组织中也应该留意与去除所谓的"螃蟹文化"。钓过螃蟹的人或许都知道,篓子中放了一群螃蟹,不必盖上盖子,螃蟹是爬不出

思考活动

1. 组织变革的基本特征是什么?

2. 组织变革的动因和阻力各是什么?

3. 如何对组织变革进行分类?

4. 请介绍组织变革的方法。

去的,因为只要有一只想往上爬,其他螃蟹便会纷纷攀附在它的身上,结果是把它拉下来了,最后没有一只出得去。企业里常有一些分子,不喜欢看别人的成就与杰出表现,天天想尽办法破坏与打压,这类人如果不予去除,久而久之,组织里只剩下一群互相牵制、毫无生产力的螃蟹。

故事5

相反的,为了增加组织的战斗活力、延续组织的生命力,领导者可以在组织中安排一些"土虱"。喜欢钓鱼者都晓得,如果把鱼钓上来超过个把小时,放在篓子里的鱼儿往往奄奄一息,所以擅长钓鱼者经常在鱼篓里放一尾土虱,由于土虱生性喜欢攻击身边的鱼,鱼群必须持续跳、躲、闪以避免其攻击,因此即使经过数个小时,钓上来的鱼还是活得很新鲜。组织里一片和谐也不见得是一件好事,若有人能适当地扮演土虱,刺激组织成员的生存力,也未尝不是一件好事。只不过鱼与土虱的比率一定要抓好,否则反易弄巧成拙。

资料来源:http://xljk.ahut.edu.cn/info/1009/1688.htm

 专题小结

组织变革是指组织发展过程中的一种经常性活动,是组织针对外部环境、内部人员等状况变化而积极主动地作出回应和适应的活动过程。

组织变革的动因来自组织外部环境和组织内部条件的变化以及组织自身成长的要求。总体来说,组织变革的阻力来自个体层面和组织层面。组织变革的类型和方法多种多样。

专题导读

组织发展包括哪些方面?组织发展都经历哪些过程?组织发展过程中具体应用技术有哪些?未来的组织发展趋势走向如何?想必大家对这些问题会产生疑惑,别急,接下来我们将给大家一一作答。

 **专题二**

组织发展

一、组织发展的含义

组织发展是组织不断成熟、演化的重要形式,也是组织实现新陈代谢和自我完善的重要途径。《布莱克维尔组织行为学百科全书》中将组织发展定义为一个关注于理解和管理组织变革的应用行为科学学科领域，它既是一个社会管理的领域，也是一个科学探索的领域。这一定义总体上界定了组织发展的学科地位和研究领域，也为我们认识和理解组织发展提供了很好的帮助。对于组织发展的定义，专家学者也是众说纷纭，较为有代表性的有如下几种观点。

（1）组织人事说。组织发展专门致力于组织中人事的改革，例如处理对个人的激励、权力、知觉、人际关系、群体内部和群体间关系等过程。

（2）系统说。组织发展是从收集资料、分析问题、作出行动计划、采取干预措施到评价的整个系统的活动过程。

（3）综合说。组织发展是指全面应用行为科学的知识和技术，有计划地变革与开发组织的战略、结构、技术、人员和文化等，以提高组织有效性的过程。

综上所述，我们认为，组织发展是指组织综合应用行为科学、心理学、社会学、管理学等学科的知识和方法，通过有计划地变革组织结构、战略、文化、技术等来解决组织存在的问题，提高组织适应外部环境的能力和组织绩效，从而实现组织良性运转的过程。

对于组织发展概念，应该注意如下几点：①组织发展应用的范围是整个组织系统，包括团体、群体、企业、政府部门等；②组织发展的基础是行为科学、心理学、社会学、管理学等学科的知识和方法；③组织发展涉及变革组织结构、战略、文化、技术等和外部环境，旨在解决组织存在的问题；④组织发展的目标是提高组织适应外部环境的能力和组织绩效，从而实现组织良性运转的过程。

链接

http://www.cnbm.net.cn/tag/zuzhi3371.html 组织发展专题

二、组织发展的过程

组织发展是一个不断积累、逐渐推进的过程，不是一朝一夕的事情。组织的发展需要系统筹划、统一安排、合力实施、及时诊断以及不断调整。一般而言，组织发展的过程包括进入和签约、组织诊断、收集分析和反馈信息、设计与执行干预措施、评估干预效果5大步骤。

（一）进入和签约

进入和签约作为组织发展过程的第一步，对于组织发展意义重大，其内容主要涉及组织问题的性质和建立良好的合作关系。

（1）确定合作关系。这主要涉及弄清组织问题、确定相关人员和选择组织发展专家3大问题。

（2）签订正式合同。在双方达成合作意向之后，要签订书面合同。合同的内容应包括双方的权利和义务、项目完成的时间、违约责任和其他应注意的事项。

（二）组织诊断

组织诊断是指评估组织当前的状况，并为制订组织变革的计划措施提供必要信息的活动过程。

（1）群体水平的诊断。这是指对组织内部门、小群体或团体状况的诊断，主要包括输入、输出、设计要素和匹配 4 个方面（图 10-1）。

① 输入。组织设计是群体设计的主要输入。

② 设计要素。主要包括目标清晰性、任务结构、群体组成、群体功能和绩效规范 5 部分。

③ 输出。群体的有效性包括绩效和工作生活质量两个维度。

④ 匹配。群体设计应当和组织设计相匹配。

图 10-1　群体水平诊断模型

（2）个体水平的诊断。这主要是诊断个体的工作和职位。

① 输入。除了组织设计、群体设计外，如年龄、教育水平、经验、技能、能力等个性特征会影响工作绩效，个体的需要和预期也会制约工作设计。

② 设计要素。主要包括技能多样性、任务同一性、任务重要性、自主性结果反馈 5 部分。

③ 输出。涉及工作绩效、工作满意、个人发展、缺勤率等几个方面的指标。

④ 匹配。工作设计应该与群体设计和组织设计相匹配。

（三）收集、分析和反馈信息

收集、分析和反馈信息是组织发展过程中一个重要的环节，它决定着组织发展战略和计划的方向与正确与否，下面来具体一一分析。

（1）收集诊断信息。可以利用问卷、访谈、观察和查阅二手资料等方法。

（2）资料分析技术。主要是定性和定量两种分析技术。定性分析通常有内容分析和立场分析，而定量分析主要运用各种统计方法。

（3）反馈诊断信息。有效的反馈既依赖于资料的内容，也依赖于反馈的过程。调查反馈是最主要的信息来源。

（四）设计与执行干预措施

干预措施是一套旨在提高组织有效性的有计划的活动或事件。有效的干预措施应当建立在有效信息的基础上，能够带来预期结果，并能够提高组织成员管理变革的能力。组织发展干预措施主要有人类过程干预、技术结构干预、人力资源管理干预和战略干预4大类。

（五）评估干预效果

评估干预效果主要是判断干预是否按计划执行和取得了预期结果。评估指标既包括工作满意度、组织承诺等主观态度方面，也包括生产率等客观指标。

三、组织发展的技术

组织发展的技术是指组织在实现自身不断完善和达成组织目标的过程中所借助的一系列的方法、手段的总称。到目前为止，较为有影响的组织发展技术主要有人类过程干预技术、技术结构干预技术、人力资源管理干预技术、战略干预技术四大类，具体又分为如下若干小的分类。

（一）人类过程干预技术

（1）T小组。亦称敏感性训练，它是最早开发的组织发展技术。T小组通常由10～15个陌生人组成，由专业培训师主持，通过实验学习共同探索集体动力、领导和人际关系。

（2）过程咨询。它是一种帮助组织成员提高沟通、人际关系、群体动力等过程的通用模型。

（3）团队建设。它是指为了帮助团队完成任务和解决人际关系问题而进行的一系列的有计划的活动。

（4）方格训练。它是由布莱克和莫顿创立的用于培训管理人员的方法。

（二）技术结构干预技术

（1）结构设计。基于流程的结构成为近年来流行的组织结构形式。

（2）裁员。这是一种为了减少组织规模的组织发展干预技术。

（3）平行结构。它是员工投入活动的一种方式，包括下文的高投入组织和全面质量管理。

（4）高投入组织。它包括人员、信息、知识、技能、工资福利、组织承诺等。

（5）社会技术系统。它包括社会和技术两方面，其输出又包括产品

提示

组织发展的具体方法有以下两种。

1. 敏感性训练

2. 调查反馈

和满意度。

（三）人力资源管理干预技术

（1）目标管理。它强调运用上下级共同设置的目标来激励、指导、监督和评价员工的工作。

（2）绩效管理。评估的结果是确定报酬的关键依据，并与员工的工作动机紧密相连。

（3）劳动力多样化。组织要重新设计自己的人力资源系统以处理员工的需要、偏爱、期望和生活方式等方面的差异。

（4）员工援助计划。它旨在识别与处理员工的个人问题。

（四）战略干预技术

（1）开放系统规划。它帮助组织成员评估组织环境并制定相应的战略。

（2）整合战略变革。它强调组织战略必须和组织设计一起变革以应对环境的威胁，提高组织的有效性。

（3）跨组织发展。它旨在帮助组织制定与其他组织之间的合作战略。

（4）自我设计变革战略。它涉及改变组织的各个方面并使其支持组织战略，同时注意提高组织自身的变革能力。

四、组织发展的趋势

随着经济全球化进程的加快和技术的进步，尤其是计算机和互联网的普及，使得组织呈现出了一些不同于以往的新的发展趋势，并日益深入人心。

（一）组织结构日益扁平化

随着组织内外环境的不断变化，尤其是虚拟组织、学习型组织和企业流程再造等的兴起，都不同程度的要求企业组织结构扁平化以适应组织现实管理的需求。实现组织结构扁平化包括两大必备条件：第一，现代科学技术的巨大进步为扁平化组织的高效运行提供功能和技术支持；第二，组织成员独立工作的能力不断加强为扁平化组织的高效运行提供能力基础。

（二）组织控制方式逐渐分立化

长期以来，在追求"规模经济"理念的激励下，组织的规模变得越来越大，组织的控制方式越来越集中，组织的活力也日益丧失。为了改变这一状况,许多组织纷纷调整组织控制方式,且日益走向分立化。组织的分立包括横向分立和纵向分立。横向分立是按产品的不同类型划分的,其要求组织结构与产品结构相适应。纵向分立是一种同一类别产品内部、下游产品之间的关系。

(三)组织方式日益临时性和柔性化

柔性化组织是为了促进组织资源充分利用,并增强组织对环境动态变化的适应能力而建立的。在设计上遵循集权与分权统一、稳定和变革统一的原则。为了完成组织的创新性任务和临时性任务,一些临时性机构也纷纷成立,而一旦完成任务,这些临时性机构也将解散。通过这些变革,组织适应环境的能力逐渐提高。

(四)组织类型逐渐走向横向一体化的网络型组织

随着内外环境的变化和市场竞争的日益激烈,许多组织纷纷剥离、出售与自己主业无密切关系的事业部和子公司,与此同时企业之间的联合与并购也如火如荼,各种企业集团和经济联合体以网络的形式把若干命运休戚相关的企业紧密的结合在一起,组织变革日益呈现出网络化的趋势。

(五)组织管理边界日益开放化

开放性的组织是一种边界灵活,没有局限性,且能够使信息、资源、观念和思维自由与快速流动穿行的组织形式。其目标是破除传统企业组织垂直、水平、外部和地理 4 种硬性组织边界。企业组织的开放不仅指企业自身,也包括外部组织或外力,企业与整个社会经济系统日益成为一体。

扩展阅读2

组织发展：别把员工当螺丝钉

每次我去参加会议,总有人在言谈中有意无意流露出"员工就是螺丝钉"的想法。

在几次 CEO 圆桌会议上,我听到有的同行这样说:"我打算招3 个业务员,使人均创造的年收入达到 34.5 万美元。"我曾写过一本书,建议公司关注"人"的因素,以此弥合执行差距。该书出版后,几家大型公司的 CEO(友好地)把我拉到一旁,说我此举过于冒失,会让人以为我脑子出毛病了。尽管媒体就"软性"因素的重要性刊登过无数的学术论文和最佳实践,但大多数公司仍将员工视为生产线上的投入要素。曾经有领导人问我,这种"员工参与"是

思考活动

1. 如何把握组织发展的含义。

2. 简要介绍组织发展的过程。

3. 举例说明组织发展的技术运用。

4. 未来组织发展哪些趋势?

否可以在核心业务完成之后再添加进去,就像在纸杯蛋糕上加糖霜一样。

我简直不敢相信。

我们真的还在进行这种对话吗?

我们知道,我们的经济已不再以生产物品为主。在这样的背景下,我们在谈起员工时,如果还把他们当成一颗颗可更换的一次性螺丝钉,是没有任何意义的。

唐·塔普斯科特(Don Tapscott)、塔米·埃里克森(Tammy Erickson)、约翰·哈格尔(John Hagel)、罗萨贝思·莫斯·坎特(Rosabeth Moss Kanter)、加里·哈梅尔(Gary Hamel)、乌迈尔·哈克(Umair Haque)等大师,都曾撰文谈到我们的新经济应该生产创意、体验和意义。谷歌(Google)、Facebook、推特(Twitter)、Slideshare,甚至Groupon等公司的根基,都是将创意和创造力转化为价值,而不是出售实体货物。即使是生产"物品"的公司,也找到了拥抱新经济的方式。苹果公司(Apple)的人均创收为419 528美元,这一数字甚至击败了谷歌(335 297美元),而且很快就要达到微软(Microsoft)的两倍,目前微软的人均创收为244 831美元。苹果之所以能成为行业翘楚,是因为他们懂得如何激活新经济中的关键资产:伸缩有度地利用众多员工的贡献,其中包括那些渴望在业内最吸引人的设备上一试身手的程序开发员。

但是,大多数组织基本上仍在按照工业时代的方式经营运作。我们管理的都是一些可衡量的东西,而不是创造价值、激发创意、鼓励创新思考以及能够帮助公司走在市场前列的东西。

即使是写这篇文章,我是不是也暴露出了自己天真幼稚的一面?也许是,也许不是。因为我知道当今的事实:在工作的原始形态中,我们相信自己必须从业绩和员工中二选一。我们无法将这二者视为一体。我们将业绩定义为一种以定量为主的工作,且只关注那些我们可以设计、销售、度量、跟踪、计费和赚钱的东西。例如人才、目标、文化和价值创造等与人有关的工作,则大多被以业绩为重的人士看成是"成本中心",他们认为这些部门存在的目的,不过是为了管理法律风险。两大阵营依据"井水不犯河水"的原则各自经营着自己的地盘,从未尝试与对方互利合作。

我一直认为这种"两大阵营"的模式必然会改变,因为我坚信一定会出现一种更为统一的模式。如今,采用不同模式获得成功的公司为我们提供了"存在证明"。而且这些公司并不都是白手起家的,有一些是经过重组而成立的。正是那些与人有关的因素,令组织不仅取得成功,而且还获得连胜。

大量的经验数据可以证实这种战略方向的正确性。最近,盖洛普研究公司(Gallup)对199项研究进行了荟萃分析,这些研究涵盖26个国家、44个行业中的152家组织。结果显示,员工高度敬业令所有的经营业绩数据都有所上升:利润率提高了16%;生产率提高了18%;客户忠诚度提高了12%;质量提高程度更是达到了惊人的60%。

我们知道,追求高效率并不是生活的全部。既然如此,对于工作可以成就卓越这一理念,我们又为何要百般抵触呢?

我们知道,我们所需要的并不仅仅是靠现有指标衡量出来的效率。过度关注这些指标令我们对业绩的看法受到了限制。我们能看到工作业绩的外在表现,如装运的产品、入账的收入、每股收益等,因此我们可以在分析师电话会议和管理层会议上对这些内容加以讨论。至于"软性"的一面,即我们如何创造卓越的产品、收入或每股收益,我们几乎是看不到的,当然也就无法衡量。

但这并不意味着我们无法解开卓越的密码。有些片段我们是可以看到并了解的:团队富有创造力;员工充分张扬个性;所有人都确信,大家正在成就一番伟业;提出能够促使大家重塑梦想的问题;感觉自己干劲十足;在力所能及的范围内接受挑战;从工作中获得丰富而强烈的愉悦感;相信自己,也相信自己的学习能力;赢得他人的信赖;可以对彼此说我相信你;勇敢无畏,不会一味地从众;每个人都知道什么才是重要的;所有人都在不断学习、成长、改变;提倡发明创造,凭借强大的适应能力快速前进;员工因关注集体而非单个部门的利益而获得奖励。

我们需要一套能够对所有这些进行衡量的指标。这套指标要体现我们的目标、才干以及使我们能够迅速将创意推向市场的文化模式。

我们如何着手对与人有关的因素进行衡量,同时继续运转并衡量外部因素?如何才能确保自己不会将精华和糟粕一起抛弃?长期以来,重视数量的人生活在一个世界,而重视软性和人员因素的人则生活在另一个世界。双方都不太愿意为消除隔阂迈出必要的第一步,甚至不愿承认有消除隔阂的可能性。我认为,若想激发出组织的全部潜力,双方就必须努力搭建起这座桥梁。

现在,让我们达成一致:如果有人提出,我们可以把那些与人有关的东西先放一放,等以后再说,我们就一起大声说"不,我们不同意"。这不是纸杯蛋糕上的那层糖霜,而是将蛋糕做大的主要成分。

资料来源:http://www.chinahrd.net/talent-development/Organization
development/2012/0925/175307.html

专题小结

组织发展是指组织综合应用行为科学、心理学、社会学、管理学等学科的知识和方法，通过有计划地变革组织结构、战略、文化、技术等来解决组织存在的问题，提高组织适应外部环境的能力和组织绩效，从而实现组织良性运转的过程。

组织发展的过程包括进入和签约、组织诊断、收集分析和反馈信息、设计与执行干预措施、评估干预效果5大步骤。

组织发展技术主要有人类过程干预技术、技术结构干预技术、人力资源管理干预技术、战略干预技术4大类，具体又分为若干小的分类。

当前组织发展的5大趋势是组织结构日益扁平化，组织控制方式逐渐分立化，组织方式日益临时性和柔性化，组织类型逐渐走向横向一体化的网络型组织，组织管理边界日益开放化。

专题导读

组织变革发展评估是组织发展循环的最后环节，组织变革发展为何要进行评估和制度化？组织发展变革评估的程序如何？组织变革的框架内容又包括什么呢？或许大家心中都存在着这样的疑虑，别急，接下来我们给大家一一作答。

http://wenku.baidu.com/view/7ce389125f0e7cd1842536fd.html 组织发展评估模型

专题三

组织变革发展的评估与制度化

一、组织变革发展的评估

组织实施了变革与发展的措施之后，其成效如何？是否有必要继续实施变革措施和加大投入？这些都需要对前期采取的变革与发展措施取得的成果进行评估。而这对于组织发展战略的调整具有重要的参考意义。

（一）实施组织变革发展评估的原因

组织变革发展的评估目的在于为评估人员和组织成员提供反馈信息，其对于人员和组织变革发展产生一定的影响力。组织变革发展评估主要是对变革是否按计划实施进行判断，若已按计划实施，则考察其是否取得了预期的令人满意的结果。而实施组织变革发展评估的具体原因如下。

（1）诊断组织前期变革措施是否按计划实施及是否取得预期效果。

（2）为组织调整、修正变革方案提供反馈信息和意见建议。

（3）决定组织管理者是否对组织发展增加投入。

（4）影响组织实施改革发展的整体士气和意志力。

（二）组织变革发展评估的程序步骤

组织变革发展的评估作为一个系统的工程，涉及一系列的程序步骤，且需要各部门、人员通力协作，共同完成。

（1）选择变量。注重测量变革发展的效果及其影响，变量的选取尽量具体、清晰和可操作。常用的一些变量包括工作的多样性、工作的独立性、职务的丰富化、员工表现、旷工率、员工满意度等。

（2）设计满意的测量方法。一套好的量化方法必须具备可操作性、可靠性和有效性三大特征。常用的测量方法包括信息收集的方法（问卷调查法、面谈法、观察法、非显著性的方法等）、抽样的方法（概率抽样和非概率抽样）、分析信息的技术（定性方法和定量方法）。

（3）组织诊断。具体内容参见上一专题第二部分的内容。

（4）诊断信息的反馈。及时将组织诊断的信息反馈到组织管理层，为他们决策作参考。

二、组织变革的制度化

一旦确认了某种组织变革已经实施并十分有效，那么接下来要做的就是将这些变革进行制度化，使其成为组织日常运作的重要组成部分。组织变革的制度化是指将一些卓有成效的组织变革措施、方法、程序等机制化、日常化，并使其成为指导组织和成员日常行为的重要指导准则。

（一）实施组织变革制度化的原因

组织变革制度化作为组织发展过程中一个重要的过程阶段，对于推进组织变革发展具有显著的作用。那么是什么因素促使组织要进行变革制度化的过程呢？大体归纳为如下几个方面。

（1）巩固组织变革的前期成果。

（2）规范组织变革过程，保证组织变革的争取方向。

（3）提升组织变革在整个组织战略体系中的地位和作用。

（4）增强组织内部的凝聚力和认同感。

（二）组织变革制度化的框架内容

组织和变革的特征以及制度化的进程将影响到组织变革项目的制

度化程度。组织变革制度化主要包括制度化过程、制度化指标两大部分。

(1) 组织制度化的过程。它主要包括如下几个方面的内容。

① 社会化。即与变革相关的信仰、喜好、规范以及价值观等信息的传递情况,主要通过学习、培训和实验等方式进行。

② 承诺。即约束人们按变革要求采取行动,包括发起对变革的承诺以及在实施过程中不断重新进行承诺。

③ 报酬的分配。要求在报酬与变革所要求推行的新行为模式之间建立联系。组织的报酬要注意内在报酬与外在报酬有机结合,并强化分配的公平性。

④ 传播。将一些行之有效的变革措施推广到其他组织部门和机构。

⑤ 跟踪和纠偏。要定期检查组织变革执行情况与预期变革行为模式之间的偏差,并采取相应措施进行纠偏。

(2) 组织制度化的指标。它主要包括如下几个方面的内容。

① 认知。主要是指组织成员是否具有足够多的认知来采用特定的行为模式并认识到其行为所能产生的结果。

② 表现情况。即变革行为实际实施的程度,可以通过计算实施变革行为模式的员工与相关人员的比例来测量实施情况。

③ 变革的偏好度。主要指组织成员个人对组织变革的接受程度。

④ 标准的共识。主要是指员工对组织变革正确性的赞同程度。

⑤ 共同的价值观。主要是指与组织变革相关的价值观,即组织关于组织员工应该采取何种行为模式或不应该采取何种行为模式方面的信仰。

思考活动

1. 为何要进行组织变革发展的评估?

2. 组织变革发展的评估程序是什么?

3. 组织变革制度化的原因是什么?

4. 组织变革的制度化框架内容是什么?

扩展阅读3

组织转型中的50∶50法则

组织转型的50∶50法则是指组织在转型过程中,原来组织的关键成功要素中,有50%是还可以继续推动组织发展的,而另外的50%不但不能促进组织的发展,还会成为组织发展的关键障碍。

组织转型是世界范围内公认的难题。中国企业平均寿命只有约3.5岁,寿命短的原因很多,很多企业经历了早期的快速发展,当面临发展的瓶颈时,无法实现转型是导致失败的非常关键的因素。

组织转型的困难,很大程度上是因为人们固守过时的成功要素。企业在发展的早期,往往需要一群非常有激情的创业者,而这些创业者往往有很高的人格魅力,业务能力普遍较强,往往身先士卒,经常冲在一线,有很强烈的个人英雄主义色彩。但企业规模增加后,人员大幅度增加,企业管理的难度呈指数增加。经理人由自己做事情,转变为培养人才,建立机制,激发别人做事情。但很多经理人无法适应新的角色,结果造成自己陷入业务细节,以致团队不能成长、执行力弱、企业业绩陷入停顿,甚至崩盘。

佛教讲的所知障,即你知道的东西是认识真理的最大障碍,50:50法则反映的其实也是这个所知障。你过往的成功经验让你形成了有效应对过往问题的模式,而这些模式,在转型后可能完全不起作用,你越执着坚持,跟头摔得越大。

应对50:50法则的方法,就是要时刻保持一颗谦虚和警觉的心,不断审视自己、反思自己,不断根据变化的情形调整自己的认识,让自己成为一个终生的学习者,而不是守着过往成功的顽固不化者。

50:50法则对当前的市场环境有着更为迫切和现实的意义。信息化革命导致社会发展空前加速,企业模式更替的速度加速,转型的周期缩短,过往几十年内才有一次转型,现在几年内就可能发生。因此,反思自身存在的问题,几乎成为日常工作,也许我们真应该学习先贤曾子,每日自省。只是这自省的内容,应该变为:过往成功要素哪些还是需要坚持的,哪些成功要素已经需要坚决废止了,我还需要什么新的成功要素。

如此看来,组织转型,不仅需要卓越的领导,更需要开放的自省和学习的心态。

资料来源:http://www.chinahrd.net/talent-development/organization-development/2012/0815/171123.html

 ## 专题小结

组织变革发展的评估目的在于为评估人员和组织成员提供反馈信息,其对于人员和组织变革发展产生一定的影响力。

组织变革发展的评估作为一个系统的工程,涉及一系列的程序步骤,且需要各部门、人员通力协作,共同完成。它包括选择变量、设计满意的测量方法、组织诊断以及诊断信息的反馈等程序步骤。

组织变革的制度化是指将一些卓有成效的组织变革措施、方法、程序等机制化、日常化,并使其成为指导组织和成员日常行为的重要指导准则。其框架内容包括组织制度化的过程以及组织制度化的指标。

思考与练习

一、选择题

1. 以组织结构为中心的变革措施主要是(　　)。
    A. 调查反馈　　　　　　　　B. 群体建议
    C. 咨询活动　　　　　　　　D. 完善信息沟通系统

2. 下列不是勒温的"力场分析法"的是(　　)。
    A. 解冻现状　　　　　　　　B. 改变
    C. 重新解冻　　　　　　　　D. 沟通

3. T 小组是属于组织发展的(　　)技术。
    A. 人类过程干预　　　　　　B. 技术结构干预
    C. 人力资源管理干预　　　　D. 战略干预

4. 目标管理属于组织发展的(　　)技术。
    A. 人类过程干预　　　　　　B. 技术结构干预
    C. 人力资源管理干预　　　　D. 战略干预

5. 评估员工的缺勤率,这是属于组织发展的(　　)阶段。
    A. 组织诊断　　　　　　　　B. 收集分析和反馈信息
    C. 设计与执行干预措施　　　D. 评估干预效果

二、填空题

1. _____是组织与其内外部环境实现动态平衡的重要手段。

2. _____是在原有结构和框架内采用持续的、小幅度的改革来达成组织改革的目的。

3. _____通常是避免保持组织行为现状的力量。

4. _____是指组织综合应用行为科学、心理学、社会学、管理学等学科的知识和方法,通过有计划地变革组织结构、战略、文化、技术等来解决组织存在的问题,提高组织适应外部环境的能力和组织绩效,从而实现_____的过程。

5. 组织变革的框架内容包括_____与_____。

三、问答题

1. 组织变革的动因与阻力分别是什么?

2. 组织发展的过程包括哪几部分?

3. 实施组织变革发展评估的原因有哪些?

4. 试论述组织未来的发展趋势。

5. 结合自身所在的组织所进行的变革,分析一下组织制度化的过程。

推荐书目与文章列表

[1]（美）罗伯特·凯根,丽莎·拉斯考·拉海.变革为什么这么难[M].韩波译.北京：中国人民大学出版社,2010.

[2]（美）温德尔 L.弗伦奇等.组织发展与转型：有效的变革管理[M].阎海峰等译.北京：机械工业出版社,2006.

[3]（美）默尔·约翰逊.组织绩效：组织行为分析与业绩评价实用指南[M].陈进译.北京：经济管理出版社,2011.

[4]马作宽.组织变革[M].北京：中国经济出版社,2009.

[5]贾生华,陈宏辉,田传浩.基于利益相关者理论的企业绩效评价——一个分析框架和应用研究[J].科研管理,2003(4)：94-101.

参 考 文 献

[1] (法)亨利·法约尔. 工业管理与一般管理[M]. 周安华等译. 北京:中国社会科学出版社,1982.

[2] (美)奥伯利·丹尼尔斯. 正面强化的神奇力量[M]. 高卓,张葆华译. 北京:新华出版社,2002.

[3] (美)保罗·罗森菲尔德等. 组织中的印象管理[M]. 李原译. 北京:清华大学出版社,2002.

[4] (美)斯蒂芬·P. 罗宾斯. 组织行为学[M]. 李原译. 北京:中国人民大学出版社,1997.

[5] (美)约翰·科特. 现代企业的领导艺术[M]. 史向东,颜艳译. 北京:华夏出版社,1997.

[6] (美)理查德·L. 达夫特. 组织理论与设计[M]. 李维安等译. 北京:清华大学出版社,2003.

[7] (美)罗伯特·凯根,丽莎·拉斯考·拉海. 变革为何这么难[M]. 北京:中国人民大学出版社,2010.

[8] (美)温德尔 L. 弗伦奇等. 组织发展与转型:有效的变革管理[M]. 阎海峰译. 北京:机械工业出版社,2006.

[9] (美)弗雷德里克·泰勒. 科学管理原理[M]. 马风才译. 北京:中国社会科学出版社,1984.

[10] (英)弗兰奇等. 决策分析[M]. 李华旸译. 北京:清华大学出版社,2012.

[11] 孙健敏,李原. 组织行为学[M]. 上海:复旦大学出版社,2005.

[12] 黄维德,刘燕,徐群. 组织行为学[M]. 北京:清华大学出版社,2005.

[13] 窦胜功,张兰霞,卢纪华. 组织行为学教程(第二版)[M]. 北京:清华大学出版社,2009.

[14] 岳超源. 决策理论与方法[M]. 北京:科学出版社,2003.

[15] 徐仁辉,杨永年,张昕. 公共组织行为[M]. 北京:北京大学出版社,2006.

[16] 胡斌. 群体行为的定性模拟原理与应用[M]. 武汉:华中科技大学出版社,2006.

[17] 李训. 激励机制与效率——公平偏好理论视角的研究[M]. 北京:经济管理出版社,2007.

[18] 李剑锋. 组织行为管理[M]. 北京:中国人民大学出版社,2004.

[19] 凯锐. 团队:精细化管理的138个实战绝招[M]. 北京:中国致公出版社,2010.

[20] 彭聃龄. 普通心理学[M]. 北京:北京师范大学出版社,2001.

[21] 高尚仁. 心理学新论[M]. 北京:北京师范大学出版社,1998.

[22] 张德. 组织行为学[M]. 北京:高等教育出版社,2003.

[23] 陈兴淋. 组织行为学[M]. 北京:清华大学出版社,2006.

[24] 凤笑天. 社会学研究方法[M]. 北京:中国人民大学出版社,2009.

[25] 竺乾威,等. 组织行为学[M]. 上海:复旦大学出版社,2002.

[26] 张建东,陆江兵. 公共组织学[M]. 北京:高等教育出版社,2003.

[27] 陈国权. 组织行为学[M]. 北京:清华大学出版社,2006.

[28] 贾书章. 组织行为学[M]. 武汉:武汉理工大学出版社,2006.

[29] 苏东水. 管理心理学[M]. 上海:复旦大学出版社,2002.

[30] 丁煌. 西方行政学说史[M]. 武汉:武汉大学出版社,2004.

[31] 组织行为学编写组. 新编组织行为学[M]. 北京:中央广播电视大学出版社,2006.

[32] 罗长海. 企业文化学[M]. 北京:中国人民大学出版社,1999.

[33] 张莉. 组织中群体冲突的管理[J]. 商情,2012(41):102.

[34] 郝锐,于瑶. 浅谈组织内群体冲突与组织文化的战略架构[J]. 当代经济管理,2008(9):62-63.

[35] 黄白. 群体冲突与管理策略[J]. 河池师专学报,1998(4):47-50.

[36] 吴宝宏. 浅谈组织中的群体冲突及克服[J]. 江苏教育学院学报,2003(2):2-51.

[37] 郭宝林. 领导理论研究综述[J]. 山西经济管理干部学院学报,2002(3):31-33.

[38] 孙晓,曲敬一. 浅析领导行为理论与应用[J]. 人力资源管理,2012(11):136-138.

[39] 白淑英. 网络技术对人类沟通方式的影响[J]. 社会学研究,2001(1):93-96.

［40］杨成柱. 人力资源管理中的人际沟通问题研究［J］. 文科爱好者,2011(5)：22-23.

［41］王艳艳. 微博人际沟通模式探析——以新浪微博为例［J］. 青年记者,2011(12)：32-33.

［42］赵日磊. 从组织结构谈绩效管理［J］. 中国卫生人才,2012(10)：92.

［43］蒋珊珊. "组织文化"论［J］. 文教资料,2011(3)：72-73.

［44］谭亚莉,等. 工作决策影响因素的实证研究［J］. 科研管理,2004(6)：70-75.

［45］李美,蒋京川. 不确定情境下个体决策偏差之锚定效应的述评［J］. 社会心理科学,2012(6)：3-8.

［46］卜晓珊. 个体决策简论［J］. 管理观察,2011(15)：1-3.

［47］黄玉洁. 略论行为管理：员工行为、群体行为和领导行为［J］. 商业经济,2012(13)：57-58.

［48］钟云. 怎样融入一个好的团队［J］. 经营管理者,2012(10)：97.

［49］齐靠民,田原. 过程型激励理论的演进及取向判别［J］. 改革,2008(7)：151-155.

［50］曾瑞祥. 激励行为的特征及其在管理中的作用［J］. 社会科学,1990(3)：32-34.

［51］陈红雷,周帆. 工作价值观结构研究的进展和趋势［J］. 心理科学进展,2003(6)：700-703.

［52］石林. 工作压力的研究现状与方向［J］. 心理科学,2003(3)：494-497.

［53］田兴燕,郑全全. 人格情绪导向模式［J］. 应用心理学,2002(2)：3-7.

［54］张志学,张文慧. 认知需要与战略决策过程之间的关系［J］. 心理科学,2004(2)：358-360.

［55］张康之. 组织分类以及任务型组织的研究［J］. 河南社会科学,2007(1)：123-124.

［56］曾晖,赵黎明. 组织行为学发展的新领域——积极组织行为学［J］. 北京工商大学学报(社会科学版),2007(3)：84-90.

［57］李霞. 组织文化的影响：心理资本的中介作用［J］. 华南师范大学学报(社会科学版),2011(6)：120-126.